U0117988

 站在巨人的肩上

Standing on the Shoulders of Giants

精益系列
ERIC RIES 丛书主编

# 精益
## 数据分析

[加] 阿利斯泰尔·克罗尔　[加] 本杰明·尤科维奇　著　韩知白　王鹤达　译
（ Alistair Croll ）　　（ Benjamin Yoskovitz ）

# LEAN ANALYTICS

## Use Data to Build a Better Startup Faster

珍藏版

人民邮电出版社
北京

**图书在版编目（CIP）数据**

精益数据分析 : 珍藏版 /（加）阿利斯泰尔·克罗尔（Alistair Croll），（加）本杰明·尤科维奇（Benjamin Yoskovitz）著；韩知白，王鹤达译. -- 北京：人民邮电出版社，2023.4（2024.4重印）
（图灵经典）
ISBN 978-7-115-61238-0

Ⅰ. ①精… Ⅱ. ①阿… ②本… ③韩… ④王… Ⅲ. ①企业管理－案例 Ⅳ. ①F272

中国国家版本馆CIP数据核字（2023）第034993号

## 内 容 提 要

本书围绕精益创业展开讨论，融合了精益创业法、客户开发、商业模式画布和敏捷/持续集成的精华。本书汇聚了100多位创始人、投资人、内部创业者和创新者的成功创业经验，呈现了30多个极具价值的案例分析，可以为各阶段的创业者提供行为准则。

如果你是一名创业者，或者你在从事产品开发、产品管理、市场营销、公共关系和投资等相关工作，那么本书不容错过。

- ◆ 著　　　　　　[加] 阿利斯泰尔·克罗尔　　[加] 本杰明·尤科维奇
- 　　译　　　　　韩知白　王鹤达
- 　　责任编辑　　王振杰
- 　　责任印制　　胡　南
- ◆ 人民邮电出版社出版发行　　北京市丰台区成寿寺路11号
- 　　邮编　100164　　电子邮件　315@ptpress.com.cn
- 　　网址　https://www.ptpress.com.cn
- 　　涿州市京南印刷厂印刷
- ◆ 开本：720×960　1/16
- 　　印张：28.25　　　　　　　　　2023年4月第1版
- 　　字数：373千字　　　　　　　 2024年4月河北第4次印刷
- 　　著作权合同登记号　图字：01-2014-2006号

定价：119.80元

读者服务热线：(010)84084456-6009　印装质量热线：(010)81055316
反盗版热线：(010)81055315
广告经营许可证：京东市监广登字 20170147 号

献给莱利，他已经掌握了问 5 个"为什么"的技巧。

———阿利斯泰尔·克罗尔

献给我英年早逝的兄弟雅各布，他一直激励我挑战自己和冒险。

———本杰明·尤科维奇

# 赞誉

数字是人类世界少有的共通语言；数据分析是普通人也能掌握的极少数全面和从本质上洞察问题的方法之一，而本书则是学习这种方法最高效、最便捷的路。

——王诗沐 《幕后产品：打造突破式产品思维》作者

精益思想的核心原则是价值导向和消除浪费，少即是多，而不是单纯地做减法。如何能够快速找到密度更高的价值，是创业最大的挑战，本书的案例可以给到创业者有意义的启发。

——史凯 《精益数据方法论》作者、精益数据方法论创始人

《精益数据分析（珍藏版）》在不回避数据分析本身复杂性和严谨性的前提下，通过大量案例解析为创业者和产品经理提供了一套生动的数据分析方法论。

——邱岳 无码科技产品经理、公众号"二爷鉴书"主理人

本书不仅提供了实用性极强的数据分析方法，还强调了在数据分析过程中与利益相关者沟通和协作的重要性，推荐大家阅读。

——范冰 《增长黑客》作者、增长咨询顾问

这是一本关于如何在企业中运用数据分析进行有效决策的书，其中提供了一个系统化的方法来理解和应用数据分析，以帮助企业实现其业务目标。很重要的一点是，书中介绍了如何采用增长黑客模型——AARRR 框架——对初创企业的各个方面进行分析，这值得每一个创业者和初创企业的管理者认真阅读和思考。

在本书出版之前，我在美国从事数据科学和数据分析工作时，曾和阿利斯泰尔有过几次交流。他对数据分析在业务中的应用理解得非常透彻。这次他和本杰明的著作再次出版，虽离初版时间已有 10 年，但内容让人感觉历久弥新。他们通过实际案例和经验分享，向读者介绍了如何通过使用可靠数据来推动企业的发展，特别是针对一家企业在初创阶段应该关注哪些重要数据，本书提供了高屋建瓴的指引。

——张溪梦 GrowingIO CEO

本书是一本非常有益的书，可以帮助专业人士更好地掌握数据分析技术，准确分析数据并进行决策，包括如何确保数据准确性、如何运用统计学和统计数据以及如何检验数据可靠性等内容。这本书特别适合数据专业人士和企业管理者，可以帮助他们更好地分析数据、管理风险、做出更好的决策。

——徐小磊 畅销书《运营之路》作者、15 年数据化运营资深专家

在数字化时代，数据分析已经是职场通用技能，各个行业、各个岗位都离不开用数据做决策。那么，在实际工作中如何用数据分析来指导业务呢？

本书从创业的角度出发，告诉你创业公司不同阶段该如何用指标来衡量业务，如何用数据分析进行精细化运营。如果你想用数据分析推动业务，或者用数据分析来提高创业成功的概率，那么本书会给你很多系统的方法论，让你在职场上少走弯路。

——猴子 科普中国专家、畅销书《数据分析思维》作者、

公众号"猴子数据分析"主理人、知乎知名答主

对所有想入行数据分析的人来说，本书是一本无法绕过的好书。比起很多数据分析图书中关于"术"的展开，本书更注重对"道"的描绘，即告诉我们，为什么要做数据分析，其核心价值是什么，这个视角是非常值得学习的。

——曾加　某头部互联网公司商业分析专家、知乎优秀答主

若是竞争对手先看了这本书，他会把你远远地甩在身后。

——迈克·沃尔佩　HubSpot 首席营销官

每个人都有数据，关键是找出哪些数据能提高你的学习和决策能力。每个人都知道自己需要指标，但要找出那些具体、可衡量、可达成、相关以及有时限的指标，是一个巨大的挑战。本杰明和阿利斯泰尔在《精益数据分析（珍藏版）》中完成的杰作，向我们展示了如何使用数据和指标，看透笼罩在创造新业务和产品周围的不确定性阴霾。这本书是送给我们行业的一份厚礼。

——扎克·尼斯　瑞力软件首席技术专家

指标不多，却极具操作性。这本书将教你如何拨开数据迷雾，把注意力集中在决定成败的关键指标上。

——阿什·莫瑞亚　Spark59 和 WiredReach 创始人兼首席执行官，
《精益创业实战》作者

企业家需要他们自己的现实扭曲场来打击假想敌。但是，一旦他们开始自欺，这种妄想就可能招致毁灭。这本书是解药。两位作者对现实的描写如当头棒喝，忽视这种数据驱动方法的企业家后果自负。

——布拉德·菲尔德　Foundry 集团总经理、TechStars 联合创始人

《精益数据分析（珍藏版）》将把你从最小可行化产品带向最有价值的产品。不论是对身处头部公司的产品经理，还是对渴望未来成为行业巨头的企业家，它都非常有用。

——约翰·斯托莫尔　Salesforce 新产品高级总监

在 Twitter，数据分析已经成为理解用户和发展业务的关键。想要在同一水平线上竞争，聪明的初创企业需要拥抱数据驱动方法，而本书将告诉你怎么做。

——凯文·韦尔  Twitter 产品和营收总监

皮尔森定律称，"可衡量才有促进"。通过把严格的测量技术带入一个崭新的领域——新产品开发和推出的最早阶段，本杰明和阿利斯泰尔拓展了我们对精益管理的理解，其中严密的数据分析方法令人大开眼界。如果企业家应用他们的框架，应该会看到浪费减少，创业成功率大增。

——托马斯·艾森曼  哈佛商学院工商管理教授、

洛克创业研究中心负责人之一、《创业的智慧》主编

我打赌你从未想过成功取决于你失败的能力。失败越快，进步越大。而成功的秘密是使用数据学习和快速迭代的能力。定性和定量，让阿利斯泰尔和本杰明告诉你如何富有智慧地让自己的公司"咸鱼大翻身"！

——阿维纳什·考希克  《精通 Web Analytics 2.0》作者

《精益数据分析（珍藏版）》向你展示了如何通过指标判断自己失败了，以及如何采取行动，进而以不可思议的速度前进。书中有大量中肯的建议，渴求成功的创始人必须读一读。

——肖恩·凯恩  F6S 和 Springboard Accelerator 联合创始人

要减少创业失败的可能性只有两个办法：一个是未卜先知，另一个是看这本书。

——哈米斯·沙哈  HubSpot 创始人、首席技术官

# 致中国读者

当《精益数据分析》10 年前首次出版时，现代互联网还处于起步阶段。当时，iPhone 还是个新发明。几乎没有初创企业对外公布他们的创业指标，投资人也不知道该问什么问题。挑选什么样的第一关键指标作为关注点仍然是个有争议的问题。因此，每个读者心中的问题都应该是：本书在当下是否仍值得阅读？

尽管经过了 10 年的变革，但本书中所包含的基本原则依然是重要的。什么是适合的指标？为什么一家初创企业应该选择风险最大、最不确定的可验证假设来测试业务和验证创业？为什么整个组织需要持续不断地优化，就像这是宇宙中最重要的事情一样？

良好的分析就像自然选择。任何系统都需要反馈循环，新的创业公司也不例外。《精益数据分析（珍藏版）》完成了埃里克·莱斯在《精益创业》中首次提出的开发—测量—认知反馈循环。这是一个看似简单的思维模式，它将高增长科技组织与天使投资者的亏损投资区分开来。

尽管良好的分析实践是永恒不变的，但自《精益数据分析》出版以来，世界发生了很多变化。

在过去的 10 年中，科技行业已经成长起来。现在，它有了自己的行话，比如"参与分钟数"（engaged minutes）、"客户剩余价值"（residual customer value）和"免费增值转化率"（freemium conversion）等。投资人和高管现在知道，如果没有数据，初创企业只是在随意尝试，试探是否可行。本书是创业圈中集体认识的一部分，即指标确实很重要。

现在，它们将变得更加重要。

当我写这篇文章时，科技已经渗透到现代生活的方方面面。无论是工作、副业、与朋友联系、娱乐自己、银行业务还是购物，我们醒着的大部分时间是在网上度过的。

那么今天，第一关键指标是什么呢？

我们生活中的每一分钟是由带有数字的小红圈指引的，我们身边的设备不断地告诉我们应该做什么。通常，这些推送会鼓励我们浪费时间，试图用暗黑设计模式和粗略的增长方式来吸引我们。鉴于此，对于整个社会来说，第一关键指标应该是**让人拥有不会后悔的时间**。我们应该让时间有价值，而不是将时间浪费掉。随着我们进入一个充满大量廉价内容、人工智能辅助工作的时代，那些能够帮助我们找到生命中最美好时刻的个人、品牌和公司将成为赢家。

过去 10 年也改变了工作的本质。送货应用成了我们的后勤和司机；订阅服务和奖励机制让我们成为创作者；一站式构建店面使我们成为商人。现在有很多工具可以用于售票、收费、发布内容、运送货物，它们几乎干了企业曾经必须自己干的所有事情。

创业之路上的障碍如此之少，以至于我们有太多的选择。当遇到障碍时，我们会依赖所信任之人的诚恳建议。社区是唯一真正可持续的竞争优势，所以也许对企业而言，第一关键指标是，**在我认识的人中，会有多少人能把我的信息告诉不认识我的人？**

本书的大部分内容涉及转化率、流失率等一级指标。自动化和人工智能使得生成创意与测试创意比以往任何时候都要容易。现在的软件可以帮我们测试品牌标语、进行拆分测试、生成人物角色，并动态优化定价。当软件将这些任

务从人类手中夺走时，初创公司需要更多地关注二级和三级指标。下表展现了
一些指标示例。

| 一级指标 | 二级指标 | 三级指标 |
| --- | --- | --- |
| 转化率（我们卖出了更多产品吗？） | 这些产品的销售使我们更接近企业目标吗？ | 这些目标适合我们的企业吗？ |
| 注册率（在此次活动中有多少人注册？） | 这些人有多忠诚？ | 我们是否吸引到了最有利于企业成长的人？ |

　　单纯通过指标来测试我们的想法是不够的。我们需要后退一步，想一想这
些想法是否正确。因为对于创始人来说，第一关键指标是，**是否能建立起一个
让人引以为豪的组织，这个组织是否让用户喜爱并愿意推荐给他们的朋友**。人
生苦短，我们不该将时间浪费在别的事情上。

　　希望《精益数据分析（珍藏版）》中的基本原则能够指导你所启动的项目，
使其进入更好的状态。我们惊讶于本书的广泛影响力，因为许多初创者告诉我
们，本书拯救了他们的企业，或告诉了他们应该转型甚至关闭，而不是在一个
无人问津的产品上浪费时间。

　　所以，在我们看来，无论你是政府部门职员，还是内部创业者、初创公司
创始人，抑或风险投资人，你的第一关键指标就是，**能否利用数据更快地构建
出更好的组织**。我们从参与撰写本书的数百人那里学到了很多，也谢谢你阅读
《精益数据分析（珍藏版）》。

阿利斯泰尔·克罗尔、本杰明·尤科维奇

# 推荐序

由于某些原因，精益创业运动善于发明新标签。可能你在阅读本书之前，就已经知道我们创造的一些商业词汇：关键转折、最小可行化产品、开发－测量—认知、持续部署，以及史蒂夫·布兰克那句名言"走出办公室"。你买的T恤上面可能就印着这些词。

在过去的几年中我一直致力于推行这些理念，因此，在这里我不想贬低它们的重要性。我们生活在一个工作方式发生变革的时代，而这些理念是这场变革的核心角色。精益创业系列丛书致力于将这场变革深入到生活中，使其不仅仅印刷在贴纸上，而是渗透到细节之中。

本书使精益创业运动上升到了新的高度。

表面上，整个新世界笼罩在勇于冒险和激动人心的氛围中。创新、探索新的增长点、找到产品／市场契合点的欣喜以及失败和转型所带来的痛苦都让人沉迷其中。但是所有这些工作都建立在一些看似无聊的事物的基础上：财务、数字和指标。用传统的财务核算指标来衡量不确定的创新是极其危险的。我们将其称为虚荣指标，它们会严重误导你的判断，让你自我感觉良好。要取代它们，就需要一套新的核算方法，我称之为"创新会计"（innovation accounting）。

相信我，作为一名企业家，我对财务这个话题没什么兴趣。坦诚地说，在我的大多数企业里，财务核算都是惊人地简单：收入、利润、自由现金流——全都是零。

但是财务管理是现代管理技术中的核心。自从弗雷德里克·温斯洛·泰勒的时代起，我们就开始将经理们的实际业绩与预测进行比较，以此来评估他们的能力。超出预期，他们就获得擢升；低于预期，企业的股价就会下跌。对于某些产品来说，这种方式效果还不错。精准的预测需要基于长期稳定的运营历史做出，运营越长期、越稳定，预测就越准确。

然而，现今谁还会觉得世界一天比一天更加稳定？一旦外在条件发生了变化，或者我们推出了变革性的新产品来尝试改变它，就几乎不可能做出精准的预测。如果没有衡量标准，又如何得知我们是否有所进展呢？如果我们正在构建错误的产品，按时间按预算完成难道就值得我们骄傲吗？因此我们需要新的视角来衡量进展，不仅作为企业家和投资者的我们需要这样做，我们领导的团队也需要这样做。

这就是我们要在新时代取得成功，就需要改革核算方式的原因。而本杰明和阿利斯泰尔付出了艰苦的努力，综述了在分析和指标领域最有价值的成果，搜集了富有深度的案例，并开创性地提出了他们自己的分析框架：确定哪些指标在什么阶段是关键性的指标。他们针对一系列关键指标收集了全行业的基准值，仅这项内容就让本书值得一读。

这不是一部理论著作，而是一份写给所有寻求新增长的实践者的指南。祝你们创业愉快！

埃里克·莱斯

于旧金山

# 译者序

我从 2011 年开始接触"精益创业",并于 2012 年 12 月和 2013 年 12 月连续两年参加了在旧金山举办的"精益创业大会",在会上和本书的两位作者以及埃里克·莱斯当面交流。这些年参与精益创业运动最深的体会是,这是一种教你在乱花渐欲迷人眼的创业过程中专注本质的方法论。

自埃里克·莱斯的《精益创业》中文版于 2012 年出版,以及"敏捷开发"在华的风靡,"开发一测量一认知"的精益创业周期也越来越多地为国内创业者们所熟知和应用。这其中,圈内接受度最高的可能是"开发"一环中"最小可行化产品"的概念。这并不奇怪,人天生是懒惰的,创业者也不例外。"最小可行化产品"的概念节省了创业者在验证假设时的成本,但同时也给了一些创业者止于表面的借口。

《精益数据分析(珍藏版)》就是引导精益创业者走出这一误区的书。"精益"可能意味着更简单的开发、更低成本的推广,但绝不是说人们可以在创业路上付出更少的努力。"最小可行化产品"是以最低的开发成本创建出足以验证创业假设的产品原型,而精益化的市场营销,是以最低的推广成本收集足够用于验证创业假设的数据点。创业者在打造"最小可行化产品"、设计精益化市场营销方案的过程中,通过对创业假设进行抽象化的把握,节省了产品在推向市场、开始获取市场数据前的时间和金钱成本。但当产品被推向市场、客户,累积了一定数据以后，留给创业者的问题就变成："我应该如何使用手头的数据去验证或证否我的创业假设？"这一步验证的过程不可以简化，但可以更"精益"。

2013 年 4 月 15 日，埃里克·莱斯在 Twitter 上的粉丝数刚刚超过 10 万，他发了这样一条推文以示庆祝：

> Just passed 100k followers. Strange to be celebrating vanity metrics on an otherwise very somber day.

其中 vanity metrics 说的就是"虚荣指标"。"虚荣指标"在《精益创业》中是和"最小可行化产品"地位等同的一个概念，然而在中国的流行程度却远远不及后者。"虚荣指标"又不同于本书指导创业者区分创业项目中浮于表面的数据和真正关键的数据，进而找到的"唯一关键指标"。

如果你已对"最小可行化产品"的概念烂熟于心，但对"虚荣指标"相对陌生，请好好利用这本书。它将告诉你，在拥有了"最小可行化产品"后，该如何组织、解读产品在用户、客户那里产生的数据，并为你指引下一步迭代的方向。

本书的两位作者——阿利斯泰尔·克罗尔和本杰明·尤科维奇——混迹硅谷科技圈、创业圈多年，近距离接触了美国一线创业公司最前沿的精益创业实践，并将其中的许多见闻作为案例写在了本书中。对于希望了解硅谷，了解硅谷创业公司执行层面经验的读者，这也是一本很好的读物。

相对于其他精益创业图书，《精益数据分析（珍藏版）》更具可操作性，尤其是对于互联网数据分析师，可以帮助他们检验日常工作中数据分析的科学性。透过表层的数据，监测、分析影响创业走向的数据是本书所介绍的分析方法，也是精益创业运动对精益创业者的要求。希望广大喜欢精益创业的读者和创业者关注。而作为业余读物，本书也是不错的选择。

韩知白

于厦门软件园二期

# 前言

　　精益创业运动激励了一代创业者。它能帮你识别出商业计划中风险最大的部分，进而通过快速的迭代式学习循环来降低这些风险。其精髓归结起来就是：**不要销售你能制造的产品，而是制造你能卖出去的产品。** 而这就意味着要弄清人们想买什么。

　　可惜，弄清人们究竟想要什么相当困难。多数情况下，他们也不了解自己的需要。当他们向你诉说时，往往只是告诉你你想听到的答案。更糟糕的是，作为创始人和企业家，你对其他人的想法抱有强烈且近乎压倒性的偏见，而这会在不知不觉中干扰你的判断。

　　不过，数据分析可以帮助你。对事物进行衡量会让你负起责任，迫使你面对那些让人不适的真相。这样你就不会将你的生命和金钱浪费在构建没人想要的产品上。

　　《精益创业》能帮助你结构化地组织你创业的进展，并找出商业模式中风险最大的部分，迅速了解它们以做出改变。本书则用于衡量你创业的进展，帮助你提出最重要的问题，并尽快得到明确的答案。

本书会展示如何厘清商业模式和增长阶段。我们会解释如何找出你的**第一关键指标**以及如何划出底线，以帮助你认识到何时应该加速前进，何时应该猛踩刹车。

从验证一个问题的真实性开始，到识别你的目标客户，再到构建什么样的产品，以及定位合适的潜在收购者，精益数据分析是适用于你的每个商业阶段的仪表盘。它不会强迫你依照数据按图索骥，但是它会将数据明确地放在你的眼前，让你难以无视它们，以阻止你的业务完全偏离正轨。

## 本书读者对象

本书面向那些有志于构建创新产品的创业者。我们会介绍各个阶段的数据分析，从形成想法，到成功实现产品 / 市场契合点，以及之后的阶段。因此，无论你刚刚开始创业之旅，还是正在旅程之中，都适合阅读本书。

Web 数据分析师和数据科学家可能也会发现本书有价值，因为它展示了如何超越传统的"漏斗可视化"方法，将他们的工作与更有意义的商业话题相联系。同样，从事产品开发、产品管理、市场营销、公共关系和投资工作的商务专业人员也能在本书中找到感兴趣的内容，因为本书可以帮助他们理解和评估初创企业。

我们讨论到的多数工具和技术一开始都应用于面向消费者的 Web 应用。但是在今天，它们可以面向更广大的受众：独立的本地商业机构、竞选活动领导者、B2B 创业公司、希望从内部改变体制的公务员，以及在成熟的大型组织中推动创新的"内部创业者"[①]。

从这个角度来说，本书面向任何想让他的组织更加有效运作的人。在本书写作过程中，我们造访了一些将精益数据分析的方法用于实际工作的组织，包括家族企业、跨国公司、初创企业、营销活动组织者、慈善机构，甚至宗教团体。

---

① 内部创业者是在大型组织内部工作的创业者，他们经常要克服公司政治上而非财务上的障碍，从公司内部推动变革。

## 本书组织结构

本书包含了大量内容。我们采访了 100 多位创始人、投资人、内部创业者和创新者，他们中的许多人与我们分享了自己的经历。我们在书中呈现了 30 多个案例分析，也列出了许多你可以立即应用的最佳实践模式。我们将这些内容分为四大部分。

- 第一部分聚焦于对精益创业和基本分析技术的理解，并帮助你形成走向成功的数据驱动的思维方式。我们综述了很多现有的创业方法框架，并提出了我们自己专注于数据分析的框架。这是你在精益数据分析世界的第一课。读完这一部分，你会对基本的分析技术有一个很好的了解。

- 第二部分展示如何将精益数据分析用于创业公司中。我们会以六种商业模式为例，讨论每个创业公司都要经历的五个发展阶段，在这些阶段中，企业逐渐探索出正确的产品和最佳的目标市场。我们也讨论了如何寻找你的业务的第一关键指标。读完这一部分，你会知道你所处的商业领域、所处的发展阶段以及应该去做的事情。

- 第三部分对指标的正常范围进行审视。除非你划出了一条不可逾越的底线，否则你永远不会知道你做得是好还是差。通过阅读这一部分，你会得到关于关键指标的一些参考值，并学到如何设置自己的目标。

- 第四部分展示了如何将精益数据分析用于你所在的组织，以改变组织内部文化，无论它是面向消费者或企业的创业公司，还是地位稳固的公司。毕竟数据驱动的方法不仅仅适用于初创企业。

大多数章的末尾都给出了一些问题，以帮助你思考和应用读过的内容。

## 基本概念

精益数据分析不是凭空产生的。我们深受客户开发和其他已有概念的影响，对精益创业进行了扩展。在深入阅读之前，你有必要理解这些基本概念。

## 客户开发

**客户开发**（customer development）是企业家史蒂夫·布兰克教授创造的一个词，他是针对"先开发产品，客户自然会来买"这种过时的开发产品和创建公司的瀑布流方法而提出的。客户开发方法聚焦于持续地收集用户反馈，这些反馈会对产品和业务的每个阶段产生实质性的影响。

布兰克在其著作《四步创业法》中首先定义了客户开发，之后又在与鲍伯·多尔夫合著的《创业者手册》中对这一理念加以精炼。创业公司是其书中最重要的概念：

> 创业公司是一种组织，其存在的目的就是寻找可规模化和可重复的商业模式。

阅读本书的其余部分时，请记住这个定义。

## 精益创业

埃里克·莱斯将客户开发、敏捷软件开发方法以及精益生产实践结合在一个用于快速和高效开发产品和业务的框架内，并将其定义为精益创业过程。

埃里克的方法最先被用于初创企业，而后被各种规模的组织用于破坏式创新。毕竟，精益并不是"廉价"和"小规模"的代名词，而是要消除浪费并快速行动，这适用于任何规模的组织。

精益创业的一个核心概念是"开发－测量－认知"，从确立愿景到构建产品特性再到开发渠道和市场战略，这贯穿于每项工作中，如图 0-1 所示。在这一循环中，本书重点介绍**测量**阶段。你的组织通过这个循环迭代的速度越快，就能越快地找到合适的产品和市场。如果你能更好地进行测量，你就更有可能获得成功。

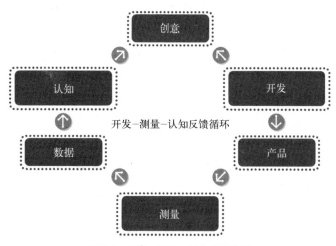

图 0-1   开发－测量－认知反馈循环

这一循环不仅仅是改进产品的方式，也是一个很好的现实检测器。开发最小化产品就是埃里克称为**创新会计**方法的一部分，它能让你客观地衡量进展。精益数据分析则是一种量化创新成果的方法，让你一点一点地接近连续的现实检验，换句话说，它让你接近现实。

## 联系我们

欢迎把对本书的评论和有关问题发给出版社。

美国：

O'Reilly Media, Inc.

1005 Gravenstein Highway North

Sebastopol, CA 95472

中国:

    北京市西城区西直门南大街 2 号成铭大厦 C 座 807 室（100035）

    奥莱利技术咨询（北京）有限公司

O'Reilly 的每一本书都有专属网页，你可以在那儿找到本书的相关信息，包括勘误表、示例代码以及其他信息。本书的网站地址是：http://oreil.ly/lean_analytics。

对于本书的评论和技术性问题，请发送电子邮件到：bookquestions@oreilly.com。

## O'Reilly 在线学习平台（O'Reilly Online Learning）

**O'REILLY**®   40 多年来，O'Reilly Media 致力于提供技术和商业培训、知识和卓越见解，来帮助众多公司取得成功。

我们拥有独特的由专家和创新者组成的庞大网络，他们通过图书、文章和我们的在线学习平台分享知识和经验。O'Reilly 的在线学习平台让你能够按需访问现场培训课程、深入的学习路径、交互式编程环境，以及 O'Reilly 和 200 多家其他出版商提供的大量文本资源和视频资源。有关的更多信息，请访问 https://www.oreilly.com。

# Contents

目 录

## 01 第一部分　别再欺骗自己了

## 02 第二部分　找到当前的正确指标

# 03　第三部分　底线在哪里

# 04  第四部分  应用精益数据分析

# 第一部分
# 别再欺骗自己了

“这完全要看‘是’是什么意思。”

——威廉·杰斐逊·克林顿

本书的这一部分将介绍为什么你要依靠数据才能取得成功。这部分涉及一些基本的分析概念，比如定性数据和定量数据、虚荣指标、相关性、同期群、细分、先见性指标。我们还将分析被数据牵着鼻子走的风险，甚至还会略微介绍一下你在日常生活中应该怎么做。

# 第1章　我们都在说谎

请直面这样一个事实：你其实沉迷在妄想之中。

其实所有人都处于妄想之中，只不过一些人比较严重罢了，其中，症状最严重的当数创业者。

创业者尤其擅于对自己说谎，说谎甚至可以说是创业者取得成功的必备条件。毕竟，你需要在缺乏充分实证支持的情况下，让别人相信你所说的是真的。你需要"信徒"对你相当地信任。创业者需处于一种半妄想状态，方能直面创业过程中不可避免的高潮与低谷。

撒点小谎是必要的。微小的谎言创建了你的现实扭曲场，可谓是创业者的必备要素。但如果你也开始相信自己的那套说辞，那恐怕你离失败也就不远了。你会深陷自己创造出的假象而不可自拔，直到狠狠地撞到南墙才能够认清现实。

你需要对自己撒点小谎，但不能撒得太过，否则将会损害公司的利益。

这就是我们需要数据的原因。

无论你的妄想多么有说服力，都经不起数据的严格考验。数据分析对创业者的谎言起着必要的制衡作用，与其口中夸张的说法阴阳相对。此外，数据分析法是初创企业成功的基石。你可以从中得知运营初期企业采用的哪些手段行之有效，又该如何在资金耗尽前进行迭代，以找到合适的产品和市场。

我们并没有否定直觉的作用。直觉是灵感的源泉，是你在整个创业过程中需要聆听并依赖的元素。不要轻视你的直觉，它十分重要，只是需要进行验证罢了。你可以通过直觉得知需要设计何种试验来测试你的创业假设，然后利用数据来验证这些假设。

## 精益创业运动

创新是件苦差事，难度超乎大多数人的想象。无论你是立志颠覆某一产业的孤独创业者，还是试图挑战现状、与公司假想敌作战并避开官僚主义阻碍的独行员工，这一点都是毋庸置疑的。我们知道，创业是件疯狂的事，与荒谬仅一步之遥。

精益创业提供了一套理论框架，从而使创业者能够更加严谨地着手于创新事务。同时，在精益创业的指导下，人们在知识层面也会变得非常坦诚。遵循精益创业模式，说谎（尤其是对自己说谎）将会变得愈发困难。

目前精益创业运动的迅速发展是有原因的。公司的创办模式正经历着一场根本性的变革。首版产品的开发成本十分低廉，公有云、社交媒体、市场竞争研究，甚至连在线交易和支付都是免费的[①]。我们身处数字化世界，却无须为比特花一分钱。

这就意味着你可以开发某产品，检测产品效果并从中获取经验，以便在下一版中加以改进。你可以快速迭代，并尽早决定是要专注于原有想法还是选择转型，然后就可以进行数据分析了。在创业过程中，领悟并非信手拈来之物，而是精益过程的重要组成部分。

管理学大师、作家彼得·德鲁克有一句名言：“你无法衡量的东西，你也无法管理。”[②] 用这句话来描述精益创业模式再合适不过了。在精益创业模式

---

① “免费”一般指“没有太多的前期投资”。业务开始后，大量的公有云和账单结算服务均需耗费一定的成本，有时甚至要比自己身体力行的花费还要多。但此处的免费指“在找到合适的产品/市场前，没有任何的花费”。你可以使用 PayPal、谷歌钱包、Eventbrite 或其他数十种支付和票务系统，然后将交易成本转嫁给你的客户。

② 德鲁克在《管理：任务、责任和实践》（哈珀·柯林斯一般图书出版集团商业分社）一书中写道：“如果没有生产率目标，企业就会失去方向；如果没有生产率的衡量，企业就会失去控制。”

下，成功的创业者可以在同一时间开发产品，确定市场策略，并建立一套获知用户需求的数据统计系统。

## 对现实扭曲场提出质疑

大部分创业者都经历过失败，而且不止一次。作为一名创业者，如果你并没有时常感到深深的挫败，那么可能是你的做法不对，且在很大程度上并没有承担起成功所必需的风险。

但在创业的起起伏伏中，总有全盘失控的那一刻。你彻底失败了，除了关闭网站和银行账户外你几乎别无他法。你不知所措，挑战又太过严竣，一切都结束了。你就是失败了。

其实在状况脱轨之前很久，你就预感到了这一切的发生。事情早就有点不对劲。不过当时你的现实扭曲场十分强大，以致你始终对奇迹抱有幻想。结果，你便以每小时一百万英里的速度撞上南墙，而在这整个过程中，你都在自欺欺人。

我们并不否认现实扭曲场的重要性，但要对其提出几点质疑。希望你能够因此及时发现反常状况并控制住局势。我们希望你在做决策时，可以更多地依靠精益数据分析，同时减少对现实扭曲场的依赖。

---

**案例分析：爱彼迎的上门摄影服务——增长中的增长**

爱彼迎（Airbnb）的成功历程相当不可思议。在短短几年内，这家公司就成了旅游业的巨头。爱彼迎可给予旅客一种有别于酒店的全新体验，同时也为拥有闲置房间、公寓或住宅的个人提供租赁平台，从而增加了这些人的收入来源。2012 年，旅客利用爱彼迎预订的住宿天数总计超过 500 万。爱彼迎公司刚成立时规模很小，全靠创始团队一直坚持采用精益创业思维模式，才得以有条不紊地取得成功。

在 2012 年西南偏南（SXSW）大会上，产品主管乔·扎德向大家讲述了爱彼迎的成功历程。乔着重介绍了公司的**专业摄影**服务。

该服务起源于一种假设，即"附有专业摄影照片的房源要更抢手，因此房主肯定会愿意申请爱彼迎提供的此项服务"。这一假设出自爱彼迎创始团队的直觉，他们感觉专业摄影服务将有助于业务的开展。不过，他们并没有立即将想法付诸实践，而是开发了一款**专人接待式最小可行化产品**（Concierge Minimum Viable Product），从而迅速验证了自己的假设。

## 什么是"专人接待式最小可行化产品"

在精益创业理论中，**最小可行化产品**指足以向市场传达你所主张的价值的最小化产品。但定义中并未对产品的真实程度做出要求。例如，如果你正在考虑创建一种拼车服务，则可以试着用人工牵线搭桥这种原始方式将司机和乘客联系在一起。

这是一种专人接待式方法。它可以让你认识到，有时你无须为了产品（即便是最小化产品）的开发而耗费时间与金钱。你需要调研的风险是"人们会接受陌生人的搭车吗"，而显然不是"我能开发出一款配对司机与乘客的应用软件吗"。专人接待式最小可行化产品并不会大规模生产，但可以在短时间内以最低的成本帮你尽快测试自己的想法。

现在，由于创业成本低廉，甚至可能无需任何成本即可创业，人们的关注成了真正稀缺的资源。对几位早期用户暗中进行测试后，你可以从中得知自己设想的用户需求是否真实存在。在你写下第一行代码、雇用第一名员工之前，你还可以通过这种专人接待式方法了解用户真正使用的产品，并优化自己的业务流程。

爱彼迎最小可行化产品最初的测试表明，附有专业摄影照片的房源所获订单数是市场平均值的 2~3 倍。这验证了创始团队最初的假设。结果，房主均表示非常欢迎爱彼迎向他们提供专业摄影服务。

2011 年中后期，爱彼迎雇用了 20 名专业摄影师，以帮助平台上的房主拍摄房屋照片。几乎就在同一时间段，爱彼迎的订单量呈现出了我们常说的"曲棍球棒曲线"式增长，如图 1-1 所示。

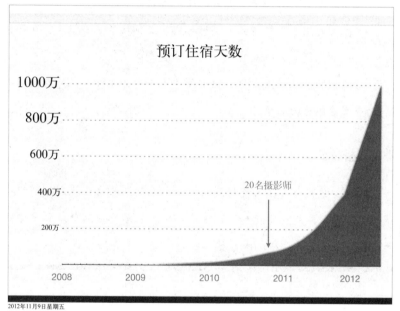

图 1-1　20 人的摄影团队加之房主的闲置房屋，可以产生惊人的效应

爱彼迎的试验并未停止。它先是给照片加上了水印，以增加真实性；然后让客服部门向拨打客服电话的出租人或潜在出租人推荐专业房屋摄影服务。这就提高了对照片质量的要求。每进行一次试验，爱彼迎都会对效果进行评估，并根据需要做出调整。在整个过程中，爱彼迎跟踪的关键指标是每月的拍照量，因为公司已经通过专人接待

式最小可行化产品，证实了"更多的专业摄影照片可以带来更多订单"这一假设。

截止到 2012 年 2 月，爱彼迎的月拍照量已接近 5000 张，并将继续加快专业摄影项目的发展速度。

## 总结

- 爱彼迎团队有预感，更好的照片可以提高租住量。

- 他们利用专人接待式最小可行化产品测试了这一想法，在保证能够得到有效结果的前提下，尽量降低测试中的投入。

- 若试验证明效果良好，他们便马上跟进必要资源，然后向所有客户推出此项服务。

## 数据分析启示

有时，增长来自你未曾想到的方面。在你认为自己找到了值得一试的想法时，先想一想应如何以最小的投入快速完成测试。你要事先为成功下定义，并明确如果直觉准确的话下一步要如何走。

"精益"是很好的创业方法，"数据分析法"则保证了数据的收集与分析。二者均可从根本上改变你对企业开创与发展的看法。它们不仅仅是一种方法，还是一种思维模式。精益数据分析思维是指提出正确的问题，并重点关注那项可达成你期望结果的关键指标。

通过本书，我们希望能为你提供一些指导、工具以及证据，从而使数据成为你创业中的核心竞争力，并助你成功。而本书的最终目的就在于教你**如何利用数据更快、更好地创业**。

# 第 2 章　创业的记分牌

数据分析离不开对企业关键指标的跟踪。这些指标与你的商业模式（营收来源、支出成本、客户数量及客户获取策略的效果等）有关，因此往往十分重要。

但有时创业公司的关键指标却并不容易判定，因为你连自己所处的商业模式都没有办法完全确定。你不停地调整自己分析的活动，并且仍在寻找正确的产品或目标客户。对于创业公司而言，之所以进行数据分析，是为了**在资金耗尽以前，找到正确的产品和市场**。

## 什么是好的数据指标

好的数据指标能带来你所期望的变化，下面就是衡量其好坏的一些重要准则。

**好的数据指标是比较性的。**如果能比较某数据指标在不同的时间段、用户群体、竞争产品之间的表现，你可以更好地洞察产品的实际走向。"本周的用户转化率比上周高"显然比"转化率为 2%"更有意义。

**好的数据指标是简单易懂的。**如果人们不能很容易地记住或讨论某项指标，那么通过改变它来改变公司的作为会十分困难。

**好的数据指标是一个比率。**会计和金融分析师仅需迅速查看几个比率就能对一个公司的基本状况①做出判断。你也需要几个这样的比率来为自己的创业公司打分。

比率之所以是最佳的数据指标，有如下几个原因。

- **比率的可操作性强，是行动的向导。** 以开车为例：里程透露的只是距离信息，而速度（距离／小时）才真正具有可操作性。因为速度告诉你当前的行驶状态，以及是否需要调整速度以确保按时抵达。

- **比率是天生的比较性指标。** 如果将日数据与一个月的数据相比较，你会得知该数据所呈现的是一个短期的骤增，还是一个长期的趋势。再以开车为例：速度是一个数据指标，可只有将当前速度与最近一小时的平均速度进行比较时，才能确知你是在加速还是在减速。

- **比率还适用于比较各种因素间的相生和相克（正相关和负相关）。** 就开车而言，单位时间内行驶的里程／罚单数这个比率显示了二者的关联性。你开得越快，行驶的里程就越多，但收到的罚单也越多。这个比率可以帮你决定是否应该超速。

以上均以开车为例，现在再来设想一个创业公司：其软件产品采取免费加收费的模式，即同时拥有免费和收费两个版本。公司面临一个选择：是该在免费版中提供尽量丰富的功能以吸引新用户，还是该将这些功能保留在收费版本中，以促使用户为高级功能付费。两种做法各有利弊：推出功能丰富的免费版不利于销售额的增长；而免费版功能过于简单又不利于新用户的增加。此时，你需要一个结合了二者的数据指标来帮助自己理解，产品的改动会对公司的整体业绩有怎样的影响。否则，你可能会片面地为增加销售额而牺牲新用户的增长。

**好的数据指标会改变行为。** 这是最重要的评判标准：随着指标的变化，你是否会采取相应的举措？

---

① 这些基本状况包括市盈率、销售利润率、销售成本、员工平均营运收入，等等。

- 将日销售额之类的"会计"指标纳入财务报表，有助于进行更准确的财务预测。这些指标是精益创业中**创新会计**的基础，它们能告诉你当前的状态离理想的商业模型有多远，实际结果是否印证了你的商业计划书。

- "试验"指标，如一个测试的结果，其作用在于帮助你优化产品、定价以及市场定位。这些数据的变化会极大地影响你接下来的动作。这要求你在收集数据之前就先行确定好针对各种不同情况的应变措施。例如，如果把网站做成粉色调能带来更多的营收，你就该把它做成粉色调；如果半数以上的反馈表明用户不会为某功能付费，你就要决定不去开发此功能；如果悉心打造的最小可行化产品不能将订单量提高30%，你就该试试其他方法。

　　学会根据数据确定一条做与不做的准绳，对规范你的创业行为大有裨益。一个好的数据指标之所以能够改变商业行为，是因为它与你的目标是一致的：留住用户，促进口碑传播，有效获取新用户，或者创造营收。

　　不过可惜，这招并不是任何时候都管用。

　　知名作家、企业家、演讲家赛思·戈丁曾在一篇名为 "Avoiding false metrics" 的博文中举过几个这样的例子。有趣的是（或许无趣），其中一个汽车销售员的例子就发生在了本杰明（本书作者之一）的身上。

　　本杰明去买新车。在签写购车协议时，销售员对他说："下周，您会接到一个询问购车体验的电话。时间很短，也就一两分钟。评分从低到高为1到5。您会给我们打5分，对吗？我们的服务还不错，够得上5分，不是吗？如果有不周到的地方，我确实很抱歉，但如果您能给我们打5分，那是最好的。"

　　本杰明并没有太把这当回事（奇怪的是，也没有人"如约"打来电话）。赛思认为，这种评分机制就是一个错误的数据指标，因为它并没有促使汽车销售员为客户提供更优的服务，反而让他的口舌浪费在了说服客户给他好评上（这显然对他很重要），这与设计评价机制的初衷——提高服务质量——背道而驰。

由错误数据指标引导的销售团队也会犯同样的错误。阿利斯泰（本书作者之一）就见过某公司的销售总监将销售员的季度奖金与其正在接洽中的订单数量挂钩，而不是与已签订单数量或订单的利润率挂钩。销售员都是靠金钱驱动的，总是跟着钱走。在这个案例中，这就意味着销售团队会为了个人收入制造大量低质量的潜在客户，并停在"接洽"状态长达两个季度，这就浪费了本来可以多谈拢几个高质量客户的大好时间。

当然，客户的满意度和确保接洽足够多的客户都对公司的成功至关重要。但是，如果想要改变公司员工的商业行为，就必须选择那些与你希望促成的改变相关联的指标。如果衡量的指标与目标不相关，员工的商业行为就不会随之发生改变，这无异于浪费时间。更可怕的是，你可能还在沾沾自喜、自欺欺人地以为一切都干得还不错。这样是不可能成功的。

另外，数据指标之间的耦合现象也值得注意。比如**转化率**（访客中真正发生购买行为的比例）通常就是和**购买所需时间**（客户需要花多长时间才能完成购买）相绑定的；二者相结合可以告诉你很多关于现金流的信息。类似地，**病毒式传播系数**（viral coefficient，平均每个用户邀请来的新用户数）和**病毒传播周期**（viral cycle time，用户完成一次邀请所需的时间）共同推动产品的普及率。当你开始探寻生意背后的关键数字时，就会注意到这些数据的背后隐藏着最重要的数据指标：营收、现金流，或产品普及率。

想要找出正确的数据指标，有 5 点需要牢记在心。

- **定性指标与定量指标**

  定性指标通常是非结构化的、经验性的、揭示性的、难以归类的；定量指标则涉及很多数值和统计数据，可提供可靠的量化结果，但缺乏直观的见解。

- **虚荣指标与可付诸行动的指标**

  虚荣指标看上去很美，让你感觉良好，却不能为你的公司带来丝毫改变。相反，可付诸行动的指标可以帮你遴选出一个行动方案，从而指导你的商业行为。

- **探索性指标与报告性指标**

  探索性指标是推测性的，提供原本不为所知的洞见，帮助你在商业竞争中取得先手优势。报告性指标则让你时刻对公司的日常运营、管理性活动保持信息通畅、步调一致。

- **先见性指标与后见性指标**

  先见性指标用于预言未来；后见性指标则用于解释过去。相比之下，我们更喜欢先见性指标，因为你在得知数据后尚有时间去应对——未雨绸缪，有备无患。

- **相关性指标与因果性指标**

  如果两个指标总是一同变化，则说明它们是相关的；如果其中一个指标可以导致另一个指标的变化，则它们之间具有因果关系。如果你发现你能控制的事（比如播放什么样的广告）和你希望发生的事（比如营收）之间存在因果关系，那么恭喜你，你已拥有了改变未来的能力。

分析师特别关心那些能推动公司业绩增长的指标，即**关键绩效指标**（KPI）。每个行业都有自己的关键绩效指标。如果你是餐馆老板，该指标是每晚用掉的桌布量（翻台量）；如果你是投资者，该指标是你的投资回报率；如果你运营媒体网站，该指标是广告的点击率。

## 定性指标与定量指标

不难理解，定量数据是指那些我们跟踪和衡量的数字，比如体育比赛的比分和电影的评分。每当进行排名、计数或衡量时，数据就被量化了。定量数据使用方便，具有科学性，也（假设你算得没错）易于归类、外推和置入电子表格。然而，定量数据在创业初期恰恰是最为匮乏的。你不可能在街上随便找个人问他有什么棘手的问题，然后就得到一个量化的答案。这时，你需要收集定性数据。

定性数据是杂乱、主观、不精确的。它类似从采访或辩论中获得的信息，极难量化。如果定量数据回答的是"什么"和"多少"这样的问题，那定性数据回答的就是"为什么"。**定量数据排斥主观因素；定性数据吸纳主观因素。**

最开始，你想要的只是一些定性数据。你取得的成绩并不以数字衡量。恰恰相反，你在和真人对话，确切来讲，你在和目标市场中的潜在用户对话。这意味着你在探索，**你在突破固定思维。**

收集高质量的定性数据需要很多准备工作。比如你向潜在客户提出的问题就很有讲究，问题既要具体，又不能带有诱导性，使他们偏离初衷。在提问的过程中，还必须避免受访者被你的热情和现实扭曲场所感染。准备不充分的客户访谈，可能会得出误导性或是无意义的结论。

## 虚荣指标与可付诸行动的指标

很多公司都声称自己是由数据驱动决策的企业。可惜，它们大多只重视这句互联网谚语中的"数据"，却很少有公司真的把注意力集中在"驱动决策"上。如果你有一个数据，却不知如何根据它采取行动，该数据就仅仅是一个虚荣指标。它毫无意义，唯一的作用是让人自我膨胀。你需要利用数据揭示信息，指明方向，帮助你改进商业模式，决策下一步的行动。

每当看到一个指标，就应该下意识地问自己："依据这个指标，我将如何改变当前的商业行为？"如果回答不了这个问题，你大抵可以不用纠结于这个指标了。换言之，如果你并不明白哪个指标能够改变企业的行为，那你压根就不是在用数据驱动决策，而只是在数据的流沙里挣扎。

考虑这样一个例子："总注册用户数"（或"总用户数"）其实就是一个虚荣指标，这个数字只会随着时间增长（经典的"单调递增函数"）。它并不能传达关于用户行为的信息：他们在做什么及是否对你有价值。他们中的很多人可能只是注册了一下，就再没有使用过。

"总活跃用户数"稍微好些，前提是你对"活跃用户"定义正确。但它依然是一个虚荣指标，也只会随着时间而增长，除非你犯了什么严重的错误。

这里真正应该关注的指标，即**可付诸行动的**指标，是"活跃用户占总用户数的百分比"（活跃用户占比）。这个指标揭示了产品的用户参与度，因而显得格外关键。当产品作出调整时，这个指标也会相应地变化。如果调整的思路是正确的，这个占比就应该上升。这就意味着，它可以指导你试验、学习和迭代。

另一个值得关注的指标是"单位时间内新用户的数量"（或"新用户增速"），它对比较不同营销手段的优劣往往很有帮助。举一个网上营销的例子：第一周将广告投放在 Facebook[①] 上，第二周改投在社交新闻网站 reddit 上，第三周试试谷歌关键字（Google AdWords），第四周轮到了职业社交网站 LinkedIn。在不同时间段进行对照试验得到的结果并不一定精确，但相对而言比较简单。[②] 更重要的是，它能指导你的行动：如果 Facebook 确实比 LinkedIn 更具广告效应，那么接下来该怎么做就不言自明了。

可付诸行动的指标不是魔法，它不会直接告诉你该做什么；在上面的例子中，你可以试着改变定价，替换广告媒介，或重写广告语。关键在于你是在根据收集到的数据行动。

---

**模式：8 个需要提防的虚荣数据指标**

创业者容易迷恋"看上去很美"的单调增指标。以下是 8 个臭名昭著的虚荣指标，对它们敬而远之吧。

（1）**点击量。**这是互联网洪荒年代所使用的指标，随便什么网站，只要上面可点的东西多，这个数字都会很高。相比之下，你更应统计点击的人数。

---

① 2021 年 10 月，Facebook 公司宣布，公司更名为 Meta。——编者注
② 一个更好的办法是同时在这 4 家平台投放广告，使用数据分析将新用户分类。你在一周内就能得到答案，并且控制了其他变量，如季节变化。我们之后将详细介绍市场细分和同期群分析。

(2) **页面浏览量**。这个指标只比点击量稍好一点点，因其统计的是网页被访客请求的次数。除非你的商业模式直接与 PV 值挂钩（展示广告），你还是更应统计访问的人数。

(3) **访问量**。访问量为 100 究竟来自 1 个访问了 100 次的用户，还是 100 个访问了 1 次的用户？它无法指导行动。

(4) **独立访客数**。只能显示有多少人访问了网页，却不能告诉你这些人在页面上做了什么，他们为什么停留，是否离开了。

(5) **粉丝 / 好友 / 点赞数量**。计算粉丝 / 好友的数量只是一场毫无意义的人气比赛，除非你能让他们做对你有利的事。你在社交平台上振臂一呼时，有多少粉丝会响应？只有知道了这个数字，它们才对你有意义。

(6) **网站停留时间 / 浏览页数**。用这两个指标来替代客户参与度或活跃度并非明智之举，除非你的商业模式与这两个指标相绑定。而且，它们并非一定能说明问题。比如，客户在客服页面或投诉页面上停留了很长时间，不见得是什么好事。

(7) **收集到的用户邮件地址数量**。有很多人对你的创业项目感兴趣，这很好。但是，如果不知道他们中有多少人会真正打开你的邮件（并为你邮件中的内容买单），纵使有再多人在你的邮件列表上也是枉然。更好的做法是：向一部分注册用户发送测试邮件，看他们是否会按照邮件中的提示去做。

(8) **下载量**。尽管有时会影响你在应用商店中的排名，但下载量本身并不带来价值[①]；你需要衡量的是：应用下载后的激活量、账号创建量，等等。

---

① 付费应用除外。——译者注

## 探索性指标与报告性指标

阿维纳什·考希克是谷歌的数字营销先行者，同时也是一位作家。他认为美国前国防部长唐纳德·拉姆斯菲尔德早在冷战时期就对数据分析颇有见解。唐纳德曾说：

> 世界上的事物可以分为这样几类：我们知道我们知道的，我们知道我们不知道的；此外，还有我们不知道我们知道的，以及我们不知道我们不知道的。

图 2-1 描述了这四种信息。

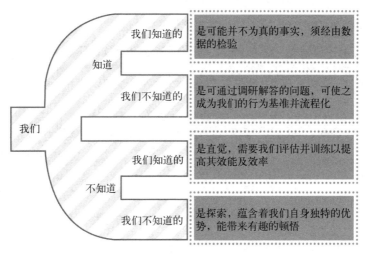

图 2-1　唐纳德·拉姆斯菲尔德的发言中蕴藏的智慧

"我们知道我们不知道的"意味着某种度量行为，比如数钱、清点用户量、计算代码的行数都是度量行为。因为我们**知道**我们不知道这类指标的具体值，所以才要度量它。这类指标可应用于核算（今天卖了多少小插件）或用于衡量试验的结果（红色和绿色的小应用软件，哪个卖得更好）。不论以上哪种情况，我们事先都知道我们需要了解这些指标。

相比之下，"我们不知道我们不知道的"与创业的关系最紧密；它意味着在一系列探索之后，我们得到了一个能撼动市场的新产品。如下面的案例分析所示，创业公司"朋友圈"（Circle of Friends）正因使用了这个方法而找到了它的最佳消费群体——妈妈群体。"我们不知道我们不知道的"是创业魔法的真正所在。虽然以此为信条，你会走不少弯路，犯很多错误，可当你的想法恰到好处时，它能指引你如愿地"发现新大陆"。正如史蒂夫·布兰克所说：创业公司应该把时间花在探索并得出一个可扩展、可复制的商业模式上。

数据分析在唐纳德理论的四个象限中都有重要的应用，它能够：

- 检验我们手头上的事实和假设（如打开率或转化率），以确保我们不是在自欺欺人，我们的商业计划是切实可行的；
- 验证我们的直觉，把假设变成证据；
- 为业务预测表、瀑布式开发流程图和董事会议提供数据；
- 帮助我们发现黄金机遇，大展宏图。

在创业早期，"我们不知道我们不知道"的东西最为重要，它们会转变为未来的秘密武器。

---

### 案例分析："妈妈圈"的成功之路

"朋友圈"的构想很简单：它允许你将 Facebook 好友分类到不同的圈子，以便在指定圈子中分享。2007 年 9 月，在 Facebook 发布开发者平台后不久，麦克·格林菲尔德等人共同创办了一家公司。这个时机近乎完美：Facebook 正在成为一个极速获取用户的病毒式开放平台，同时也成就了很多创业公司。在这之前，从没有一个平台像 Facebook 一样既拥有巨大的用户数量，又如此开放（当时 Facebook

已有约 5000 万用户）。

到 2008 年中期，"朋友圈"已经拥有 1000 万用户。麦克视用户增长为首要使命，他说"这就像在抢地盘"，"朋友圈"显然已在病毒式传播。然而，一个问题出现了：只有很少的用户在真正地使用这个产品。

麦克发现，只有不到 20% 的圈子在创建后有过活动的迹象。"1000 万的注册用户每月能为我们带来几百万的独立访客数，可我们深知这个成绩对于一个通用社交网络来说还不够好。一旦收费，变现效果可能不佳。"

麦克开始探寻背后的原因。

他首先查看了用户数据库，想搞清楚用户都做了些什么。当时，公司还没有一套可以做深度数据分析的系统，但这并不妨碍麦克进行一些探索性的分析。最后他发现，有一个用户群体在其他群体活跃度较低的情况下，撑起了整个产品的用户参与度——这就是妈妈群体。以下是他的发现：

- 妈妈群体之间所发的站内信平均比其他站内信长 50%；
- 她们在帖子中附图片的概率比其他人群高 115%；
- 她们在 Facebook 上进入多回合深入对话的概率比其他人群高 110%；
- 她们的好友在被邀请进入应用后，成为高参与度用户的概率比其他用户高 50%；
- 她们点击 Facebook 提醒信息的概率比其他人群高 75%；
- 她们点击 Facebook 新鲜事内容的概率比其他人群高 180%；
- 她们接受应用邀请的概率比其他人群高 60%。

这些数字实在是太有说服力了。于是，在 2008 年 6 月，麦克和他的团队完全调整了产品重心，作出了关键转型。2008 年 10 月，他们在 Facebook 上发布了"妈妈圈"社交产品。

起初，由于产品的大转型，各项数据都有所下降。然而，到 2009 年底，"妈妈圈"的社区用户数已增至 450 万；与那些在转型中丢掉的用户不同，这些都是参与度很高的活跃用户。在这之后，Facebook 开始限制站内应用通过其平台进行病毒式传播，过分依托 Facebook 推广的"妈妈圈"也是几经沉浮。最终，它摆脱 Facebook，成立了一个独立的网站，并于 2012 年初被 Sugar 公司收购。

## 总结

- "朋友圈"这个社交图谱应用出现在了正确的时间（Facebook 刚启动开放平台时）和正确的地点（Facebook 站内应用），只是找错了市场。
- 通过分析用户的行为模式和理想行为的分布，发掘高活跃度用户的共同点，公司找到了与自身产品相匹配的市场。
- 在找准目标以后，不遗余力地聚焦，直至更改产品名称。要么坚定地转型，要么缴械投降。学会放弃部分已有的成就，这就是"妈妈圈"成功的秘诀。

## 数据分析启示

麦克成功创办"妈妈圈"的关键在于，他有能力深入挖掘数据，寻找有意义的用户行为模式和机遇。麦克发现了一个"他不知道自己不知道"的事实，这促使他下了一个听起来骇人却颇显胆识的大赌注（放弃面向所有人的"朋友圈"转而深耕于一个特定的人群/市场）。

毫无疑问，这是一次赌博，但它以调研数据为基础。

想要让一款社区产品极速启动就需要相当高的用户参与度。不温不火的用户表现无法提供足够的"逃逸速度"，让你的产品冲上云霄。在这种情况下，更好的做法是：在一个更小、更容易触及的目标市场中培养更多具有黏性的高活跃度用户。病毒式传播需要专注度。

## 先见性指标与后见性指标

无论先见性指标还是后见性指标都是有意义的，只不过解决的问题不同。

先见性指标（或称**先见性指示剂**）可用于预测未来。比如，通过"销售漏斗"中现有的潜在客户数，你能大致预测将来所能获得的新客户数。如果目前潜在客户很少，那么将来也不会增加多少新客户。眼前，你可以努力增加潜在客户，这样将来就能得到更多的新增客户。

后见性指标能够提示问题的存在，比如**用户流失**（即某一时间段内离开某产品或服务的客户量）；不过，等到你有机会收集数据，找出问题，往往为时已晚。已流失的用户不会再回头。但是，这并不意味着你就只能眼睁睁地看着后见性指标而无可作为（比如，你可以尝试降低用户流失率，再测试是否见效），只不过这有点儿像亡羊补牢：你不会再丢新的羊，但已丢失的找不回来了。

创业之初，你所拥有的数据不足以预测未来，这时可以先关注后见性数据。在这个阶段，后见性数据还比较管用，可为产品的表现提供一个基准。如果要启用先见性指标，你需要首先进行同期群分析并比较客户对照组在不同时间段的表现。

举一个用户投诉量的例子。你可以跟踪每日接到的客服电话数，这个数字不能太小，以保证统计学价值。在这之前，你可能以 90 天为期来跟踪用户投诉量。以上二者均可以作为用户流失的先见性指标：如果投诉量增加，很有可能更多的客户会停用你的产品或服务。作为一个先见性指标，客户投诉还能帮你深入了解产品和服务的真实状况，分析投诉量上升的原因，然后解决问题。

有关账号注销和产品退货的数据是很重要的指标，只不过比较滞后。它们能精确地指出问题所在，但为时已晚，用户已经离开。用户流失量是非常重要的数据指标（贯穿全书），但如果只是目光短浅地看待它，反而不能如你所愿地提高迭代和产品调整的速度。

指标无处不在。在一个企业级软件公司，就销售业绩而言，季度新订单量是一个后见性指标。相对应地，新增潜在客户量是一个先见性指标，它能帮助你提前预测未来的销售业绩。不过，任何在 B2B 销售领域工作过的人都会告诉你，除了培养有价值的潜在客户外，你还需要对潜在客户转化率和销售周期有很好的把握。只有这样，你才能对销售前景做务实的预判。

在一个公司中，某一团队的后见性指标有时是另一个团队的先见性指标。例如，季度订单量对于销售团队而言是一个后见性指标（合同已经签订了），但对于财务部门来说，它是一个可以指示营收预期的先见性指标（因为客户还没有支付合同金）。

最后，你需要确定你所跟踪的这些数据是否能真正帮助你更好更快地做出决定。如上所述，一个真正的数据指标必须是可付诸行动的。后见性和先见性的数据都可以指导行动，区别只是先见性数据能预示将来会发生什么，缩短迭代周期，精益求精。

## 相关性指标与因果性指标

在加拿大，冬季轮胎的使用率和交通事故的减少量是一对相关数据。人们会在寒冷的季节换上更软的冬季轮胎，而夏天是交通事故的高发季。这是否意味着我们应该要求加拿大的司机一年四季都装着冬季轮胎？当然不是，因为软轮胎在夏天的刹车性能很差，会导致事故量增加。

实际上，很有可能有一些其他的因素导致了夏天事故率的上升，如开车时间的延长和暑假的来临。仅仅关注单一的关联而不追溯因果关系会导致错误的决定。比如，冰激凌的消费量和意外溺亡人数具有相关性，难道这意味着我们应该禁止销售冰激凌来避免意外溺亡吗？或者以冰激凌消费量预测殡仪馆的股价走势？当然不是——冰激凌消费量和意外溺死率的升高都是因为夏天来了。

在两个数据指标之间发现相关性不是一件坏事，发现相关性可以帮助你预测未来，而发现**因果关系**意味着你可以改变未来。通常，因果关系并不是简单的一对一关系，很多事情都是多因素共同作用的结果。在加拿大夏天交通事故增加的例子中，我们需要考虑酒精消费量、新手司机数量、白昼变长和暑假等因素。所以，现实中很难找到 100% 的因果关系。你会掌握一些独立的数据指标（分析多个独立的数据指标作为自变量），其中每个都能在一定程度上"解释"某个依存的数据指标（因变量）。但是，即便只发现部分因果关系也是很有价值的。

你可以通过如下方法来证明一个因果关系：找到一个相关性，进行控制变量试验并测量因变量的变化。这是一项很有挑战性的工作，因为没有两个客户是相同的，所以你很难在试验中控制输入的一致性。在现实中，想要让有统计学意义的一大批被试客户都满足试验的良好控制条件几乎是不可能的。

如果拥有一个足够大的用户样本，你甚至可以不用太考虑变量控制就能完成一个很可靠的测试，因为其他自变量对因变量的影响最终会被样本数量拉平，这就是为什么谷歌有能力测试超链接颜色等细微的影响因素，为什么微软能够很明确地知道网页加载速度快慢对搜索量的影响。但是对于大多数创业公司而言，你需要尽量简化你的测试，测试内容不要太多，并比较这些测试为你的生意带来的改变。

我们之后将看到一些不一样的测试和细分种类，不过现阶段你只需要知道：相关性很好，因果性更佳。有时，你只能找到一些相关性，但你永不应停止寻找因果性。

## 移动的目标

你在早期所选定的目标往往是尝试性的，不是板上钉钉。你追逐的是一个移动的目标，因为此时你根本无法定义何为成功。

在创业过程中，调整目标和关键数据指标都是可行的；只要你能够做到实事求是，了解此番调整对企业的影响，而不是无视事实，降低期望值，得过且过。

你的最初版产品（最小可行化产品）面市之初，你还在获取产品的早期接受者，测试他们对产品的使用体验，这时你甚至不知道他们会用你的产品来做什么（尽管你在脑子里有一些假设）。有时用户对你的产品的真实用法会和你的假设大相径庭。你可能以为大家愿意玩你的多媒体游戏，结果却发现他们只把它当成了一个照片上传服务。不相信？这就是图片分享网站 Flickr 创业初期的真实故事。

然而，你的假设和用户真实行为之间的差别有时会更细微。你可能以为只有做到让用户每天都使用你的产品才能成功，结果却发现并不是这样。在这些情况下，及时调整你所观察的指标是明智之举，前提是你能证明此举的意义。

---

### 案例分析：HighScore House 对"活跃用户"的定义

HighScore House 始于一个简单的应用程序：家长能通过它罗列出希望孩子们完成的家务活及挑战，为其打分；而孩子们则能完成任务，获取分值，并将这些虚拟的分值兑换成他们想要的奖励。

当 HighScore House 发布他们的最小可行化产品时，有几百个志愿家庭愿意参与内部测试。当时，几位创始人摸着石头过河，为最小可行化产品的成功下了这样的定义：家长和孩子每周每人使用产品至少四次。达到这一阈值的家庭称为"活跃用户"。这个成功的标准定得很高，但清晰扼要。

　　然而，一个多月过去了，活跃家庭的百分比比他们的预期目标要低。几位创始人很失望，但决心继续试验下去，努力提高用户的参与度：

- 他们调整了注册流程（使之更明了、更富教育软件特色以吸引高质量用户；同时，使用户更容易上手）；
- 他们给家长发送每日邮件提醒；
- 他们根据孩子在系统中所触发的行动，给家长发送事务性邮件。

　　虽然每一个新尝试都为产品带来了一些改善，但都没能充分地推动产品使创始团队宣称：产品成功了。

　　这时，创始人之一、时任 CEO 的凯尔·希曼做出了一个关键的决定：**他拿起了电话**。从那些已注册却并不活跃的家长开始，凯尔与几十位家长通了话。首先，他打给那些完全抛弃了 HighScore House 的家长（所谓"流失用户"），了解到很多人离开的原因是 HighScore House 解决的并不是他们的紧要问题。这没什么大不了的，创始团队从未假设过这款产品适用于所有家长——对于一个创业产品而言，"所有家长"这个市场显然定义得过大了。凯尔将精力放在寻找家长中的一个子市场，一个能认同 HighScore House 价值的家长人群，方便他聚焦于更加细分的领域。

　　接下来，凯尔给那些正在使用 HighScore House，但不够活跃的家庭打了电话。他们中的很多家长都对产品给予了正面评价："我们在使用 HighScore House。它是一个很棒的产品。因为有了它，我的孩子终于能够坚持每天叠被子了！"

从这些家长处得到的回应令创始团队十分惊喜。尽管他们中的大多数每周仅使用 HighScore House 一到两次，但这已经足以使他们认可产品的价值了。从这些电话访谈中，凯尔学到了细分市场，了解了产品对哪类家庭更具吸引力。他开始认识到，他们一开始设定的划分活跃/非活跃用户的准绳实际上并不能很好地反映实际用户的参与度。

这并不是说 HighScore House 团队不该在一开始提出这样一条准绳。如果没有那个设想，他们也就不会为了修正准绳而学到这些东西，凯尔也不可能拿起电话。然而现在，他真正地理解了他的用户，定量数据与定性数据相结合是他成功的关键。

在这次经验的基础上，HighScore House 团队重新定义了区分"活跃"和"非活跃"用户的阈值，用以更好地反映现有用户的行为。在这个案例中，调整关键指标对 HighScore House 团队而言是可行的，因为他们理解此举的真正原因，并且能够对变化做出解释。

## 总结

- HighScore House 团队过早且过于激进地划了一条用于区分用户活跃度的准绳——一个不可能完成的任务；
- HighScore House 团队通过快速试验提高了活跃用户的数量，但是活跃用户的百分比总体没有很大提高；
- 他们明智地拿起电话联系客户，发现那些低于假设"活跃度"阈值的用户能够从产品中获取很大价值。

## 数据分析启示

首先，了解你的客户。没有比直接与客户和用户对话更有效的手段了。任你得到的数据再多，它们也解释不了事情发生的原因。现在就拿起电话拨通一位客户的号码，即使是一位参与度不高的客户，也会对你很有帮助。

其次，尽早做出一些假设并定下你认为可称为"成功"的目标，但切忌在试验中迷失自己。如果需要，可以降低指标的阈值，但并不是为了制造达到这个阈值的假象，这样做只会自欺欺人。使用定性数据来理解你为用户创造的价值是什么。只有当调整后的阈值或准绳可以更好地反映（某个细分市场中的）用户使用产品的习惯时，调整才是合理和必要的。

# 市场细分、同期群分析、A/B 测试和多变量分析

测试是精益数据分析的灵魂。通常，测试就是通过市场细分、同期群分析或 A/B 测试来比较两个样本的不同。对于需要通过科学的比较法来证明某种改变合理性的人来说，这些概念都显得格外重要。下面，我们将对其进行深入的讨论。

## 市场细分

简言之，细分市场就是一群拥有某种共同特征的人。共同特征可以是：使用火狐浏览器，喜欢去餐馆前先预约，坐头等舱，或者家里有孩子并且开多功能休旅车。

以运营网站为例，你需要根据一系列的技术、人口信息对访客进行细分，然后比较各个细分市场之间的差异。如果发现"使用火狐浏览器"群体的购买行为明显少于其他群体，你可以通过进一步测试找出背后的原因。如果有特别多的高参与度用户来自澳大利亚，你就可以开展调查，找出原因，再将成功要素复制到其他人群中。

市场细分不仅可应用于网站，它对任何行业、任何形式的营销都大有裨益。美国的直邮营销（通过传统纸质信件进行的营销）早在几十年前就开始了市场细分的实践，并取得了巨大成功。

## 同期群分析

市场细分之外的第二种分析方法是同期群分析，比较的是相似群体随时间的变化。产品会随着你的开发和测试而不断迭代，这就导致在产品发布第一周就加入的用户和后来才加入的用户有着不同的体验。比如，每个用户都会经历一个生命周期：从免费试用到付费使用，最后停止使用。同时，在这期间，你还在不停地对商业模式进行调整。于是，在产品上线第一个月就"吃螃蟹"的用户势必与4个月后才加入的用户有不同的上手体验。这对用户流失率会有什么影响？我们用同期群分析来寻找答案。

每一组用户构成一个同期群，参与整个试验过程。通过比较不同的同期群，你可以获知，从总体上看，关键指标的表现是否越来越好了。下例将说明同期群分析对创业公司的重要意义。

假设你经营一家网店。你每月能获取1000位新客户，他们每人都会买一些东西。表2-1显示了前5个月中平均每位客户带来的营收。

表2-1 5个月每客户收入

| | 1月 | 2月 | 3月 | 4月 | 5月 |
| --- | --- | --- | --- | --- | --- |
| 客户总数 | 1000 | 2000 | 3000 | 4000 | 5000 |
| 每客户收入 | 5美元 | 4.5美元 | 4.33美元 | 4.25美元 | 4.5美元 |

然而，表格传达的信息十分有限。网店的生意究竟是日益红火还是每况愈下？这并不容易回答，因为你并没有对比新客户和老客户的表现；而且，在这个表格中，新客户和5个月前注册的老客户的数据是混在一起的。这几组数据仅显示：营收在经历小幅下降后又回升，而平均每位客户带来的营收值几近均一。

现在，仍旧使用相同的数据，但根据客户首次光顾的时间按月进行分段。在表 2-2 中，我们可以发现一些重要的变化。在第 5 个月光顾网店的客户，其首月平均消费为 9 美元——是第一个月光顾客户消费额的近 2 倍。这是一个巨大的增长！

表 2-2　按照客户首次光顾月份比较营收

| | 1 月 | 2 月 | 3 月 | 4 月 | 5 月 |
|---|---|---|---|---|---|
| 新客户数 | 1000 | 1000 | 1000 | 1000 | 1000 |
| 总客户数 | 1000 | 2000 | 3000 | 4000 | 5000 |
| 第 1 个月 | 5 美元 | 3 美元 | 2 美元 | 1 美元 | 0.5 美元 |
| 第 2 个月 | | 6 美元 | 4 美元 | 2 美元 | 1 美元 |
| 第 3 个月 | | | 7 美元 | 6 美元 | 5 美元 |
| 第 4 个月 | | | | 8 美元 | 7 美元 |
| 第 5 个月 | | | | | 9 美元 |

同期群的概念还可以表现为，根据用户的体验划分数据。在表 2-3 中，我们根据用户在网店上的"店龄"来划分数据。这显示了另一个重要的数据指标：用户消费是如何自首月起迅速衰减的。

表 2-3　营收数据的同期群分析

| 同期群 | 使用月份 | | | | |
|---|---|---|---|---|---|
| | 1 | 2 | 3 | 4 | 5 |
| 1 月 | 5 美元 | 3 美元 | 2 美元 | 1 美元 | 0.5 美元 |
| 2 月 | 6 美元 | 4 美元 | 2 美元 | 1 美元 | |
| 3 月 | 7 美元 | 6 美元 | 5 美元 | | |
| 4 月 | 8 美元 | 7 美元 | | | |
| 5 月 | 9 美元 | | | | |
| 平均值 | 7 美元 | 5 美元 | 3 美元 | 1 美元 | 0.5 美元 |

同期群分析为我们提供了一个更加清晰的视角。如前例所示，前几个月中用户变现的疲软表现已经损害到了网店营收指标的总体状况。1月份的同期群（表 2-3 第一行）首月消费了 5 美元，然后逐月递减，到第 5 个月仅消费 0.5 美元。不过，随着网站的发展，新客户的首月花费有显著增长，接下来的消费下降趋势也有所缓解：4 月份的同期群在首月消费 8 美元，次月消费 7 美元。如果只看表 2-1，网店的发展似乎进入了瓶颈，但经过同期群分析得出，实际上网店正在茁壮成长。而且，你还明白了值得关注的关键数据：在首月注册并消费后，客户消费的递减量。

同期群分析使你能够观察处于生命周期不同阶段客户的行为模式，而非忽略个体的自然生命周期，对所有客户一刀切。同期群分析适用于营收、客户流失率、口碑的病毒式传播、客户支持成本等任何你关注的数据指标。

## A/B 和多变量测试

如表 2-2 所示，比较不同群体的同期群试验被称为**纵向研究**，因为数据是沿着客户群体的自然生命周期收集的。相对应地，**横向研究**指在同一时间段对不同被试群体提供不同的体验。例如，向半数用户展示一个绿色链接，对另一半用户展示蓝色链接，观察哪种颜色的链接点击率更高就是一种横向研究。假设其他条件保持不变，仅考虑体验中的某一属性（如链接的颜色）对被试用户的影响，就是 A/B 测试。

你可以测试产品的所有细节，但最好首要关注那些关键的步骤和假设。A/B 测试的结果会为你带来巨大的回报。众筹公司 Picatic 的创始人之一杰·帕玛对此深有体会。他将用于触发访客行为的**立即试用产品**的链接文字从"免费开始"改成了"免费试用"，仅仅这一简单的改动，就使链接点击率在 10 天内飙升了 376%。

A/B 测试看似简单易行，实则有一个软肋。只有用户流量巨大的大型网站（如微软必应、谷歌）能对单一的因素（如链接颜色、网页速度）进行测试并迅速得到答案。如果没有庞大的用户流量，你将需要测试很多因素。这可能包括网页的色调、触发用户行为的链接文字、图片效果等。

进行一连串的单独测试会延长你走向成熟的周期。与其如此，不如采用**多变量分析法**同时对多个属性进行测试，其原理为，用统计学方法剥离出单个影响因子与结果中某一项指标提升的相关性。

图 2-2 展示了四种划分用户并进行分析或测试的方法。

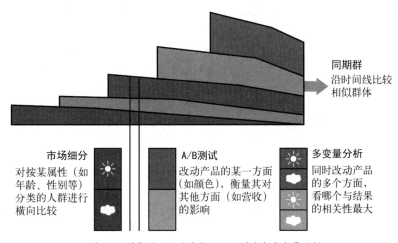

图 2-2　同期群、细分市场、A/B 测试和多变量分析

## 精益数据分析周期

精益数据分析的核心在于如何找到一个有意义的指标，然后通过试验改善它，直到令你满意；之后，转而解决下一个问题，或步入创业的下一个阶段。整个周期如图 2-3 所示。

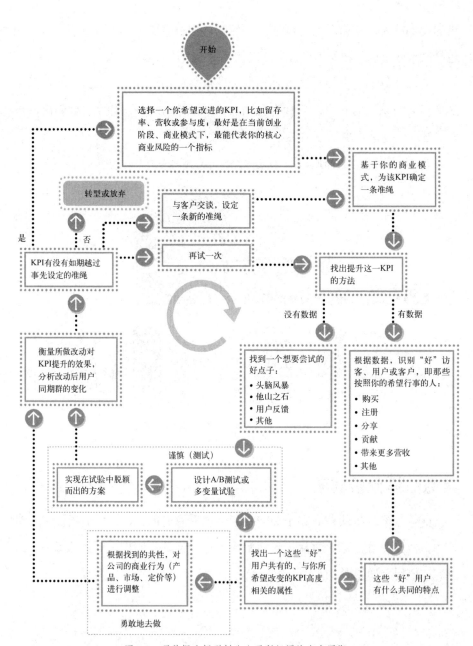

图 2-3 强数据分析型创业公司所经历的生命周期

最终，你将找到一个可将续、可复制、持续增长的商业模式，并且学会如何迭代它。

本章涵盖了大量有关数据指标和分析方法的背景知识，即时将其理顺可能是个不小的挑战。简言之，本章讨论了：

- 什么是好的数据指标；
- 什么是虚荣指标，如何规避它；
- 定性指标和定量指标的区别，探索性指标和报告性指标的区别，先见性指标和后见性指标的区别，相关性指标和因果性指标的区别；
- 什么是 A/B 测试，为什么多变量测试更常用；
- 细分市场和同期群之间的区别。

接下来，我们将会把这些维度具体到各种商业模式和初创企业的不同成长阶段中进行讨论。

---

**练习：对你所跟踪的数据指标进行评估**

找出并写下你一丝不苟地遵循并每天回顾的 3 到 5 个关键数据，回答以下问题。

- 哪些是好的数据指标?
- 哪些指标帮助你进行商业决策，又有哪些是虚荣指标?
- 你能剔除那些不能为你带来任何价值的指标吗?
- 是否存在你尚未想到但可能更有意义的指标?

划掉那些不好的指标，并把新发现的指标加到你的列表里。在阅读本书的过程中，都要坚持这样的思考和行动。

# 第3章 你把生命献给谁

作为创业者，你必须决定把接下来几年的生命献给谁。之所以想走一条精益的、基于分析的创业之路，根本原因是你不愿意浪费几年的生命创造一个没有人想用的东西。正如网景创始人、风险投资人马克·安德里森所言："一个不存在的市场不会在乎你有多聪明。"

不出意外的话，你已经有了一个关于产品或服务的想法，想要把它打造出来。它是你的蓝图，是你即将用数据分析检验的对象。这时，你需要一种方法帮助你快速、严谨地将这个想法及相关假设表达出来，再由真实的客户去证实（或证伪）。对此，我们推荐阿什·莫瑞亚[①]的"精益画布"，它可以帮你在发展客户的同时清晰地界定和调整商业模式。本章之后将讨论这个方法。

然而，只有"画布"还远远不够，因为创业不仅仅是要找到一个可以赚钱的生意，更是要找到一个你愿意为之奉献生命的事业。关于如何确定值得付出的事业，战略咨询师、知名博主、设计师巴德·卡德尔明确指出三条准则：擅长做的，喜欢做的，能赚钱的。

现在，我们就来深入探讨精益画布和巴德的三条准则。

---

① 《精益创业实战》（原书第 3 版）的作者。——译者注

# 精益画布

　　精益画布是呈现在一张纸上的可视化简明商业计划书，体现你正在进行的、可付诸行动的商业计划。它是阿什·莫瑞亚以亚历山大·奥斯特瓦德的商业模式画布为基础改进而成的。如图 3-1 所示，它包含 9 个模块，一张 A4 纸就可以放下。这张画布能让你对自己当前工作的重点一目了然。

| 问题<br>列出客户最需要解决的3个问题<br><br>**1** | 解决方案<br>列出每个问题可能的解决方案<br><br>**4** | 独特价值主张<br>用一句简明扼要但引人注目的话让路人成为感兴趣的潜在客户<br><br>**3** | 不公平优势<br>不可能被轻易复制或者轻易获得的优势<br><br>**9** | 客户群体<br>列出目标客户和用户<br><br>**2** |
|---|---|---|---|---|
| 现有解决方案<br>列出上述问题目前的解决方案 | 关键指标<br>列出描述公司目前状况的关键数据<br><br>**8** | 类比概念<br>列出你的X=Y的类比（比如，YouTube=视频界的Flickr） | 渠道<br>列出获取客户的途径<br><br>**5** | 早期采用者<br>列出理想客户的特征 |
| 成本结构<br>列出固定成本和可变成本<br><br>**7** | | | 收入来源<br>列出收入来源<br><br>**6** | |

图 3-1　你可以用 9 个模块概括创业的方方面面

　　精益画布的巧妙之处在于，它能让人很容易地发现创业中最大的风险，并且促使你理性、诚实地看待自己的创业。当你不确定是否真的找到了一个好的创业机会时，阿什建议你考虑如下几个问题。

　　(1) 问题：人们都知道有"问题"存在，可你真正找到它了吗？

　　(2) 客户群体：你的目标市场是什么？如何把信息定向传达给特定群体？

(3) 独特价值主张：你能以清晰、独特、令人记忆深刻的方式说明为何你的产品更加优异或与众不同吗？

(4) 解决方案：你能为现存问题找到正确的解决方案吗？

(5) 渠道：如何将产品或服务送到客户手中，又如何让客户支付费用？

(6) 收入来源：营收来自哪里？交易为一次性营收（直接交易，如购买一份食物）还是经常性营收（间接交易，如订阅杂志）？

(7) 成本结构：公司的直接成本、可变成本和间接成本都是哪些？

(8) 关键指标：哪些数据指标能让你了解公司的经营状况？

(9) 不公平优势：什么是你的"力量倍增器"，助你在竞争中战胜对手？

我们希望每个创业者都能使用让人深受启发的精益画布，它值得一试。

## 你该把生命献给谁

精益画布是一个规范的框架，能帮助你选择和掌控创业过程。另外，它还有更人性化的一面。

你真的想做这件事吗？

这个问题一直没有得到创业者的足够重视。投资者们总说，他们寻找的是有激情、真正关心解决问题的创业者。但很少有人点出这句话的重要性。一个创业者如果想要生存下来，（对你产品的）需求、（打造产品的）能力、（实现产品的）欲望缺一不可。

但是，当创业者面临一大堆数据和客户反馈时，这三点往往会被忽视。不应该忽视它们！**千万别从事自己不喜欢的事业**。人生苦短，倦怠可期。

巴德·卡德尔用一张极其简单的图概括了人们该如何选择职业，如图 3-2 所示。

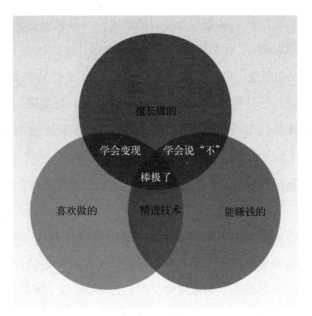

图 3-2 巴德·卡德尔的这张图应该挂在每一位职业咨询师办公室的墙上

巴德的图中有三个互相交叠的圆，分别表示你**喜欢**做的、**擅长**做的和**能赚钱**的。对图中每个重叠的部分，他都给出了相应的建议：

- 如果你喜欢且擅长做某事，却不能以此谋生，那应该**学会将技能变现**；
- 如果你擅长某事且可以以之赚钱，但不喜欢它，**学会说"不"**；
- 如果你喜欢做某事且可以以之赚钱，但还不是很擅长，**学会把它做好**。

以上建议不仅对职业咨询师有用，对创业者来说也是金玉良言。创业者需要在创业伊始就认真地从这三个维度作出评估。

首先，你需要问自己：**我能否把这件事按自己希望的方式做成做好？** 这个问题涉及很多因素，包括你能否比竞争者更好地满足市场需求，你的设计能力、编码能力和品牌塑造能力。在任何确实存在需求的市场里，涉猎者都不会只有一家。想要成功，你必须使出浑身解数。你是否拥有广博的人脉，让你获得优势，增加胜算？你是否有能力把重要的事情做得很好？**永远不要进入自己没有优势的领域，否则强敌环伺，举步维艰。**

同样，这条法则也适用于大公司：不要轻易推出新产品或进入新市场，除非现有产品和市场已使你坐拥对手无可匹敌的优势。更年轻、没有老本可吃的竞争者会蚕食你的市场份额。想赢得竞争，就需要把自己的规模变为一种优势，而不是让其阻碍自己前进。

其次，想明白**你真的喜欢做这件事吗**？创业会消耗大量的时间，会带给你长期的困扰。你将没有时间陪伴朋友、伴侣、孩子，也将无暇顾及自己的兴趣爱好。只有对创业的愿景深信不疑，才能够坚持到底，不怕经历沉浮。如果没有报酬你愿意干吗？这是个值得解决的难题吗？你会自豪地与别人提起它吗？它能把你的职业生涯带向你所期望的方向，并让你在现有组织中倍受尊重吗？如果答案是否定的，那你还得继续寻找那件正确的事。

最后，要确定**你能赚到钱**[①]。这关系到你是否看准了一个真正有需求的市场。你必须有能力从客户那里拿回足够多的钱，以体现你所传递给他们的价值，并且不必花太多成本就能获取这些客户；同时，获取客户和收入的规模可以继续扩大（与谁是创始人无关）。

对于企业内部的创新者，这个问题的答案关系到项目提案能否通过。但请记住，任何企业内部创业最大的敌人都是机会成本——公司可以用同等资源做的任何东西，以及支持你的新项目所牺牲的利润率，都是机会成本。如果你将要做的事不太可能从根本上提升公司的利润，也许你应该继续寻找。

能否挣钱，是三个问题中最本质的一个。另外两个问题相对简单，因为它们只取决于你个人。但是到了第三个问题，你就必须想清楚到底有没有人愿意为你的产品付钱。

---

① 并不是所有人创业都想赚钱。有些人只是为了吸引眼球，或者做一些公益，甚至只是想让世界变得更美好。如果你就是这种人，请把"赚钱"替换成"有所成就"。

创业之初，你需要搜罗和分析大量数据。你会感到自己几乎被像潮水一样涌来的各方意见所淹没，饱受各种最新的产品反馈的冲击。

此时，不要忘记这三个你最需要回答的问题。

- 我是否已经找到了一个值得解决的问题？
- 我所提出的解决方案是否正确？
- 我是否真的想解决它？

或者简化为：**我该不该费劲做这件事？**

---

### 练习：创建一张精益画布

创建你的第一张精益画布。挑选一个你正在实施的，或是考虑了很久的创意。花 20 分钟，看看能做成什么样。按数字顺序填充每个方框，暂时填不出来的先放在一边，以后再填。

结果如何？你找出创意的哪一个方面风险最大了吗？在知道了这些风险之后，你是否有决心战胜它们？如果依然很有自信，找一个人（投资人、导师或同事），把你的精益画布展示给他（她）看，听听他（她）的意见。

# 第 4 章　以数据为导向与通过数据获取信息

数据很强大，甚至能够让人走火入魔，陷入过度分析的误区。但实际上，更多时候我们还是基于早先的经验和实践，靠本能在无意识中做出决策。这其实不无道理，毕竟在日常生活中我们靠的就是直觉和经验，而不是严密的数学分析。你总不至于靠 A/B 测试决定今天早上穿什么裤子，倘若真这么做的话，恐怕你这一天都出不了门。

精益创业也面临很多批评的声音，其中之一就是过于以数据为导向。这些批评认为创业不应沦为数据的奴隶，而应将其作为工具；不应被数据牵着鼻子走，而应通过数据获取信息。之所以会出现这样的批评，大都是因为批评者太懒，还反过来为自己的避重就轻开脱。但有些时候这些人的顾虑也不无道理：滥用数据容易导致局部优化，进而忽视大局，这是极其危险乃至致命的。

考虑这样一个案例：在线旅行社 Orbitz 曾通过数据发现 Mac 用户比 PC 用户更有可能预订较为昂贵的酒店，其首席技术官罗杰·里欧就曾在《华尔街日报》的一篇报道中提到："我们发现 Mac 用户预订四至五星级酒店或较昂贵房间的概率比 PC 用户高 40%，而且有数据支持这一点。"

一方面，如果分析数据的算法忽略了某个貌似无关的数据（比如在该例中，网站访客是否为 Mac 用户），就失去了一个增加营收的机会；另一方面，如果算法一味盲目地根据客户数据优化产品，置其他与销售相关联的因素于不顾，则有可能导致意料之外的结果，如糟糕的公关。不经人类的判断，单纯依靠机器进行以数据为导向的产品优化会导致许多问题发生。

早在许多年前，数据分析巨头 Omniture 的前市场总监盖尔·恩尼斯就曾告诉笔者，作为其内容优化软件的客户，笔者必须坚持用人类的判断来调和机器的自动优化。如果单纯依靠 Omniture 公司的软件，很快就能算出，网页上衣着暴露的女人图片带来的点入率远比其他形式的内容高得多。但这样得来的高点入率只会是短期的成功，迟早会被其对品牌形象造成的损害所抵消。所以，Omniture 软件的背后还有专职的内容运营人员负责在大局上把关，同时为机器的自动测试提供素材元。**人类提供灵感，机器负责验证**。

在数学上，局部最大值点的定义是函数在给定邻域内最大的取值。也就是说，局部最大值并不是你能取到的最大值，只是在某一范围内最大。这可以类比为群山中的一汪湖水，湖水的水位并不如海平面那么低，但已然是群山中的最低点了。

优化的核心是找到给定函数的最大值或最小值。机器虽然具备一定寻找最优解的能力，但其解的范围不可能超过约束条件所规定的区间。这和群山中湖水的最低水位不如海平面那么低有异曲同工之妙，周围的限制导致湖水只是群山中的最低点。

为了使受到限制的优化更易理解，请想象有人给你三个车轮，要求你制造出最好、最稳定的交通工具。在对不同车轮布局进行迭代之后，你想到了一个类似三轮车的配置。这就是最佳的三轮配置。

以数据为导向的优化在进行迭代式的产品改进方面没什么问题，问题在于它不会告诉你："嘿！你知道吗？四个车轮比三个更好！"数学在优化已知系统方面可以做得很好，而人类更善于发现新的系统。换言之，**渐进式的改变可以达到局部极限，创新则可能导致全局洗牌**。

在《伊甸园之河》（Basic Books 出版）一书中，理查德·道金斯[1] 用一条流淌的河作为比喻来介绍进化。他在书中解释道，生物的进化创造出了眼这一器官。事实上，进化创造出了数十种不同的眼：黄蜂的、八足类动物的、人类的、鹰的、鲸鱼的，等等。进化的缺点是没法倒退，只要进化到够用的程度，细微的基因突变就无法使视力得到进一步提升。人类之所以进化不出鹰那样的双眼，是因为人类视觉系统在向鹰的视觉系统衍化时会导致视力的下降，进而不会被进化所选择。

单纯依靠机器的优化与进化具有相似的局限性。如果优化只是为了取得局部的极限，那代价可能是错失一个更大、更重要的机会。人的职责就是在数据优化的背后做个聪慧的设计者。

在我所认识的创业者中，有许多人都对完全基于数据的创业有一种天生的抵触。他们更愿意相信自己的直觉。他们不喜欢毫无灵魂、单纯机械式的优化，而是深知需要放眼于更大的市场，重视正在解决的问题以及基础商业模式。

归根结底，数据是检验假设的极佳工具，除非结合人类的反思，否则它很难在产生新假设方面有建树。

---

### 模式：数据科学家的思维方式

莫尼卡·罗加蒂是 LinkedIn 公司的一位数据科学家，她根据经验总结出了 10 条创业者需要避免的数据圈套。

(1) **假设数据没有噪声**。为获取到的数据去噪是很耗时的一道工序，而回报通常是巨大的，往往简单的一步去噪就可能揭示重要的规律。莫尼卡问："一次统计工具故障是导致你 30% 数据无效的真凶吗？你真的有那么多邮编是 90210 的用户吗？"在卷起袖子分析之前，先好好检查你的数据是否有效、实用。

---

[1] 牛津大学教授、生物学家。——译者注

(2) **忘记归一化**。比如，统计一个热门婚礼目的地列表。你大可以统计每个城市每年有多少人乘坐飞机来结婚，但如果不根据该城市每年的旅客量进行归一化，你得到的只会是一个热门旅游城市列表。

(3) **排除异常点**。那 21 个每天使用你的产品超过一千次的用户要么是产品最忠实的粉丝，要么是自动浏览网络的程序。不论他们是什么，简单将其排除不讨论都是不妥的。

(4) **包括异常点**。尽管那 21 个每天使用你的产品一千多次的用户从定性的角度讲十分有趣，因为其揭示了一些你意料之外的事情，但不适合用于建立一个普适的模型。莫尼卡提醒到："你在打造基于数据的产品时，或许会需要排除这些点。不然，网站的'猜你喜欢'功能会给所有人推荐相同的东西——你的忠实粉丝所喜欢的东西。"

(5) **忽视季节性**。"哇，'实习生'是今年增长最快的职位吗？噢，等一等，现在是 6 月。"在寻找规律时未能考虑一天中不同时间、一周中星期几、一年中不同月份对数据的影响，会导致糟糕的决定。

(6) **抛开基数侈谈增长**。基数很关键。如莫尼卡所说："你的产品刚上线时，从严格意义上讲，你爸爸注册一个账号也可以使你的用户量翻倍。"

(7) **数据呕吐**。如果你不知道什么数据对你更重要，那么即便你的数据统计板再大也没有用。

(8) **谎报军情的指标**。你希望做到快速响应，于是设置了很多警报，在任何数据看起来不正常时都给你提醒，以保证能够快速处理。但倘若设置的阈值过于敏感，警报就会不停地聒噪，你也会渐渐开始无视各种异常。

(9) **"不是在这儿收集的"综合征**。莫尼卡说："将你的数据与其他来源的数据合在一起能带来很多独到的见解。高质量客户的邮编地

址是否集中于寿司店多的地区？"这可能给你带来极好的新想法用于
试验，甚至影响你的增长策略。

　　(10) **关注噪声**。"人类与生俱来的模式识别能力，容易使我们误
以为无规律的事物是有规律的。"莫尼卡提醒创业者，"把虚荣指标放
在一边，退后一步，站在更高的角度看问题，这会有所帮助。"

## 精益创业与大愿景

　　有些创业者对数据极度痴迷，几乎到了强迫症的程度，陷于数据分析中
踌躇不前，不知所措；另一些则过于随意，拍脑瓜做决策，只看对自己有利
的数据，转型时信马由缰。这种二分背后的根本原因，也是精益创业理论所
面临的最大质疑：你如何在只开发一个最小可行化产品的同时保持一个令人
信服的愿景？

　　现在不少创业者都把精益创业作为在没有愿景的情况下就创业的借口。
"如今创业太简单了，"他们辩解道，"门槛已经低到了所有人都可以一试的程
度，不是吗？"然而抱有宏大愿景仍然是很重要的：没有愿景的创业太容易
受外界的干扰；客户、投资人、竞争者、媒体的任何风吹草动都可能影响你
的决策。没有宏大愿景，创业将变得缺乏目的，时间久了，你就会发现你其
实只是在漫无目的地游走。

　　如果一个宏大、坚实、无畏的愿景很重要，它带有挑战世界的梦想，那
么它跟走一步看一步、不停质疑自身的精益创业方法又该如何兼容呢？

　　答案其实很简单。你只需把精益创业当作达成创业愿景的必经过程。

　　笔者偶尔会提醒处于创业早期的创业者：在许多方面，他们并不是在打
造一个产品。**他们在打造一个能帮助他们认知到"究竟该打造什么"的工具**。
这有助于他们从烦琐的界面、代码、邮件列表中，提炼出手头真正重要的任

务：找到一个可持续的商业模式。

精益创业把认知放在高于一切的位置，并鼓励发散思维、积极探索、试验求证。精益创业不等于不假思索地重复"开发→测试→认知"循环，而在于真正理解发生了什么并接受新的可能性。

要精益，但不能小。一些和笔者谈过的创业者说他们想要成为省内或市内领先的服务商。为什么不是世界领先？二战中的同盟国都必须建立滩头堡，但选择诺曼底登陆并不意味着同盟国缺乏宏大的愿景。他们只是找到了一个很好的起点而已。

有些人以为精益创业鼓励的是着眼于小处，但事实上，如果使用得当，精益创业有助于扩大你的视野，因为它鼓励你质疑一切。当你深入挖掘、更深刻地了解到你在做什么时，不论你是在寻找问题、解决方案、客户，还是获取营收的办法，都很可能比预期中找到的还要多。如果你觉得它能给你带来一些机会，那么它就可以扩大你的视野并使你理解如何能够更快地实现你的目标。

# 第二部分
# 找到当前的正确指标

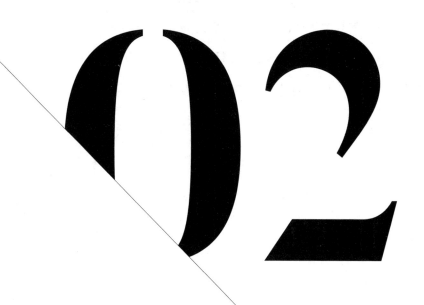

"随新技术改变的是框架，而不只是框架内的图片。"

——马歇尔·麦克卢汉

现在你已经了解了精益数据分析的基础知识。现在我们来讨论一下专注的重要性、具体的商业模式，以及每个创业公司在寻找正确的产品和最佳目标市场的过程中所经历的每个阶段。有了这些，你就能够找到最重要的指标。

# 第 5 章　数据分析框架

多年来，我们见证了许多数据分析框架的诞生。它们帮助我们理解创业和创业在不同阶段所经历的变化，并助力创业公司获取客户和创造营收。每一套框架在创业的生命周期中都有不同的视角，分别提出一系列值得关注的数据指标和领域。

通过对比大量框架，我们对创业有了自己的理解，尤其是在用何种指标衡量创业的进展方面。我们创建的这套新框架将贯穿全书，不过，首先来看一些已有框架，以及它们如何符合精益数据分析的要求。

## 戴夫·麦克卢尔的海盗指标说

"海盗指标"这一术语由风险投资人戴夫·麦克卢尔创造，得名于 5 个成功创业关键元素的首字母缩写。麦克卢尔将创业公司最需要关注的指标分为 5 大类：获取用户（Acquisition）、提高活跃度（Activation）、提高留存率（Retention）、获取营收（Revenue）和自传播（Referral），简称 AARRR。

图 5-1 显示了我们对这一模型的解读，它描述了用户 / 客户 / 访客须经历的 5 个环节，以便企业获取价值。价值不仅直接源于客户购买行为（获取营收），还来自客户作为推销者（自传播）和内容生产者（留存率）所带来的营收。

| 获取用户 | 用户从何得知你的存在？通过搜索引擎优化（SEO）、搜索引擎营销（SEM）、插件、邮件、公关稿、广告、博客等方式 |
| 提高活跃度 | 路过的访客是否会订阅、使用或进行其他操作？这涉及功能、设计、措辞、补偿、可信度等产品方面 |
| 提高留存率 | 用户在初次试用后是否会继续使用？通过消息、警示、提醒、邮件、更新等方式 |
| 获取营收 | 你能否从用户的行为中挣到钱？通过交易、点击、订阅、下载包、数据分析等形式 |
| 自传播 | 用户是否会帮助推广你的产品？通过邮件、插件、广告、点赞、转发微博、联盟等方式 |

图 5-1　即使海盗也需要指标——戴夫·麦克卢尔

　　这 5 个指标并不一定遵循严格的先后顺序。例如，用户可能先推荐某一个产品后再购买，或者在光顾很多次后再注册，但这 5 个指标确实是一个帮助你思考创业增长所需要素的好框架（见表 5-1）。

表 5-1　海盗指标与应该跟踪的数据

| 要　素 | 功　用 | 相关指标 |
| --- | --- | --- |
| 获取用户 | 通过各种各样的手段博取眼球，无论是免费还是付费的方式 | 流量、提及量、CPC（Cost Per Click，每次点击费用）、搜索结果、用户获取成本、点开率 |
| 提高活跃度 | 将获取的"过客"式访客转化为产品的真正参与者 | 注册人数、注册量、新手教程完成量、至少用过一次产品的人数、订阅量 |
| 提高留存率 | 说服用户再次光临，反复使用，表现出黏性行为 | 用户参与度、距上次登录的时间、日 / 月活跃使用量、流失率 |
| 获取营收 | 商业活动的产出（不同的商业模式看重不同的产出，如购买量、广告点击量、内容生产量、订阅量，等等） | 客户终生价值、转化率（免费到付费）、平均购物车大小、广告点入营收 |
| 自传播 | 已有用户对潜在用户的病毒式传播及口碑传播 | 邀请发送量、病毒式传播系数、病毒传播周期 |

# 埃里克·莱斯的增长引擎说

在《精益创业》一书中，埃里克·莱斯提出了驱动创业增长的三大引擎，它们都有各自对应的**关键绩效指标**（KPI）。

## 黏着式增长引擎

黏着式增长引擎的重点是让用户成为回头客，并且持续使用你的产品，它和戴夫·麦克卢尔的提高留存率这个概念类似。如果你的用户黏性不大，流失率就会很高，用户参与度也不理想。用户参与度是预测产品成功的最佳指标之一：Facebook 早期的用户数并不多（仅限哈佛大学），但它可以在上线仅数月，就让一个学校几乎全部的学生都变成自己的用户，并持续使用。Facebook 的黏性是前所未有的。

衡量黏性最重要的 KPI 就是客户留存率。除此之外，流失率和使用频率也是非常重要的指标。长期黏性往往来自用户在使用产品过程中为自身所创造的价值。人们很难放弃使用 Gmail 或印象笔记（Evernote），因为那里存储了他们所有的资料。同样，让一个玩家在一款大型多人网络游戏（MMO）中删号，也会是一个非常艰难的决策，因为他将失去在游戏中辛苦赢得的一切地位和虚拟物品。

衡量黏性也不能全看留存率，它还和频率有关，这解释了为什么你需要跟踪"距上次登录的时间"这样的指标。如果你使用了提高用户回访率的方法，诸如邮件提醒和更新，那么邮件的打开率和点入率也需要关注。

## 病毒式增长引擎

所谓病毒式传播，归根结底就是一件事情：让声名传播出去。病毒式传播之所以吸引人就在于它的指数性本质：如果每个用户能带来 1.5 个新用户，那么用户数将会无限制地增长，直到饱和。[①]

---

[①] 事情绝不可能这么简单。用户流失、竞争对手和其他因素决定了它不可能真的无限制增长。

此引擎的关键指标是**病毒式传播系数**，即每个用户所带来的新用户数。因为这是一个利滚利的模式（老用户所带来的新用户，同样也会带来更多的新用户），这个指标所衡量的是每一个病毒传播周期的新用户量。增长在病毒式传播系数大于 1 时会自发地到来，但你同时也需要考虑流失率对整体病毒因子的影响。病毒因子越大，增长也就越迅速。

仅考虑病毒式传播系数还不够，你还需要衡量哪些用户行为形成了一个病毒传播周期（循环）。例如，大部分社交网络都会在你注册时询问是否要同步你的邮箱通信录，然后诱导你邀请通信录里的联系人。这些联系人收到你发出的邀请邮件，可能会欣然接受。类似的不同行为都有助于病毒性传播。所以说，衡量这些行为能够让你知道如何让病毒式增长引擎开足马力，比如改变邀请信里的信息、简化注册流程，等等。

还有其他一些因素也与病毒性传播相关，包括用户完成一次邀请所需的时间（**病毒传播周期**）以及病毒性传播的类别。我们会在之后对此进行更深入的讨论。

## 付费式增长引擎

第三种驱动增长的引擎是付费。通常，在确知产品具有黏着性和病毒性前就开动这一引擎，是过于仓促的行为。由 Meteor Entertainment 公司开发的《机甲世界》是一款免费的多人游戏，但它靠游戏内的增值服务赚钱。这家公司首先专注于提高 beta 测试小组的使用量（黏着性），然后致力于游戏的病毒性（邀请朋友来玩），最后才是付费（玩家购买增值服务的目的是在游戏中处于更有利的地位或提升游戏体验）。

从某种程度上讲，赚钱是识别一个商业模式是否可持续的终极指标。如果你从客户身上所赚的钱超过获取客户的花费，并且可以一直这样做下去，你就是可持续的。你不需要外部投资者的钱，并且每天都在增加股东的权益。

但是，就其本身而言，赚钱并不是一种驱动增长的引擎。它只是让你银行里的钱越来越多。只有当你反过头来把一部分营收再用于获取客户时，营收才有助于你的增长，然后你就有了一个可调节的业务增长机器。

机器上的两个调节旋钮是**客户终生价值**和**客户获取成本**。从客户身上赚到的钱比获取他们花掉的钱多自然是一件好事，但这并不简单地等同于成功。你仍需为现金流和增长速度发愁，这取决于多久才能让一个客户付清你获取他所花的费用。一种衡量方法是看**客户盈亏平衡时间**，也就是你收回获取一位客户的成本所需的时间。

## 阿什·莫瑞亚的精益画布

第 3 章曾提到精益画布的概念。请参见下面的补充内容"如何使用精益画布"中给出的实战建议。

### 如何使用精益画布

和对待传统的商业计划书不同，你应该不断地使用和更新你的精益创画布。它是一份"活的、会呼吸的"计划书，而不是那些在创业开始动真格时就被扔至一旁的假设。填完精益画布（或其中的大部分），你就可以开始用试验来验证或否定你的假设。

最简单的办法是，把画布的每个模块想象为一个"通过 / 失败"的关卡：如果一个模块的试验失败了，先不要忙着进入下一个模块，而是应该反复试验，直到走进死胡同或找到出路。唯一例外的是"关键指标"这一模块，它用于记录那些你所跟踪的最关键指标。虽然这个模块无关试验，但还是很有填写必要的，因为此模块的内容可成为商榷和讨论的起点。

对于精益画布中的每一个模块，都有一组相关指标需要特别关注，如表 5-2 中所列（实际上画布本身就包含了一个叫"指标"的模块，需要在你对画布做出改动时相应地更新）。这些指标的作用有二：验证模块中的假设，证明你的一纸商业计划书是贴合实际的；或是否定你的假设，把你的画布打回白纸重画。表中的个别指标可能会因创业的类型而异，但基本原理对所有的创业者都很有价值。我们会在后面的章节更细致地讨论不同创业类型的关键指标，以及一些可供参考的基准线。

表 5-2　精益画布和相关指标

| 精益画布模块 | 相关指标 |
| --- | --- |
| 问题 | 调查对象中有该需求的人数，知道自己有该需求的人数 |
| 解决方案 | 调查对象中试用了最小可行化产品的人数、用户参与度、流失率、最常被使用的 / 最不常被使用的功能、愿意付费使用的人数 |
| 独特价值主张 | 用户反馈得分、第三方独立评分、情感分析、客户如何描述你的产品、调查问卷、搜索、调研、竞争分析 |
| 客户群体 | 在该群体中找到潜在客户的难易程度，独特的搜索关键字，从特定源头导入的精准渠道流量 |
| 渠道 | 每个渠道可导入的销售线索及客户量、病毒式传播系数和病毒传播周期、净推介值、打开率、利润率、点入率、网页排名、消息到达率 |
| 不公平优势 | 调查对象对独特价值主张的理解、专利、品牌价值、进入壁垒、新入口的数量、独家"关系" |
| 收入来源 | 客户终生价值、每用户平均收入、转化率、购物车大小、点入率 |
| 成本结构 | 固定成本、客户获取成本、服务第 $n$ 名客户的成本、客服成本、关键字广告成本 |

## 肖恩·埃利斯的创业增长金字塔

肖恩·埃利斯是一位著名的企业家、市场营销专家。他创造了**增长黑客**（growth hacker）这个词语，同时与 Dropbox、Xobni、LogMeIn（IPO）、Uproar（IPO）等一系列超速增长的创业公司有过深入合作。他所提出的创业增长金字塔着眼于创业公司在找到产品与市场契合点之后该如何增长，如图 5-2 所示。

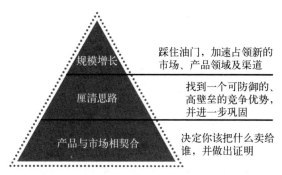

规模增长　　踩住油门，加速占领新的市场、产品领域及渠道

厘清思路　　找到一个可防御的、高壁垒的竞争优势，并进一步巩固

产品与市场相契合　　决定你该把什么卖给谁，并做出证明

图 5-2　和建造真正的金字塔一样，想要实现创业增长也需要付出繁重的劳动

当然，使用这一框架最大的问题是：如何确定已达到产品与市场的契合点？为此，肖恩设计了一份简单的客户问卷，以确定你是否已准备好进入加速增长阶段。问卷中最重要的一个问题是："如果不能再使用这个产品或服务，你的感受是什么？"在肖恩的经验中，如果 40%（或以上）的人回答他们会"非常失望"，就说明你已找到了契合点，是时候放心踩油门了。

## 长漏斗

在互联网诞生之初，电商网站的转化漏斗都相对简单。访客来到网站首页，通过导航找到他们想要的商品，填写支付信息，最后确认订单。

只可惜这样的好日子一去不复返了。现如今，各种网站的漏斗已经远远超出了网站自身的范畴，延伸到了无数的社交网络、分享平台、网站联盟和比价网站中。每一次购买都受到线上、线下多重因素的影响。客户可能会在试探性地访问几次后才决定购买。

我们称之为"长漏斗"。它是一种分析方法，能够帮你理解你最初是如何吸引客户的注意力的，以及客户从最初得知该网站到发生你所期望的行为（例如完成一次购物、生产一些内容、分享一段信息）的全过程。通常，对整个漏斗全阶段的监控会要求在起始阶段向数据中注入一些用于跟踪的特征，这样，用户在你的网站中"走"到哪儿，你就能跟踪到哪儿。当下的许多数据分析方案包都可以做到这点。例如，图 5-3 显示了由 Google Analytics 提供的社交网站访客流程分析。

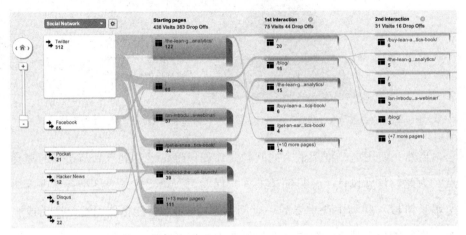

图 5-3　购买流程中顾客在真正购买前耗时最久之处

此外，相重叠的流量源可以体现特定平台对转化率的影响，如图 5-4 所示。

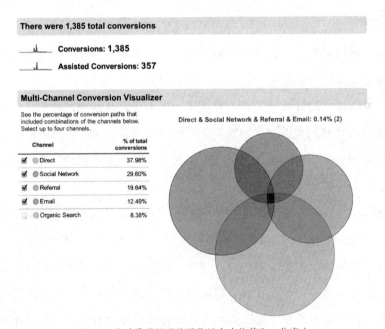

图 5-4　有时需要很强的同侪压力才能获取一位客户

　　我们在推出"精益数据分析"网站的过程中也应用了长漏斗理论。我们并没有购买率等"硬指标",但仍希望访客能完成一系列动作,如注册以获取我们的通知邮件、点击图书封面、填写问卷等。通过提供便于用户分享的链接,我们在长漏斗一开始就注入了跟踪的信号,以观察信息是如何传播的。

　　比如,我们发现:作家朱利恩·史密斯的粉丝填写问卷的概率要比埃里克·莱斯和阿维纳什·考希克的粉丝低;但如果他们是回头访客,则会比后两位作家的粉丝更乐于填写问卷。此发现有助于我们确定推广活动的对象。

## 精益数据分析阶段和关隘模型

　　在了解了以上数据框架后,我们需要用一个模型来确立创业通常经历的几个不同阶段,并确定表明你是否应进入下一阶段的"关隘"指标。在这个模型中,创业的 5 个独立阶段为:移情、黏性、病毒性、营收和规模化。我们相信大部分创业公司都会经历这 5 个阶段,且为了从其中一个阶段前进到下一个阶段,它们需要实现一些特定的目标——根据其所跟踪的指标建立的量化目标。

　　图 5-5 展示了本书所提出的几个阶段和关隘模型,以及该模型与其他创业框架之间的关联。本书的很多内容都是根据这一模型组织的,所以读者非常有必要理解该模型是如何起作用的。

　　现在,你拥有许多优秀的框架来帮你审视创业:

- 其中一些(如海盗指标和长漏斗框架)侧重于获取和转化用户的行为;
- 另一些(如增长引擎和创业增长金字塔框架)帮助你了解该在何时、以何种方式增长;
- 还有一些(如精益画布框架)帮助你厘清商业模式及其组成部分,让你可以细致地分析创业的这些成分。

　　在这里，我们提出的是"精益数据分析阶段"新模型，它汲取了上述诸多框架的精华并强调数据指标。新模型将创业公司的发展过程分为 5 个不同的阶段。

　　虽然我们认为"精益数据分析阶段"模型为理解创业的阶段提供了一个非常简单的框架，但它仍然有点难以消化。而且，即便有了我们的框架，你还是会同时使用其他框架，所以有太多东西需要你理解。这就是为什么你必须先把这堆框架放到一边（这是暂时性的），把注意力放在"第一关键指标"上，也就是我们下一章所要讨论的话题。

## 精益数据分析的各个阶段

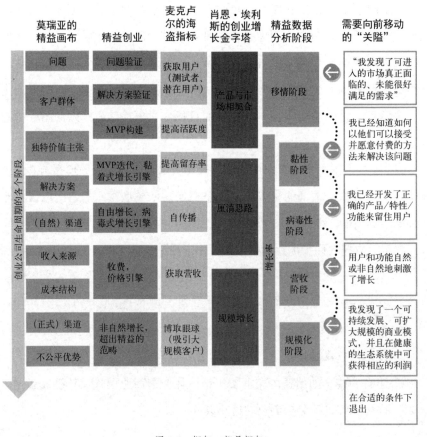

图 5-5　框架，都是框架

# 第6章 第一关键指标的约束力

创业者都是喜鹊（在西方人眼里有收藏癖好），永远追逐那些最闪亮的新事物。他们总是把转型当作持续加法的助推器，而非经由系统化的创新以实现迭代发展。

然而，创业成功的一大关键是达到真正的专注，并且形成一套纪律来保持专注。虽然不专注也有可能成功，但那只是歪打正着，你会浪费多得多的时间在无目的的游走上，获得经验教训的过程也会更加痛苦和艰难。如果创业真的有什么成功的秘诀，那一定是专注。

专注并不等于目光短浅。我们并不是说，从创业想法诞生的第一天到你把公司卖掉的那一天，你只需要关心一个指标就够了；而是说在任意指定的时间里，都有那么一个指标，值得你关心它胜过一切。归根结底，精益创业是一套让你在正确的时间，以正确的心态，专注做正确的事情的方法论。

第5章曾经提到，埃里克·莱斯提出了驱动创业增长的三大引擎：黏着式增长引擎、病毒式增长引擎、付费式增长引擎。但他同时也提醒创业者，虽然成功的企业最终会用到全部三个引擎，但是最好在一段时间内只专注于某一个引擎。比如说，你可能先让你的产品对核心用户产生黏着性，接着使其病毒式增长，最后再利用增长后取得的用户基数来增加营收——这就是专注。

在数据分析的世界里，这意味着挑选一个唯一的指标，该指标对你当前所处的创业阶段无比重要。我们称之为 OMTM（One Metric That Matters，第一关键指标）。

第一关键指标，就是一个在当前阶段高于一切、需要你集中全部注意力的数字。在问题验证阶段关心客户终生价值并没有什么意义，但当你接近产品与市场契合点的时候，它可能就是你的专注点。

当然，你总是会跟踪和考察多个数字。有一些数字比较重要，比如 KPI，需要每日跟踪与报告。另一些则只是被存储下来，供日后之需，比如向投资人介绍公司的历史时，或者需要制作一个信息图表时。今天，人们可以使用 Geckoboard、Mixpanel、Kissmetrics、Totango、Chartbeat 等多种分析工具相对简单地建立和管理数据的跟踪系统。但切忌因能跟踪的数据太多而被带跑了注意力。你可以**捕捉所有的数据，但只关注其中重要的那些**。

---

### 案例分析：Moz 公司通过减少 KPI 数目来提升专注度

Moz（之前叫 SEOmoz）是一家成功的**软件即服务**（Software as a Service，SaaS）供应商，主要业务是帮助企业监控和提升其网站在搜索引擎中的排名。2012 年 5 月，该公司成功融资 1800 万美元。Moz 的首席执行官兰德·费西金在其网站发表文章，详尽介绍了 Moz 至融资为止的创业历程。尽管在兰德的报告中依然可以见到一些虚荣指标——不过当你的网站有 1500 万的年访问量时，你确实有一些虚荣的资本——但是他还分享了一些非常具体而有趣的数字——关于用户从免费试用转化为付费用户或流失用户的数字。

我们访问了 Moz 的增长营销部副总裁乔安娜·洛德，以了解 Moz 是如何处理这些指标的。"我们是非常依靠数据进行决策的公司，"她说，"每个团队每周都要向整个公司汇报 KPI、进展，并进行总结。我们还在公司的墙上挂了超大的屏幕，即时显示我们的付费客户数量及试用用户数量。我们相信，实现全公司层面的数据透明可以使员工随时了解情况，同时也是对公司当前进展（及挑战）的一个很好的提醒。"

对于一个已经找到产品与市场契合点，正在扩大规模的公司而言，保持对单一指标的专注变得更有挑战性。这并不奇怪，不同的部门都在快速地扩张，企业也已经大到可以同时处理多件事务。但即使有了各种同时进行的项目，乔安娜说，还是有一个指标远高于其他指标：**净增加**。这个指标是总的新付费客户（包括从免费试用转化而来和直接购买收费版的客户）减去总退订客户数。

乔安娜说："净增加有助于我们快速地发现退订量高的日子（并寻找问题），同时还有助于我们理解免费试用版的转化率表现如何。"

Moz 也跟踪一些其他相关的指标，如总付费客户数、昨日新增免费试用数，以及七日平均净增加。所有这些最终都归结为每日平均净增加。

有趣的是，当 Moz 举行最后一轮融资时，主要投资人之一、Foundry Group 的布拉德·菲尔德建议 Moz 跟踪更少的 KPI。"主要原因是，作为一个公司，你不可能同时影响几十个 KPI，"乔安娜说，"布拉德提醒我们，'太多的数据'会适得其反。你会迷失在并不十分重要的奇怪数据趋势当中。很多时间还可能被浪费在报告和沟通一些并不触发行动的数据上。通过将每日 KPI 控制到几个很少的指标，我们能够更清晰地认识到公司的专注点在哪里，以及做得好不好。"

**总结**

- Moz 是一家指标驱动的公司，但这并不意味着它被海量数据所淹没。它专注于唯一一个高于一切的指标：净增加。
- Moz 的一位投资人甚至建议减少所跟踪的指标数量以专注于全局。

**数据分析启示**

同时跟踪很多指标很了不起，却也是让你失去专注度的不归路。让整个公司拧成一股绳，朝着同一个方向使劲的最好方法是：在足以验证商业假设的前提下，选择尽可能少的指标作为日常跟踪的对象。

# 使用第一关键指标的四大理由

OMTM 对刚起步的创业公司至关重要。当公司成长起来之后，你就希望关注更多的指标，同时也有足够的资源和经验来这样做。重要的是，此时公司已经有一个团队能关注你所指派的指标。比如，系统管理员会关注正常运行时间和系统延时，客服呼叫中心聚焦于平均等待时间，等等。

在 Year One Labs[①]，投资人和导师团考量创业团队的重要依据之一就是，团队能否足够清晰地理解并跟踪自己的 OMTM。如果创业者可以不假思索地说出他的 OMTM，且与其创业阶段匹配，这将会是一个极大的加分项。然而，如果有以下几种情况，我们就认为此团队存在问题：创业者不知道他的 OMTM 是什么；指标不适合当前的创业阶段；团队同时在关注好几个指标；创业者说不出该指标的当前值。

---

① 由第二作者参与创办的一家孵化器。——译者注

正确地选择 OMTM 可以让你在更短的时间内做更多的控制变量试验，且更有效地比较结果。但请注意，OMTM 会随着时间变化。在用户获取阶段（以及将免费用户转化为收费客户时），OMTM 与哪些用户获取渠道效果最佳、注册用户到活跃用户的转化率等问题挂钩。而当重心转移到留存率时，则更应关注流失率、对定价和功能组合进行试验、改善客户支持，等等。OMTM 因时而变，而且在某些情况下转变迅速。

使用第一关键指标的四大理由。

- **它回答了现阶段最重要的问题。** 任何时候，你都在同时尝试解决 100 个问题，并兼顾另外一百万个问题。你需要尽快确定生意中风险最大的方面，这就是最重要的问题所在。当你明确了正确的问题，也就知道了跟踪什么样的指标才能解答这个问题。这就是 OMTM。

- **它促使你设立初始（区别创业成败的）底线**并建立清晰的目标。在找到想要集中精力解决的关键问题后，你需要为之设定目标，并定义何为成功。

- **它关注的是整个公司层面的健康。**阿维纳什·考希克甚至发明了一个词用于形容想一次汇报太多事情：数据呕吐。没有人喜欢呕吐。相反，OMTM 能凝聚整个公司。把 OMTM 突出地显示在数据统计工具的首页、公司墙上的大屏幕和日常邮件中。

- **它鼓励一种试验文化。**读过前面的章节，你已经意识到了试验的重要性。精益创业的关键在于快速且高频率地开展开发→测量→认知循环，而要点又在于高度提倡试验精神。虽然试验会导致一些挫折，但不应该苛责。恰恰相反，那些精心设计、系统性的测试所验证的失败正是你学习的过程。最终，它会助你成功。通过试验并经历小的挫败能使你避开大的失败。应该启发和鼓励每位员工进行试验；当所有人都聚焦于 OMTM，并有机会独立地进行试验去改善指标时，这将是一股强大的力量。

## 案例分析：Solare 只关注少数几个关键指标

Solare Ristorante 是一家位于圣迭戈市的意大利餐馆，餐馆的主人是连续创业者兰迪·谢里克。兰迪具有技术和数据方面的背景，曾任 Teradata 咨询公司总经理，并成功卖出过 5 家技术创业公司。他把数据驱动的思维引入餐馆经营中也不足为奇。

一天晚上在这家餐厅，兰迪的儿子汤米（他管理吧台）忽然叫道："24！"因为我们一直在寻找关于商业指标的例子，所以就向他询问数字的含义。"每天，员工都会告诉我前一天人工成本占毛收入的比例，"他解释道，"这是餐饮业的一个很出名的数字。它非常有用，因为它结合了两个你有所掌控的东西——用餐者人均消费和人力成本。"

兰迪还向我们介绍，如果人力成本超过了毛收入的 30%，就说明餐厅运营得不好，因为这意味着你可能在人工上投入过多，或者顾客人均消费太低。一家米其林星级餐馆之所以雇得起更多的员工，支付得起更高的工资，就是因为它的红酒售价昂贵且人均消费很高。相反，一家低利润的休闲餐厅必须压低员工成本。

该比例之所以管用，原因有如下几点。

- **简单**：它是一个简单的数字。
- **即时**：当晚就可以统计出来。
- **可付诸行动**：你可以在第二天就调整员工，或是加大追加销售力度；相对而言，调整食材、菜单或房租费时更多。
- **利于比较**：你可以按时段跟踪，与同类型的其他餐馆横向比较。
- **体现根本性**：它反映了餐饮商业模式中最基本的两个方面。

　　实践证明，24% 是较理想的比值。如果低于 20%，则有可能是你的服务做得不到位，顾客的餐饮体验可能会打折扣（如果想进行格外严谨的数据分析，兰迪可就服务员数量进行试验，并通过小费或 Yelp[①]上的评价衡量效果）。

　　兰迪还使用一个次级指标预测顾客量。每天下午 5 点，他的员工会告诉他当晚收到的预约量。"如果在 5 点收到 50 桌预约，那我就知道今晚的顾客量会在 250 桌左右，"他说，"我们已经发现对 Solare 而言，二者之间的比率通常为 5∶1。"

　　这一数字并不适用于所有餐馆：对于火爆的米其林星级餐厅，此比例为 1∶1，因为桌子全都订光了；而对于无须预约的快餐厅，这个指标显然没有意义。但是对于 Solare 来说，下午 5 点的预约量加之一点经验，即可作为当晚生意状况的一个很好的先见性指标。而且，它使 Solare 团队能做出及时的调整，比如增减当班人数或购进更多食材，以应对当晚的客流量。

**总结**

- 实践经验让餐馆知道需求量与预约量是挂钩的，以及人工成本对于净营收的最佳比值是多少。
- 好的指标能帮助你预测未来，也使你能预见问题并予以修正。

**数据分析启示**

　　即便非技术企业也需要一些简单且关乎其核心商业模型的指标。持续地关注这些指标可以预测未来，了解企业的惯常模式与趋向。

---

① 美国版大众点评。——译者注

## 设定底线

明确了应该关注的指标还不够，你还需要设定底线。比如，你确定"每周新客户数"为当前首要指标，因为你正在进行有关如何获取新客户的试验。它很合理，但并没有真正回答：**你每周需要引入多少新客户？** 或者更确切地：**你认为每周从每个渠道获取多少新客户才算是成功，才能使你愿意对此投入更多，进入该过程的下一阶段？**

你需要选择一个数字，以此为目标，并且有足够的信心说："如果能达到这个数字，我就成功了。"如果未能达标，你需要回到"绘图板"前面，从头再试。

为任何已知指标确定目标数字都是非常困难的。我们见过太多的创业公司纠结于此。很多时候，它们甚至干脆不确定数字目标。很遗憾，这意味着它们难以在某试验完成后有所作为。比如，如果前例中的用户获取试验结果非常不理想，之前选择的任何数字目标都可能没有意义，这时，你确知试验失败了。同样，如果你的努力获得了空前的成功，你也很容易确认试验成功了。这都是显而易见的情形。然而，更多时候，试验结果往往处于正态分布广大的中间部分。似乎是有一点成功，但又不是惊天动地的。这是否足以说服你沿此路线继续前行，还是回到起点开展新的试验？这是最棘手的窘境。

何为等同于成功的数字目标？我们有两个答案。一是商业模式，它告诉你某一指标必须达到多少才能使商业模式本身成立。比如，如果为达到商业目标，你需要10%的用户来注册付费版本，那么10%就是你的数字目标。

然而，在创业早期，当你还在摸索商业模式时，它并不能够提供答案。此时，我们应考虑何为正常值或理想值，此即答案之二。了解一个行业的基准意味着你知道可能会发生的情形，并且可将实际情况与之比较。在没有其他信息的情况下，这是一个不错的起点。后面将介绍一些行业的基准值。

# 挤压玩具

OMTM 还有另一个重要的方面，形容它最好的方法是将其比作一个挤压玩具。

当你优化企业行为来使某指标值最大化时，会发生一些重要的变化。这类似于那些鼓鼓的，帮助人们减压的挤压玩具；我们从一个地方捏下去，另一个地方就会鼓起来：这是好事。优化 OMTM 不仅可以"挤压"某一指标，使你的收益最大化，同时它还揭示了下一个关注点，而这个关注点通常是创业的转折点。

- 也许你已经优化了健身房的会员数，并尽一切可能使收入最大化，但现在你需要关注客户人均成本，以实现盈利；
- 你已经使网站流量成功增长，但从现在起你需要使转化率最大化；
- 咖啡馆终于拥有了梦寐以求的人流量，但从现在起得让顾客买更多咖啡，而不是一坐就享受几小时的免费 Wi-Fi。

无论当前的 OMTM 是什么，要做好随时改变的准备。而且，期待这一改变将揭示能帮助你的企业迅速成长的数据信息。

---

### 练习：定义你的 OMTM

能确定你创业公司的 OMTM 吗？试着确定它。如果做过第 2 章末尾的练习，你就已经有了一个需要跟踪的指标清单，选择一个必需的指标。

你有没有可能让整个公司都只为提高这一个指标而奋斗？如果这么做会有什么突破？你能否设定衡量结果的底线？如果暂时不能，也没问题。现在，首要是确认 OMTM 及其当前的水平。在本书接下来的部分中，我们还会谈到底线。

# 第7章 你所在的商业领域

你的赚钱方式决定了你应关注的指标。从长远来讲，企业风险最高的部分往往是与其如何赚钱直接相关的。

很多创业公司都可以做到开发一个产品、解决一个技术问题，其中一些还可以吸引一群合适（有时甚至是庞大）的拥趸，但只有极少的技术创业公司真正赚钱。即便是 Twitter 和 Facebook 这样的互联网巨头，也曾为从庞大的用户基数中真正赚到钱而拼尽全力。

没有什么能够比一个柠檬水摊子更能贴切地形容创业公司了，理由有三：它简单，有创业性，是一种低风险学习做生意的方法。和柠檬水摊很像，创业也会战略性地推迟赚钱——在一开始免费赠送一些柠檬水以培养一些回头客。你必须早早规划好自己的商业模式。

如果我们让你描述一个柠檬水摊的商业模式，你大概会说：以高于成本的价格卖出柠檬水。如果继续追问，你可能会说出成本包括：

- 原材料的可变成本（柠檬、糖、杯子、水）；
- 市场营销的一次性成本（摊车、标识牌、冰柜，贿赂一个弟弟或妹妹在街上宣传你的柠檬水摊）；

- 员工时薪（你还是个孩子时，这几乎是可以忽略的）。

你还会说，营收是价格和销售量的函数。

现在假设要求你识别出这一生意的高风险因素，你大概会说：水果价格的波动、天气、摆摊地点的人流量，等等。

我发现，我所认识的大多数成功创业者都有一个共同点，即他们在公司运作的具体层面和抽象层面都有很强的工作能力。这些创业者退可为网页的布局或邮件的标题出谋划策，进可为一次性付费还是订阅式付费这种定价问题运筹帷幄。部分原因是他们不仅在试图经营一家公司，还在试图探索出最好的商业模式。

为了决定哪些指标值得跟踪，你首先需要能将自己的商业模式描述得像柠檬水摊一样简单。有时候你需要退后一步，忽略所有的细枝末节，只专注于思考大的方面。

当你把事情简化到最基本的成分，并且设想出几个基本的互联网商业模式，你也许就会发现，所有这些商业模式都有一些共同特征。第一，它们的目标都是增长（实际上，保罗·格雷厄姆也曾说过，对增长的专注是决定创业成败的唯一属性）。第二，增长的源泉是埃里克·莱斯三大增长引擎中的一个：黏着式增长、病毒式增长或付费式增长。

无论哪个商业模式的繁荣，都需要将这三个引擎的推力最大化。用可口可乐公司首席营销官塞尔希奥·齐曼的话讲，营销就是**更频繁地向更多人销售更多的商品，从而更有效地赚到更多的钱**。

创业的增长少不了齐曼名句中的这 5 个"杠杆"。

- **更多的商品**意味着推出新产品和新服务。最理想的产品和服务当然是那些你知道客户想要的东西，不然开发出来没人用、没人买，白白浪费了时间。而对于企业内部创业而言，这个杠杆意味着使用精益方法进行新产品研发，而非重新创办一家企业。

- **更多的人**意味着获取更多的用户，最理想的还是通过病毒性传播和口碑传播，利用一些付费广告当然也无可厚非。然而最聪明的用户获取方式，是把添加新用户做成产品的一部分，例如 Dropbox、Skype 或是一个可以邀请外部用户的项目管理工具，这使用户在使用的过程中自动成为新用户，同时意味着得到了用户的认可。

- **更频繁**意味着高用户黏性（这样他们才能成为回头客）、低流失率（这样他们才不会离开），以及反复使用（这样他们才能用得更频繁）。在创业早期，黏性往往是一个需要重视的关键杠杆，如果你不能让你的早期核心用户觉得产品棒极了，就不要想能有良好的病毒式营销了。

- **更多的钱**意味着追加销售，将用户愿意支付的价格最大化，最大化点击广告为你带来的营收、最大化用户生成内容的数量，或是最大化用户在游戏内购买虚拟物品的开销。

- **更有效率**意味着降低提供服务以及支持服务的成本，同时还意味着通过尽量少打付费广告，多利用口碑营销来降低获取客户的成本。

## 关于"人"

所谓商业模式，无非是让人们做你希望他们做并能使你从中获利的事。**但每个人都是不同的。**一个残酷的现实是，不是每个用户都是你想要的那种。

- 有些用户会对你很好，但也需假以时日才能表现出来。印象笔记的免费增值模式之所以奏效，是因为它能够让很多用户最终升级为收费版，但从免费到收费的转化周期可能是两年。

- 还有一些用户能为你做的至多是一些免费的营销。尽管他们可能永远不会成为付费用户，但他们可以为你打造产品的口碑，甚至邀请到可能会付费的用户。

- 最后一些则完全是"坏用户"，他们分散你的精力，消耗你的资源，在你的网站上发布垃圾信息，扰乱你的数据分析。

如果有机会深入观察用户的行为，你会发现只有很少的访客最终成为了产品的忠实用户，更多的只是过客。正如 Yipit 的联合创始人、首席执行官维尼休斯·文森提在一篇回忆 2010 年产品发布的博文中所提到的：

> 这难道不是一个很大的产品发布吗？为什么没有更多人注册呢？他们为什么不能完成注册流程？注册后为什么不再回来用？现在我们的创业已经有报道了，我们该如何得到更多的媒体关注？为什么我们的用户不把他们的活动推送到 Facebook 和 Twitter？一些用户向朋友发出了使用邀请，但他们为什么就是不接受邀请呢？

回答这些问题依旧要靠数据分析。你需要能够区分开哪些是真正的、有价值的用户，哪些只是路过、好奇甚至有害的用户。把这两类用户划分清楚后，接下来要做的就是通过改进产品尽可能增长优质用户的比例，同时驱逐劣质用户。为达成这种目的，你可以粗鲁地一上来就索要用户的信用卡信息：这足以挡掉大部分纯粹出于好奇而没有任何付费意愿的用户。也可以用一些更温和的手段，比如放弃用邮件等方式激活那些久不使用的用户。

如果你开发了一款用户玩过一次就不会再玩的游戏，或是在经营一家电商网站，销售购买频率极低的商品，这没有关系，你只需要直接让用户付钱就好。如果你是 SaaS 提供商，新用户为你制造的边际成本很低，那么免费增值的商业模式也许效果更佳，前提是你能够清楚地区分开深度用户和那些只是玩玩的用户。如果你希望用户更频繁地消费，你需要让他们感受到你的关怀。以上就是最大化用户价值的一些基本思路。

区分用户时的另一个关键点在于你使用产品本身的难易程度。有些产品会被动地收集信息。比如，Fitbit 会自动计算你行走的步数；Siri 会自动获取你所处的位置；Writethatname 会分析你的收件箱并自动创建新联系人。这些几乎都不需要用户做什么，所以也就更难判定用户是否是真正"用"过。而对于那些用户必须主动使用的产品，就更容易区分用户的参与度了。

以刚刚提到的 Fitbit 为例，它是一款小型的计步器，可以从步数计算出佩戴者行走的里程、燃烧的卡路里、所爬的台阶数，以及整体活跃度。

Fitbit 的用户仅仅需要把一个小设备放在口袋里即可计算其行走的步数；用户也可以将数据同步到 Fitbit 服务器上；用户可以在应用中读取他们行走的统计数据，并分享给好友；用户还可以手动输入睡眠及饮食数据，用来校准被动收集的数据；用户甚至还可以购买高级版的 Fitbit，以帮助他们达到锻炼的目标。

上述每一个使用场景都代表不同等级的参与度，Fitbit 则可以通过这 5 种行为将用户加以划分，这很有必要。一个用户完全有理由只用 Fitbit 来计步，而不用考虑上传数据等后续工作，但其结果是，Fitbit 公司将无法在销售小设备以外继续在这个用户身上赚钱（通过网站广告、高级版订阅、收费处理用户数据等方式），这使得这位用户的价值显著降低。精准的营收预测很大程度上依赖于理解不同的用户群体是如何使用产品的。

作为一个创业公司，你有许多收费或客户激励模型可以选择：免费增值、免费试用、一次性收费、打折出售、通过广告盈利，等等。但所选的商业模式需要与你所服务的用户细分市场相匹配。你需要考虑的因素还包括：免费用户转化为收费用户所需的时间，产品使用的难易程度，以及多一名"过客"式用户所增加的成本。

不是所有的客户都是好客户。切忌失足于计算用户数的渊薮。相反，要为好的客户做优化，并根据你的活动所吸引到的用户类别来划分这些用户行为。

# 商业模式手翻书

产品的范畴远不仅限于你在交易中购买的物品或虚拟物品，服务、品牌、知名度、信誉、用户支持、包装等因素结合在一起才促成了你的购买行为。你购买一部 iPhone 时，你其实一定程度上也是在为史蒂夫·乔布斯的性格买账。

商业模式也有同样的道理，也是许多事物的结合体。它取决于你如何销售、如何送达你的产品或服务、如何获取客户及如何从他们身上赚钱。

很多人容易把这些商业模式的维度与商业模式本身混为一谈。我也犯过这样的错误。免费增值不是一种商业模式，只是一种营销手段；SaaS 不是一种商业模式，只是将软件送达客户的一种方式；媒体网站上的广告不是一种商业模式，只是一种获取营收的方式。

在本书后面的章节中，我们会分类深入讨论 6 种典型的商业模式。但在分别介绍之前，我们想先谈一谈这 6 种商业模式是如何归纳出来的。想象一下你小时候读的那种手翻书——可以让你把书页上的不同身体部位拼合在一起组成不同卡通形象的小人书。

这种拼贴创造卡通形象的方法同样适用于创造商业模式，只不过这里的组成部分不是头、躯干和脚，而是生意的各个方面：获取渠道、销售手段、营收来源、产品类型和送达模式。

- **获取渠道**：人们是如何得知你的。
- **销售手段**：如何说服访客在你的身上花钱，继而成为你的客户。最常见的情况是要么直接要钱，要么提供某种稀缺或独家资源来说服他们付费，比如限时限量、无广告、附加功能，或隐私功能。
- **营收来源**：你如何收钱。钱既可以直接来自你的客户（通过支付），也可以间接来自你的客户（通过广告、导流量、客户行为分析，等等）。收钱的方式可以是交易、订阅、按用量计费、广告收入、转售数据、捐款等多种形式。

- **产品类型**：你的业务为回报营收提供了什么价值。
- **送达模式**：你如何将你的产品送至客户手中。

　　图 7-1 详细解释了这 5 个方面，每个方面都提供了许多模式和示例。大多数生意不只需要一种获取渠道，或在营收来源方面做过许多试验，或试过多种销售手段。

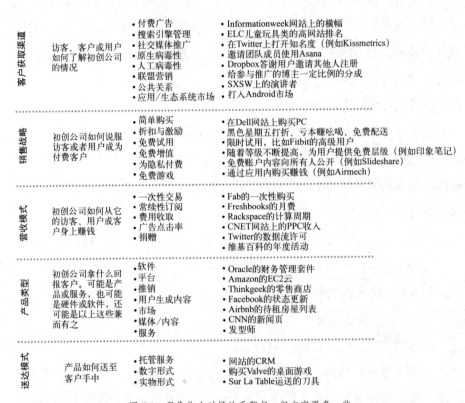

| 客户获取渠道 | 访客、客户或用户如何了解初创公司的情况 | • 付费广告<br>• 搜索引擎管理<br>• 社交媒体推广<br>• 原生病毒性<br>• 人工病毒性<br>• 联盟营销<br>• 公共关系<br>• 应用/生态系统市场 | • Informationweek网站上的横幅<br>• ELC儿童玩具类的高网站排名<br>• 在Twitter上打开知名度（例如Kissmetrics）<br>• 邀请团队成员使用Asana<br>• Dropbox答谢用户邀请其他人注册<br>• 给参与推广的博主一定比例的分成<br>• SXSW上的演讲者<br>• 打入Android市场 |
|---|---|---|---|
| 销售战略 | 初创公司如何说服访客或者用户成为付费客户 | • 简单购买<br>• 折扣与激励<br>• 免费试用<br>• 免费增值<br>• 为隐私付费<br>• 免费游戏 | • 在Dell网站上购买PC<br>• 黑色星期五打折、亏本赚吆喝、免费配送<br>• 限时试用，比如Fitbit的高级用户<br>• 随着等级不断提高，为用户提供免费层级（例如印象笔记）<br>• 免费账户内向所有人公开（例如Slideshare）<br>• 通过应用内购买赚钱（例如Airmech） |
| 营收模式 | 初创公司如何从它的访客、用户或客户身上赚钱 | • 一次性交易<br>• 常续性订阅<br>• 费用收取<br>• 广告点击率<br>• 捐赠 | • Fab的一次性购买<br>• Freshbooks的月费<br>• Rackspace的计算周期<br>• CNET网站上的PPC收入<br>• Twitter的数据流许可<br>• 维基百科的年度活动 |
| 产品类型 | 初创公司拿什么回报客户。可能是产品或服务，也可能是硬件或软件，还可能是以上这些兼而有之 | • 软件<br>• 平台<br>• 推销<br>• 用户生成内容<br>• 市场<br>• 媒体/内容<br>• 服务 | • Oracle的财务管理套件<br>• Amazon的EC2云<br>• Thinkgeek的零售商店<br>• Facebook的状态更新<br>• Airbnb的待租房屋列表<br>• CNN的新闻页<br>• 发型师 |
| 送达模式 | 产品如何送至客户手中 | • 托管服务<br>• 数字形式<br>• 实物形式 | • 网站的CRM<br>• 购买Valve的桌面游戏<br>• Sur La Table运送的刀具 |

图 7-1　很像你小时候的手翻书，但文字更多一些

## 多种选择

　　你的手翻书可以有很多"页"。Startup Compass 创业团队是一个致力于帮助其他公司优化商业决策的创业公司，它归纳出了 12 种营收模式：广告、咨

询、数据、潜在客户开发、授权费、上架费、拥有权/硬件、租赁、赞助、订阅、交易手续费和虚拟商品。风投家弗雷德·威尔逊写过一篇文章，罗列了大量的网页和移动产品营收模式，其中大部分是本书后面会提到的 6 种基本模式的变种。

Startup Compass 还提出了几种结合了几页手翻书的"基本"财务模型：搜索、游戏、社交网络、新媒体、市场、视频、电子商务、租赁、订阅、音频、潜在客户开发、硬件和支付。

你可以用这些"页"来创建一个简单到能够写在餐巾纸背面的商业模式。例如，图 7-2 给出了 Dropbox 的商业模式手翻书。

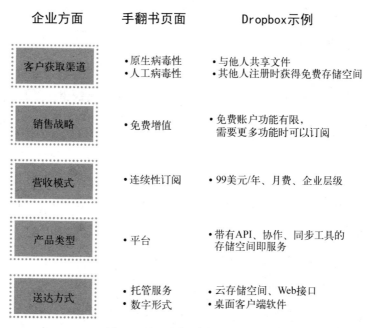

图 7-2　用几页手翻书概括 Dropbox

用手翻书表述商业模式还有另外一个好处——它鼓励横向思维。每翻过一页就好像经历一次转型：如果将 Dropbox 作为实体销售，或是将免费版改为完全收费模式，或是开始打广告，会发生什么奇妙的化学反应呢？

# 6 种商业模式

在接下来的几章中，我们将逐一介绍 6 种重要的商业模式。每个模式都是以上各方面的一个组合。我已尽量将各方面加以整合以使这 6 个模型更具普遍性。但正如孩子的手翻书一样，衍生的数量仍然是巨大的。仅根据之前给出的那个列表，就可以展开出 6000 余种排列组合，且不论我们所给出的列表还远远不是最详尽的。

假如还不至于混淆的话，你甚至可以同时运行几个商业模式。比如，亚马逊是一家基于交易、实体送达、SEM（搜索引擎营销）、购买流程简便的网上零售店，但它同时还运营着其他子业务，比如用户生成内容（商品评论）。所以，不像那些相对简单易懂的手翻书，你的商业模式很有可能是一头有好几个脑袋的怪兽。

面对这种复杂性，我决定将 6 个商业模式尽量简单化。我们会讨论这些商业模式的几个方面，以及对于每一类模式，公司最关键的指标是什么。你可以把它看成翻到商业模式手翻书的某一页，在这一页里你可以一览生意中的各个元素：

- 如果你在经营一家电子商务公司，主要的业务是向客户出售物品，请翻至第 8 章；
- 如果你在做的是将 SaaS 送至用户手中，请翻至第 9 章；
- 如果你在开发一款移动应用并通过应用内购买赚钱，请翻至第 10 章；
- 如果你在生成内容的同时依靠广告赚钱，那么你可以从第 11 章了解许多关于媒体网站的细节；
- 如果你的关注点在于让用户在你的平台上生成内容，就像 Twitter、Facebook 和 reddit（类似百度贴吧）的用户一样，请翻至第 12 章；
- 如果你在开发一个双边市场用以联系卖家和买家，请翻至第 13 章。

　　这 6 大类商业模式可以涵盖绝大多数公司，当然也会有一些例外，但是它们都很容易在这 6 种模式中找到相似之处。比如，一家饭馆的商业模式是交易性的，类似电商；一家会计师事务所为企业提供周期性的审计服务，类似于 SaaS；等等。希望你可以在 6 种商业模式中找到一个与你的生意最相近的模式并将它作为模板，学习这种商业模式中的数据分析方法，最后将它应用于你的生意中。第 14 章及之后的内容会讨论创业增长的各个阶段。

---

### 练习：选定你的商业模式

　　在后面的章节中，我们将依次详解 6 种典型的商业模式。现在你需要选定一个商业模式，把它写在纸上，然后列出我们在讨论该商业模式时提及的所有指标，并检查它们是否与你正在跟踪的指标相一致。对于那些你已在跟踪的指标，请写下它们的当前值。如果你的生意涉及多个商业模式，则需要把每个商业模式的指标都列下来，并完成上面的练习。

# 第 8 章　商业模式 1：电子商务

电子商务公司的主营业务就是让访客在其网店上买东西。这大概是一种最常见的在线生意模式了，并且绝对是大多传统统计工具的主要分析对象。亚马逊、沃尔玛[1]、Expedia[2]等大型网店均属于电子商务公司。

如果电子商务模式与你的公司最为相符，那么通过本章的学习，你可以了解到一些需关注的最重要指标，以及一些可能会混淆视听、扰乱分析的数据"褶皱"。

早期的电子商务模式由一个相对简单的"漏斗"构成：访客在网站浏览了一系列网页后，驻足于某件商品并点击"购买"按钮，然后提供相应的支付信息，并完成了此次交易。这就是经典的"转化漏斗"，Omniture[3] 和 Google Analytics[4] 等主流数据分析工具就是为分析这一"漏斗"而设计的。

但现如今的电子商务很少这么简单。

---

① 指沃尔玛网上超市。——译者注
② 由总部在美国的一家互联网旅游公司 Expedia 提供机票预订、酒店预订、汽车出租、游船等服务的网站。
$\qquad$——译者注
③ Orem 公司旗下的在线营销和网站数据分析产品。——译者注
④ 谷歌公司提供的在线数据分析和统计工具，与国内的百度统计工具类似。——译者注

- 大多买家通过搜索找到所买物品，而非通过电商网站的内部导航。买家首先利用外部搜索，在不同的电商网站和搜索结果页间点来点去，以寻找一个理想的结果。直到在某网站找到相对满意的结果后，站内导航才开始起作用。也就是说，站内漏斗如今已经有些过时了，而搜索关键字则变得更为重要。

- 电商商家可通过推荐引擎来预测买家还可能需要的物品。推荐引擎以历史上具有类似购买记录的买家数据以及用户自身的购买记录为基础，向用户提供推荐信息。很少有人会看到同样的推荐页面。

- 电商商家无时无刻不在优化网站性能，这在很多时候表现为划分来访流量，并区别对待来源不同的访客。大中型商家可通过 A/B 测试划分漏斗流程，进而找到最优的产品、内容和价格。

- 购买流程早在买家访问网站前，即在社交网络、邮件以及在线社区中便已开始，这使得买家行为更加难以跟踪。

电商公司的营利模式十分简单，即以物换钱，并通过数字（如 iTunes 的数字下载）或实体（如网上鞋店美捷步上卖的鞋子）渠道将物品送达客户手中。它们花钱打广告、采用会员推荐制度，并以此来获取客户。价格的制定以市场的承受能力，或竞争对手所做的预期为基础。一些拥有足够财力和精力的大商家可开发出一套算法，根据供给、需求和不断的测试进行自动定价。不过这种算法有时会得出十分离谱的定价[①]，或是根据浏览器类型等无关元素而做出一些无意义的推荐。

亚马逊等注重客户忠诚度的电商商家与用户建立起了一种持久关系。它们提供种类繁多的商品，回头客很多，因此尽其可能地使购买流程更加简单与自动化（亚马逊甚至为其"一键购买"功能申请了专利，并收费授权给苹果等其他公司使用）。

---

[①] 加州大学伯克利分校的生物学家迈克尔·艾森在他的博文 "Amazon's $23,698,655.93 book about flies" 中解释了书商之间的算法价格战，如何使一本关于飞蝇的教科书价格高达 23 000 000 美元。

这些重视用户关系的电商公司，鼓励用户填写心愿单、撰写商品评论，这意味着它们在以电子商务作为核心商业模式的同时，还在有意培养其他模式，例如用户生成内容等，只要这些模式对增加用户的购买量有益即可。但那些并不期望客户会经常、反复购买的电商公司，则会把精力放在最大化单笔购买额和促进口碑营销上。

## 模式：你的电商模式是哪种

凯文·希尔斯特罗姆来自 Mine That Data（一家咨询公司，可帮助企业了解客户对其广告、产品、品牌和渠道的接受情况），与多家电商公司均有合作。他表明，在线零售商必须了解自身与买家之间的关系，因为这一关系决定着市场策略、购物车大小等各方面电商要素。为此，凯文计算得出了**年度重复购买率**，即去年曾在某家网站购买过商品的买家中，有多少比例的人在今年仍选择了在此购物。

### 1. 用户获取模式

如果今年的重复购买率不足 40%，则说明经营重心应放在新用户的获取上。在这种情况下，忠诚度计划并不会带来良好的长期收益。凯文说，有 70% 的电商公司会在成熟后进入这一模式。销售水下呼吸器或攀岩设备的商家便是此类中的典型。大部分客户在第一次购买运动装备后，会发现自己对此并没有那么热衷，于是也就没有进一步升级装备的需要了。回头客少并不是什么坏事，反而可以更好地决定营销策略。例如，销售眼镜的电商最好将更多的营销精力放在客户推荐机制上，而不是试图向同一个人售出多副眼镜。

### 2. 混合模式

如果今年的重复购买率为 40%~60%，则电商公司应兼顾新用户的获取与回头客的招揽。此类电商公司不仅要努力获取更多的用户，还要适时提高客户的购买频率，使每名客户年均购买次数达到 2~2.5 次。鞋类电商 Zappos 就是一家混合模式公司。

### 3. 忠诚度模式

如果今年的重复购买率达到 60% 及以上，则该公司应将经营重心放在客户忠诚度上，即鼓励忠诚的回头客更加频繁地消费。只有在电商拥有如此的用户参与度时，忠诚度计划才会奏效。但最后只有 10% 的电商企业在成熟后会加入这一阵营，亚马逊就是一个很好的例子。

次年重复购买率是预见电商能否取得长久成功的先见性指标。即使电商的运营时间还不足一年，也可以通过计算 90 天的重复购买率，来预测所处的模式。

- 90 天内重复购买率达到 1%~15%：说明你处于用户获取模式。
- 90 天内重复购买率达到 15%~30%：说明你处于混合模式。
- 90 天内重复购买率达到 30% 以上：说明你处于忠诚度模式。

其实各模式间并没有优劣之分。凯文有一些客户的年度重复购买率只有 25%，但它们（电商公司）依然很成功。这是因为它们知道自己真正需要的是以相对较低的成本获取大量的新客户，因此将全部营销精力都放在了可靠且低廉的用户获取渠道上。

凯文讲道："具体处于哪种模式并不重要。但对于公司 CEO 而言，没有什么比弄清楚自己所处的商业模式更重要的了。我曾见过太多的电商创业者一味地追求客户忠诚度。但倘若处于用户获取模式，则可能无法（也不应该）提高客户忠诚度。例如，平均每人每年只需要买两三条牛仔裤就够了。你没法要求他们再买更多！因此，弄清客户的需求以及自己所处的模式，才是电商创业中最紧要的事。

凯文还说，他常看到季节性电商的创业者试图说服客户在非节日期间购买礼物。"这行不通，"他讲道，"这些公司所处的是用户获取模式。更聪明的做法是在这一年中打造网站的知名度，以期在 11 月和 12 月获取更多的客户。"

虽说通过尝试种种方式以最大化营收非常重要，但不要指望客户会去做他们不想做也无须做的事。"我不会让我的客户去做他们事先不曾想过的事。假如我是鞋类电商 Zappos，就不会把客户从混合模式转换成忠诚度模式，而是会设法提高客服水平（如免费退货），以获得更多在购买时更为谨慎的新客户（如此一来混合模式就成功了一半），"凯文讲道，"即使我处于用户获取模式，也依然会不遗余力地提高服务和商品质量。但我清楚地认识到，即便电商成熟后，我的首要目标依然是获取新客户。"

凯文还提到，要想将年度重复购买率提高 10% 以上，不论公司为此付出多大的努力，都很难实现。"如果年度重复购买率是 30%，那么该数值很有可能会在 27%~33% 之间上下波动。"

随着 Facebook、Pinterest 等社交网站的兴起（同时它们也是适合口碑营销的平台），电商公司越发关注起一种长漏斗流程（以一条推文、一段视频或一个链接为开始，以购买交易为结尾）。因此，网络商家应了解到，究竟是哪个平台的哪些信息带来了最有可能买东西的访客。这些买家访问网店后，剩下的就是尽可能让他们多买了。

除了明确模式外，决定电商网站成败的另一关键是定价。处于用户获取模式的电商更是如此，因为它们只有一次机会引导访客消费。1992 年，管理咨询公司麦肯锡曾做过一个流程优化方面的报告，比较了不同业务方面的改善对企业盈利能力的影响。

　　如图 8-1 所示，找到最优定价对企业的整体盈利能力有着巨大的影响。随后，2003 年发表的一项研究报告则称，其影响实际上并没有那么大，仅占 8% 的比例而已，但仍远高于其他因素的影响。

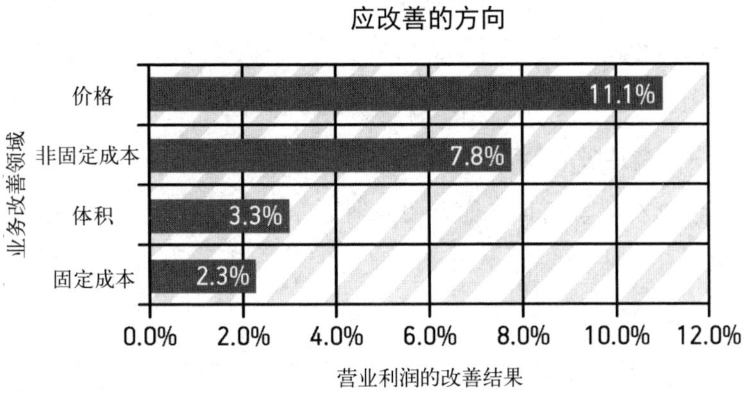

图 8-1　如果想让生意更上一层楼，就找到最优定价吧

## 案例

　　设想有这样一家网上奢侈品店，网店的邮件订阅者在购买特定商品时可享受独家折扣。访客可自由浏览商品信息，但必须注册才能下单或将商品加入购物车；注册的同时，他们也默认接受了来自商家的每日邮件的最新信息。此外，访客还可以将喜爱的商品分享到 Twitter 或 Facebook 等社交网站。

　　该公司关注的重要指标如下。

- **转化率**

  访客中发生购买行为的比例。
- **年均购买率**

  每位买家的年均购买次数。
- **平均购物车大小**

  买家下单时平均每单的钱数。

- **弃买率**

  买家开始购买流程后放弃购买的比例。

- **客户获取成本**

  获取一位客户所需的平均成本。

- **每客户收入**

  平均每位客户终其一生在该网店消费的总金额。

- **导入流量最多的关键字**

  人们都在搜索的且与你有关的词汇，同时也有助于了解相邻产品或市场。

- **热门搜索词**

  既包括能带来营收的词汇，也包括没能带来任何结果的词汇。

- **推荐引擎有效性**

  买家将推荐商品加入购物车的可能性。

- **病毒性**

  口碑，以及平均每个访问量带来的分享次数。

- **邮件列表有效性**

  邮件中链接的点击率以及招揽回头客的能力。

更为老练的商家还会留意商品评价数或有用评价数等其他指标，但这已经属于电商内部次生商业模式的范畴了。在第 12 章介绍用户生成内容模式时将会继续这一话题。现在来详细介绍一下上述指标。

## 转化率

转化率指访客中发生购买行为的比例。它是评价电商健康程度的最基本指标之一。转化率的计算与试验十分简单。可按人群、商品、访客来源等多重标准来分类衡量转化率，以观察哪些因素可提升访客的购买欲。

在电商网站的起步期，转化率甚至比总营业额更为重要，因为电商创业初期最需要验证的是到底会不会有人买你的东西（同时获取买家邮箱和订单内容等数据）。但一味追求转化率也存在着风险。转化率在很大程度上取决于电商类型，以及成功的推动因素究竟是客户忠诚度、用户的获取还是二者皆有的混合模式。

## 年均购买率

转化率虽然重要，却并非电商的全部。电商不以转化率论成败，有数不尽的电商不论转化率的高低，最终均获得了成功。转化率的大小取决于电商类型以及用户的购买习惯。棺材每个人一生可能只会买一副，但蔬菜水果却要一周买好几次。

90 天内重复购买率是判断电商所属类型的绝好指标。实际上所谓的电商类型也并非绝对，但至少可以帮助你知道到底是该着重培养客户忠诚度还是努力获取新用户。

## 购物车大小

转化率方程的另一半是购物车大小。作为网店店主，你不仅想知道有多少人买了你的东西，还想知道他们都花了多少钱。你可能会发现，有的推广活动可成功勾起人们的购物欲，但有的则效果不佳。

在网店的日常运营中，你会着重比较总营收和所需成本，以此来确定最有油水的客户群体。但注意不要过于迷恋营业数额，利润才是企业生存的关键。

Skyway Ventures（一家专注于电子商务领域的私人投资公司）的比尔·达利桑德罗曾说："电商成功的关键在于能否增加买家的购物车大小；购物车大了才能赚大钱。我倾向于把客户获取成本看作是相对固定的，因此订单量越大，利润率就越高。"

## 弃购率

不是每一个逛网店的人都会买东西。简单地说，弃购率就是 1 减去转化率。网店的购买流程通常分为以下几步，即确认订单信息、填写收货地址、选择支付方式等。有时还会牵扯到第三方网站：Kickstarter[①] 会将用户转至亚马逊进行支付，而 Eventbrite[②] 则会将用户链至 PayPal 支付票款。

在上述任一步骤放弃购买的用户比例即为弃购率。把弃购率分解到每一步是十分必要的，因为这样才能得知哪一步造成的损失最大。有时造成最大损失的可能就是用户注册表中的某一项，例如询问国籍可能会疏远买家。ClickTable 等工具可自动分析表单内各步骤的弃购率，从而有助于找到转化过程的瓶颈，即客户到底是在哪一个步骤流失的。

## 客户获取成本

有访客来购买商品后，你自然会希望能有更多的人光顾自己的网店。为此，你可能会采用广告宣传、社会媒体推广、群发邮件或加盟其他电商的方式。但无论最终采用哪种方式，都会耗费一定的成本。电商的算盘很简单直接，即商品卖出所赚的钱要比获取客户和发送货物所需的成本多。

统计单一渠道的客户获取成本相对来说比较容易；但当多种渠道共同作用时，统计这一成本就变得相当复杂。好在有很多致力于解决这一问题的数据分析工具。谷歌之所以会提供一款免费的数据分析产品，就是因为它可从相关广告中获取利润，并希望你可以更为容易地在谷歌上打广告并估量广告效果。

## 每客户收入

每客户收入（或客户终身价值）对于所有电商模式而言都十分重要，不管侧重点是新客户的获取还是忠诚度的培养（或是双管齐下）。就算你的网店从

---

① 总部在美国的众筹平台。——译者注
② 总部在美国的在线活动策划服务平台。——译者注

不考虑忠诚度问题（因为你所销售的商品购买频率很低），但仍然希望每位客户买得越多越好；可通过提高购物车大小、提高转化率并降低弃购率来达到这一目标。每客户收入是包含了其他关键数字的综合指标，是衡量网店健康程度的一个不错的单一标准。

---

### 案例分析：WineExpress 是如何将每客户收入提高 41% 的

WineExpress 是 Wine Enthusiast 品牌的独家网上零售商。Wine Enthusiast 在高档葡萄酒用具及储藏方面有着 30 余年的经营经验。WineExpress 一直积极利用 A/B 测试和各种试验来提高销售转化率。

该公司决定着手改造网店内流量最大的网页，即"今日葡萄酒推荐"页面。该页面每日只推荐一种葡萄酒，且只需 99 美分的运费。该页流量主要来自邮件列表（客户可自行选择是否订阅）和网站导航。除葡萄酒产品外，该页面还附有一段由公司很有声望的葡萄酒主管出演的虚拟品酒视频。

"今日葡萄酒推荐"页面已经有了不错的转化率，但 WineExpress 团队认为还存在上升空间。不过，WineExpress 团队也清楚地认识到了困扰所有电商的挑战，即在优化交易量和整体营收间寻找平衡。过于追求转化率可能会导致平均订单量的下降，从而对整体营收带来负面影响。

WineExpress 团队委托转化率优化代理公司 WiderFunnel Marketing 为他们开发并执行一套改造"今日葡萄酒推荐"页面的方案。该公司开发并测试了 3 种设计方案，主要用于测试不同网页布局对转化率的影响。图 8-2 为改版前的网页布局。

图 8-2　改版前的 WineExpress "今日葡萄酒推荐" 页面

最终，其中一种设计方案以巨大优势胜出，将每客户收入提高了 41%。"转化率也提高了，" WiderFunnel Marketing 的 CEO 克里斯·戈沃德说，"但此处最重要的还是每客户收入有了显著提高。许多电商都过于追求转化率了。WineExpress 的成功在于客户购买的商品数量得到了大幅提高。"

胜出的网页设计和布局如图 8-3 所示。

图 8-3　要知道每客户收入提高了 41% 对网店意味着什么

"我们发现，把视频放在上半版版面是新页面成功的一个关键因素。"克里斯说道，"新页面的布局也比此前更加清晰明了，没有那么多分散购买注意力的多余元素。"

## 总结

- WineExpress 团队通过 A/B 测试找到了一个转化率更高的页面。
- 转化率的提高固然不错，但重点是每客户收入也提高了 41%。

**数据分析启示**

　　页面优化很重要，但首先要确保所优化的指标是正确的。尽管高的转化率的确不错，但你想要的并不止于此。归根结底，你要的还是来自**每位客户的高收入**，或是较高的**客户终身价值**（Customer Lifetime Value，CLV），因为这才是真正维持商业模式的关键。

## 关键词和搜索词

　　大部分人都是通过搜索寻找产品，无论是通过浏览器、搜索引擎还是站内搜索。但不论选择哪种搜索方式，你都希望得知能为网店带来收益的关键词有哪些。

　　若以收费搜索为渠道，将不可避免地为谷歌等搜索引擎上的热门关键词而与其他人展开竞价。如此一来，找出那些"性价比"相对较高，不太贵但仍能带来可观流量的关键词就成了搜索引擎营销者赖以为生的技能。

　　若以免费搜索为渠道，则会把更多的精力花费在创造优质、吸引人且可提升网店搜索引擎排名的内容上，并在网站文案中包含买家会用到的搜索词（从而使网店以很高的排名出现在搜索结果中）。

　　同时还可对网店的站内搜索进行分析。首先，需要弄清楚大家在找些什么。如果用户搜索后没有找到心仪结果，或是搜索后点了后退按钮，则说明店内没有他们要找的东西。其次，如果有大量搜索指向某一特定的商品分类，则说明可能需要调整一下该类别的位置，或是将其加入首页，看看能否更快、更好地抓住人们对这一产品类别的需求，进而卖出更多商品。Innovation at Elastic Path（一家企业级电子商务平台供应商）的前副总裁杰森·比林斯利曾说："尽管该数字可因垂直领域和网站的不同而有所不同，但站内搜索通常占商品导入流量的 5%~15%。"

这里不打算详细介绍有关搜索引擎优化（SEO）和搜索引擎营销（SEM）的内容，这两方面的介绍都可以单独出书了。现在，大家应该认识到搜索是所有电商网店的重要一环，依靠站内链接导航的传统模式早已过时（即便很多分析工具仍在支持站内导航的分析）。

## 推荐接受率

大型电商公司通过推荐引擎为访客推荐可能感兴趣的其他商品。时至今日，由于第三方推荐服务的兴起，这些引擎正逐步普及至一些较小商家，甚至连博客服务都有了类似的算法，向读者推荐类似文章以供阅读。

推荐的方法有很多，有的基于买家的购买历史，有的则试图通过地理位置、访问来源、点击行为等属性来预测访客的购买意图。预测性的推荐引擎对机器的学习能力要求很高，衡量的指标也会随所用工具的不同而发生变化，但归根结底都是为了一件事：**我从推荐的商品中获得了多少额外的营收。**

当调整推荐引擎时，你需要判断调整的方向是否正确。

## 病毒性

对很多电商而言，病毒性十分重要，因为口碑传播和病毒式营销能够以较低成本带来高价值的流量。它同时具备最低的客户获取成本和最高的推荐价值，因为访客往往是由自己信任的人推荐而来的。

## 邮件列表点入率

在这个永远在线的移动时代，电子邮件听起来似乎并不怎么吸引人。但试想一下，如果你获得客户允许去推广自己的网店，而他们也会接受你的推荐去购买相关产品，这就意味着你可以更加有效地让他们持续关注你的产品。Union Square 资本（一家风险投资公司）的合伙人弗莱德·威尔森把电子邮件称为秘密武器。

　　就在几年前，很多分析师和投资人还在猜想，社会媒体是否会成为电子邮件的终结者。讽刺的是，社会媒体的兴起恰恰是由电子邮件驱动的。越来越多的社交应用开始利用电子邮件来提高用户的重复使用率和留存率。

　　电子邮件的点击率可受到多种因素的阻碍，如图8-4所示。

　　即便是响应号召，点击邮件链接进入网店的访客也不一定会产生购买行为。有时，一次失败的邮件推广活动所造成的退订率会让这次推广中攫取的所有利润都失去意义，所以说电子邮件是把双刃剑，使用时一定要慎重。

　　将推广活动中获取的访问量除以发出的邮件总数，就可得到邮件点入率。还可根据邮件点入率更为深入地分析邮件失效的各种原因，例如有多大比例的邮件地址已不再有效，然后跟踪到你所希望发生的最终结果（如购买行为）。

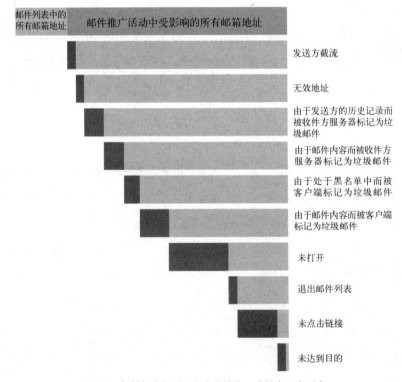

图8-4　每封邮件都要面临这些挑战，难怪点入率不高

此外还需建立一个衡量邮件推广成功度的指标，它大体上是指邮件推广所带来的额外营收减去推广成本和客户退订所带来的损失。好在大部分邮件管理平台都可以轻易获取这些数据。

# 线下线上相结合

所有电商公司都逃脱不了送货这一环节。有时可以通过电子方式完成送货，但在大多情况下，送货仍然意味着把物品从商家处运送至买家处。高额的运费会降低转化率，送货的及时性还是用户满意度和重复购买率的一大影响因素。除线上指标外，电商公司也应对其线下部分给予充分的关注。

## 运送时间

现如今，实时送达和次日送达已变得越来越普遍，买家对物流的要求也是水涨船高。运送时间是送货环节中的关键，且与商家有效处理物流的方式密切相关。大多电商公司可单纯通过优化订单处理和送货流程显著地提高整体的运营效率。这种高效最终会转化成一种竞争优势，因为这有助于获取对质量和速度有更高要求的客户，而不是那些只在乎价格低廉的客户。

## 库存可供率

"商品缺货时，销售量也会随之下降，"杰森·比林斯利说道，"这是再显然不过的事实了，但只有较少的电商公司会采取相应措施。"提升库存管理水平可对业务产生深远影响。杰森建议商家将断货的商品放到产品列表或商品种类列表中更下方的位置，从而让客户很难注意到这些商品的存在。还可以把这些商品从搜索结果里隐藏起来，或是确保它们在搜索结果中的排名较低。

此外，把库存和销售额放在一起分析也十分有趣。杰森说道："很多电商公司都存在这样一个问题，即卖得不好的商品库存积压很多，卖得好的商品又往往库存不足。"他建议商家根据销量与库存的比例调整产品类别。如果一类商品卖得不好，却又占用了很多库存，则说明库存和销售之间有些失衡。

## 图说电子商务

图 8-5 给出了一位买家在电商网站中的历程，以及每一步的关键指标。

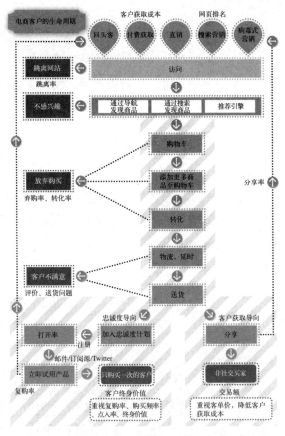

图 8-5 不止是一个典型的漏斗 电商如何获取客户

## 讨论：传统电商与订阅电商

至此，我们已经掌握了一个相对简单且只涉及一次购买行为的电商模型。但除此之外，还有很多服务是基于订阅的。这比传统电商要稍显复杂。

订阅服务会定期从买家的账户扣除服务款。流失率的衡量要更为容易，那些不再更新账户信息或直接退订的人就是流失的客户，但流失率也容易出现大幅提升。与消费逐渐减少的情况不同，来自某客户的营收自其退订的那一刻起，便戛然而止。如果你的业务与之相似，那么请继续阅读下一章的 SaaS 商业模式，该模式对你的业务也十分适用。

电话公司始终在不遗余力地与用户流失作斗争。它们开发出了非常复杂的模型，用以预测用户是否已处于退订服务的边缘，并通过赠送一部新电话或打折续签的方式试图挽留用户。

过期的支付信息同样是订阅模式的一大隐患。当你无法从一位客户的信用卡划去月费时，就必须说服他再输入一次支付信息。

从分析的角度讲，你需要为此跟踪一些额外的指标，如支付信息过期率、客户续签工作的效果以及提高（或阻碍）续签率的因素。这些指标对于日后致力于降低流失率非常重要，但随着忠实用户总人数的增多，来自续签用户的收入将占据总营收的很大 一部分。

## 要点

- 明确自己应关注的是忠诚度还是客户的获取十分重要，这决定了整套市场营销策略和网店的许多功能。
- 站内和站外搜索日渐成为寻找购买商品的常用方式。
- 尽管转化率、重复购买率以及购物车大小十分重要，但真正起作用的指标是每客户收入。
- 不要忽视现实世界中的问题，如配送、库房、物流和库存等。

还有一种商业模式和电子商务很相像，即双边市场。二者均关注在买家与卖家间促成交易，以及客户的忠诚度。如想进一步了解双边市场，请翻至第 13 章。也可以直接前往第 14 章，了解当前的创业阶段可为所关注指标带来怎样的影响。

# 第9章　商业模式2：SaaS

SaaS指按需提供软件的公司，通常以网站的形式出现。Salesforce[1]、Gmail、Basecamp[2]和Asana[3]均是SaaS产品中的典范。如果你正在经营一家SaaS公司，那么你很需要了解本章介绍的这些指标。

大部分的SaaS提供商以月费或年费的形式获取收益。一些提供商会按实际消耗，即存储空间的使用量、占用的带宽或计算能力收费，然而这种模式目前主要局限于基础设施即服务（Infrastructure as a Service，IaaS）和平台即服务（Platform as a Service，PaaS）云计算公司。

很多SaaS提供商选择将其服务分层出售，月费也随所提供功能的不同而不同。这种分层出售的不同服务可以由项目管理工具中的项目数量决定，也可以由客户关系管理应用中的客户数量决定。找寻层级和价格的最佳组合一直以来都是一大挑战，SaaS公司投入相当大的精力以寻找向已有客户追加销售的方法，从而升级至更高且获利更多的层级。

对于SaaS公司而言，增加一个客户的边际成本几乎可以忽略不计（想想Skype获取一个新用户的所需成本有多么少），因此很多SaaS提供商都选择通

① 一个提供按需定制客户关系管理服务的网站，1999 年成立于美国。——译者注
② 一款基于网页的项目管理工具。——译者注
③ 一款基于网页和移动端的团队协作工具。——译者注

过免费增值模式[①]来获取客户。提供商一方面允许客户在一开始免费使用一个受限的版本，另一方面又期望他们能够达到免费容量的上限并开始支付费用。例如，Dropbox 在免费赠送几 GB 的存储空间后，便尽其所能地确保用户消耗掉这些容量，包括鼓励用户分享和上传照片等。

现在设想一家做项目管理工具的创业公司，它允许用户免费试用其产品，但会在同时进行的项目数超过 3 个时开始收费。公司提供 4 个层级的服务，即免费版、10 个项目版、100 个项目版和无限制版，并在数个平台做广告宣传，以吸引用户访问公司网站。每当用户邀请他人加入项目时，该受邀人便会成为新的用户。

该公司关注以下几个关键指标。

- **注意力**

  网站吸引访客的效果如何。

- **参与度**

  有多少访客注册成为免费版或试用版的用户（如果你有免费版或试用版的话）。

- **黏性**

  有多少客户真正在使用你的产品。

- **转化率**

  有多少免费用户最终成为付费客户，这其中又有多少人升级到了更贵的服务级别。

- **每客户收入**

  单位时间内平均每位客户带来的营收。

- **客户获取成本**

  获取一位付费客户的所需成本。

---

① 免费增值模式的实现有很多种方法，例如免费试用尚不完善的产品或使用优惠券等。我们会在讲收入最大化问题时再对该模式进行详细介绍。

- **病毒性**

  客户邀请他人或向他人推荐公司产品的可能性以及所需时间。

- **追加销售**

  是什么促使客户支付更多费用，以及这种情况的发生频率。

- **系统正常运行时间和可靠性**

  公司会面临多少用户投诉、问题升级或服务中断问题。

- **流失率**

  单位时间内流失的用户以及流失的付费客户的人数。

- **终身价值**

  客户使用产品期间的付费总额。

这些指标之间存在着自然的逻辑顺序。试想一位客户的生命周期：公司通过病毒式营销或付费营销获取了一位用户；该用户很有可能在初次尝试后继续使用这款产品，并最终为之付费，同时还可能会邀请他人，或是升级至更高的版本；作为付费客户，他可能会遇到一些让人不快的问题；最终，他选择不再使用这一服务。此时我们便可得知，这位用户在整个生命周期中为公司贡献了多少营收。

用这样一种方式描述客户的生命周期对理解公司的关键指标很有帮助。精益创业法的好处就在这里，它首先让你明白**哪方面的业务是最有风险的**，然后再努力改善代表这一风险的指标。

但该方法并非在所有情况下都行得通。转化率只有在转化基数存在时才可以衡量，如果压根就没有用户选择付费，也就无转化率可言。病毒性也只有当付费客户邀请好友时才可以得到量化。如果产品需要很大的用户基数才能体现出其价值，则在用户量很小的情况下可能无法对黏性进行衡量。这就意味着你必须了解**风险在哪里**，再一件件地按优先级**把业务提升到风险可以被量化和分析的程度**。

继续以前面假想的公司为例。该公司不确定用户是否愿意长期使用它的产品，这对 SaaS 公司而言通常是一个很好的关注点，因为产品很难有第二次机会来改变用户的第一印象，并且需要用户的长期使用才能创造自身价值。换言之，公司关注的是用户黏性。

当然，该假想公司也需要转化一些用户（因此也需要一些吸引人眼球的手段），但**只要够测试黏性即可**。早期用户的获取可通过口碑、直销或社交网络的方式来实现。该阶段可能还不需要任何完备且自动化的市场营销方案。

---

### 案例分析：Backupify 对客户生命周期的探索

Backupify[①] 是业内领先的云数据备份服务提供商。公司由罗伯特·梅和维克·查达于 2008 年创立而成，并已在数轮融资中获得 1950 万美元。

为了发展，Backupify 始终贯彻在特定阶段注重特定指标的原则，并堪称典范。"我们最初把精力放在了网站的访问量上，因为那时最需要的是让人们看到我们的网站，"公司的 CEO 兼联合创始人罗伯特·梅说，"随后，我们把重心转移到了产品的试用上，因为我们需要用户来测试我们的产品。"

当有足够多的用户开始试用之后，罗伯特又将重点转移到了注册量上（从免费试用用户到付费用户的转化）。该阶段的关键指标是**月经常性收入**（Monthly Recurring Revenue，MRR）。

云存储行业近年来日趋成熟，但在 2008 年时，它还只是一个新兴市场。Backupify 当时注重的是终端用户，并发现尽管营收在不断增长，但客户获取成本（CAC）也一直居高不下。"到了 2010 年年初，我们每得到一位客户就要花费 243 美元的营销成本，而客户付给我们的年费却只有 39 美元，"罗伯特解释道，"这是非常可怕的。大部分

---

① Backupify 于 2014 年被 Datto 收购。——编者注

消费者应用软件都会通过某种病毒性来抵消高昂的客户获取成本，但备份服务并不具有病毒性。因此我们不得不（从面向消费者的零售模式）转型至企业到企业的商业模式。"

Backupify 的转型十分成功，公司自此也发展得十分顺利。现如今，Backupify 仍旧注重月经常性收入，但同时也开始跟踪客户在与公司的关系中所占据的价值，即客户终身价值（CLV）。客户终身价值和客户获取成本是决定订阅式服务能否盈利的两个必备指标。

在 Backupify，客户终身价值是客户获取成本的 5 到 6 倍，即公司在客户获取上每花费 1 美元，就可以获取 5 到 6 美元的收入。这是非常了不起的数字，如此高的投入回报率有一部分是公司低流失率的功劳。事实证明，云存储的锁定作用很强，这就给了 Backupify 足够的时间以收益的形式收回客户获取成本。本书后续章节将更为详尽地介绍有关客户终身价值与客户获取成本比例的相关内容。

"在年经常性收入达到 1000 万美元以前，月经常性收入的增长可能会一直作为我们的首要指标。"罗伯特说道，"我会观察流失率，但更关注需要多少个月才能收回客户获取成本，即多久可以把花在客户获取上的钱再从客户身上赚回来。"罗伯特的目标是无论采用何种渠道，都应在 12 个月或更短时间内达到这一指标。获客成本投资回收期是一个很典型的多因子指标，它由市场营销有效性、营收、现金流、流失率等多种因素共同决定。

## 总结

- 在开始关注各种复杂的财务指标之前，先把营收做好。但注意不要忽视成本，因为发展的关键是盈利能力。

- 当付费引擎状态良好，客户获取成本只占客户终身价值的一小部分时，即可加大投入、开始扩张。低占比是付费投入得到了较好回报的积极信号。
- 大多 SaaS 公司均依靠月经常性收入（客户月以继月地支付费用）获取收益，它是公司成功的重要基础。

### 数据分析启示

随着创业公司的发展，对公司起关键作用的指标也会自然而然地发生改变。最初的指标主要围绕"真的有人在乎这件事吗？"这种简单问题，并一步步发展到"公司具有可扩张性吗？"这种更复杂一点的问题。当你开始关注更加复杂的指标时，可能会发现公司模式存在着根本性缺陷并且无法持续发展。这时不要轻易地推倒重来：有时你需要的只是一个新的市场，而非新的产品，且该市场可能并没有你想象的那么遥远。

## 衡量参与度

用于衡量参与度的终极指标是日活跃量，即每天有多少客户在使用你的产品。如果你的产品不是什么日常用品，则需更久的时间才能确定一个可容忍的参与度底线，同时迭代学习周期也会更长。此外，在短时间内充分展示产品价值以避免用户流失的工作难度也较大。习惯是很难养成的，使用新产品意味着需要形成一种新的习惯，你希望这种习惯的形成越快且越集中越好。

印象笔记就是一个日常应用的例子（至少其开发者希望人们每天都能用到）。对于印象笔记而言，付费用户就是最有可能天天使用的人。印象笔记曾透露称，只有 1% 的用户会转化为付费客户，但对 CEO 菲尔·利宾而言，这就足够了。毕竟，该公司有 4000 多万用户。今年，印象笔记依然专注于增加参与度，这也是它收购圈点[①] 等公司以及增加照片上传功能的原因。

经过多年的实践，印象笔记意识到，用户需要数月甚至数年的时间才会成为付费客户。投资者似乎也认同印象笔记把重心放在参与度上的做法，并给予印象笔记极大的现金储备以保证其发展。换言之，转化率目前尚不是印象笔记的工作重点，但在参与度提高后，却无疑是需要重点关注的指标。

以下两个应用虽然使用频繁，但却称不上是日常应用，即用于报销的 Expensify[②] 和用于画线框图的 Balsamiq[③]。但我们不天天用并不意味着到处奔波的销售代表或 UI 设计师也不天天使用。

这也是商业模式和精益创业中的重要一课。将产品的早期版本推向市场，测试用户的反应，然后找出对产品反响最大（即参与度最高）的人群。如果有一小部分用户，即早期试用者对你的产品爱不释手，则需找出这些用户的共同点，并以其需求为工作重点，着力发展这一小部分用户，抢占滩头。从参与度高的子群体做起，可极大地加快迭代速度。

婚礼礼物登记应用、牙医预约应用、报税准备应用等肯定不可能天天使用，但仍有必要为此类应用设置一条参与度的基准线。理解客户的行为并以此为基础设置基准线，这一点十分关键。也许这类应用的参与度指标应是周活跃用户数或月活跃用户数。

如果你的产品非常具有颠覆性，则需考虑这项技术从小众采用到大众接受所需的时间。混合动力车、Linux 服务器、家用音响、微波炉最初也只有一小部分人使用，直到经过了很多年，商家花掉了数百万广告费用之后，才逐渐成为主流产品。

在创业之初，你通常会拥有一小批并不是那么理智的追随者，这是因为新产品在刚推出时，只会吸引那些喜欢新奇事物的用户，或急需你的解决方

---

① Skitch，印象笔记收购的一款图片处理应用。——译者注
② 基于云的企业级审计 SaaS。——译者注
③ 一家独立的软件工作室，由前 Adobe 高级工程师 Peldi Guilizzoni 于 2008 年创办。——译者注

案并可以容忍瑕疵的细分市场。这些早期试用者会提出很多建议，但是要小心，他们的需求可能并不能反映主流大众的需求。谷歌 Wave 吸引了大量的早期关注者，却并未博得大众的青睐，尽管它功能强大且灵活。

最理想的状况是早期用户即可代表主流群体，然后以他们为起点，开拓市场。乔弗瑞·默尔针对这一现象提出的著名理论叫作"跨越鸿沟"（Cross the Chasm）。但很多时候事情并没有这么理想，同时也没有足够多的数据来对此做出决定。

衡量参与度时，不要只关注访问频率等原始数据，试着找一下用户的使用规律。例如，你知道了用户每周登录三次，很好，但是他们在应用里面都做些什么呢？如果每次登录只是在应用里停留几分钟怎么办？这是好事还是坏事？有没有什么用户特别偏好的功能？有没有什么常用的功能？是否有从来不曾使用的功能？他们是主动使用应用的，还是看到邮件提醒后才去使用应用的？

这些规律需要靠以下两种方法分析得出。

- 要想找出产品的改进点，首先应将理想用户和非理想用户区分开来，并找出二者的不同。参与度高的用户是否都来自同一座城市？忠实用户是否都是从同一社交网络了解到你的产品的？成功邀请好友的用户是否都在 30 岁以下？如果你发现某类人群做了很多你希望他们做的事，即可将其设为目标人群。

- 要想判断某项产品的改动是否奏效，可先测试部分用户的反映，然后将测试结果与对照组进行比较。如果新添加了一个报表功能，可先以半数用户为测试对象，观察是否会有人因这一新增功能而多使用本产品几个月。如果害怕激怒另一半客户，你至少可以比较功能上线后注册的用户与之前已注册用户的行为有何不同。

以数据驱动的方式衡量参与度不仅可以告知产品或服务的**黏性**如何，还可以指出**哪些用户留了下来**以及**投入是否得到了回报**。

## 流失率

流失率指在一段时间内流失掉的用户比例。时间单位可以是周、月或季度等，但所有指标的时间单位应保持一致，这样才具有可比性。在免费增值模式或免费试用模式中，你同时服务着（不付费）用户和（付费）客户，因此二者的流失率也应该分开考量。流失率这一指标虽然看上去简单，但如果样本或时间选得不好，就有可能产生误导，尤其是对于增长率经常变化的公司而言。

免费用户流失和付费用户流失的定义不同。免费用户流失指用户注销账号或再也没回来使用过；而付费用户流失则指他们注销了账号并停止支付费用，或是降级到免费版。我们建议将 90 天（或更短时间）内没有登录过的用户视为非活跃用户。从第 90 天起，我们就可以认定已经流失了这些用户；在这个永远在线的世界上，90 天就像是一万年那么长。

但请记住，你仍有机会将流失的用户邀请回来。一是当你的功能得到显著升级时，Path[①] 就曾在应用改版后成功召回了一部分用户；二是当你拥有可以每日发给用户的内容时，Memolane[②] 在向用户发送往年回忆时也做到了这一点。

Shopify[③] 的数据科学家史蒂夫·诺布尔在其博客中对流失率做了详尽的介绍，定义流失率的简单公式如下：

$$\frac{一段时间内流失的用户数}{这段时间开始时的用户数}$$

---

① 一个私密社交网络，由 Facebook 前高级主管大卫·莫林创建。——译者注
② 一款帮助用户总结他们在各种社交网络平台发布的信息的应用。——译者注
③ 加拿大电子商务软件开发商，为电商卖家提供搭建网店的技术和模版等服务。——译者注

表 9-1 给出了一家 SaaS 公司在免费增值模式下的流失率计算情况。

表 9-1　计算流失率的例子

| | 1 月 | 2 月 | 3 月 | 4 月 | 5 月 | 6 月 |
|---|---|---|---|---|---|---|
| **用户** | | | | | | |
| 起始人数 | 50 000 | 53 000 | 56 300 | 59 930 | 63 923 | 68 315 |
| 新增人数 | 3000 | 3600 | 4320 | 5184 | 6221 | 7465 |
| 总人数 | 53 000 | 56 600 | 60 920 | 66 104 | 72 325 | 79 790 |
| **活跃用户** | | | | | | |
| 起始人数 | 14 151 | 15 000 | 15 900 | 16 980 | 18 276 | 19 831 |
| 新增人数 | 849 | 900 | 1080 | 1296 | 1555 | 1866 |
| 总人数 | 15 000 | 15 900 | 16 980 | 18 276 | 19 831 | 21 697 |
| **付费用户** | | | | | | |
| 起始人数 | 1000 | 1035 | 1035 | 1049 | 1079 | 1128 |
| 新增人数 | 60 | 72 | 86 | 104 | 124 | 149 |
| 流失人数 | (25) | (26) | (27) | (29) | (30) | (33) |
| 总人数 | 1035 | 1081 | 1140 | 1216 | 1310 | 1426 |

表 9-1 记录了用户、活跃用户和付费用户三个指标。活跃用户指在注册后的一个月里有登录记录的用户。新用户的月增长速度为 20%，其中 30% 的新用户在注册后的一个月内会使用这一服务，2% 的新用户会转化为付费客户。

2 月份的流失率计算方式如下所示。

$$\frac{2\text{月份流失的26位用户}}{2\text{月份开始时的1035位付费用户}} \times 100$$

如果每个月的客户流失率为 2.5%，就意味着每位客户的平均产品使用时长为 40 个月（100/2.5）。这就是用于计算客户终身价值的依据（40 个月 × 每位用户平均每月创造的营收）。

## 修正的流失率

诺布尔解释道，由于特定时间内流失的用户数受到了整段时间的影响，而这段时间开始时的用户数只是一个瞬间变量而已，因此以这样简单的方式来计算流失率可能会引起混淆，特别是对于发展速度非常快或经常变化的创业公司而言。换言之，流失率并没有对用户的行为和数量做归一化处理，面对相同的用户行为，一不小心就会得出不同的流失率。

为修正这一缺陷，需使用另一种更复杂且更精确的方法来计算流失率，对这一时间段内的用户数取平均值，而不是只看时间段开始时的数据：

$$\frac{一段时间内流失的用户数}{(时间段开始时的用户数+时间段结束时的用户数)/2}$$

该公式把时间段开始和结束时的用户数取了平均值，这要比前一个公式好一些，但当用户数量迅速增长时，仍然存在一些问题。假设月初用户数为 100，月末该数值增至 10 000，则该公式假设月中的用户数为 5050。但如果用户数正呈指数式增长的话，则这种算法并不正确。大部分用户都是在接近月末时注册的，而大部分流失也是在此时段发生的，因此平均数并不具有代表性。

更糟糕的是，如果以"30 天内未登录"为标准计算流失用户数，就相当于把上个月流失掉的用户数与这个月新增的用户数作比较，这比上一个问题还要严重，因为你观察的是一个后见性指标（上个月的损失）。因此当你发现任何不妥时，问题已经存在一个月了。

如果继续修正下去，计算会变得非常复杂。但有两种方法可以简化它。第一种是用同期群分析来衡量流失率，即以注册时间为基础比较新增用户和已流失用户的多少。第二种方法更为简单，即以天为单位计算流失率，这也是我们喜欢这种方法的原因。所选时间段越短，数据中的噪音也就越小。

## 图说 SaaS 公司

图 9-1 给出了一套 SaaS 公司的用户流程，并且给出了每个步骤的关键指标。

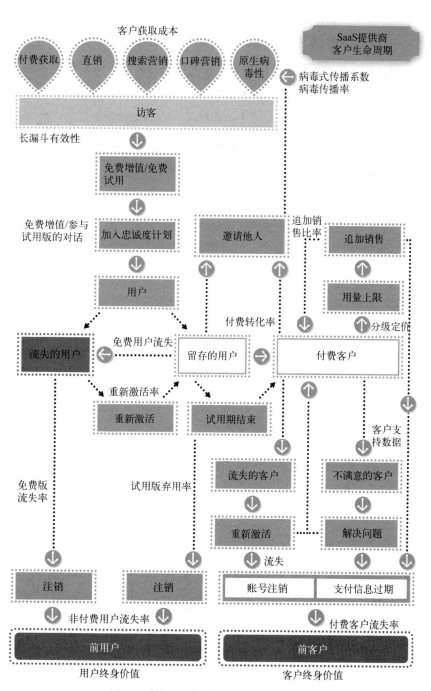

图 9-1 访客、用户、客户——SaaS 公司的生命

## 案例分析：ClearFit 放弃月费模式后获得了 10 倍增长

ClearFit 是一家提供招聘软件的 SaaS 公司，旨在帮助小型企业找到合适的应聘者并对其能力进行评估。公司刚成立时，创始人本·鲍尔温和杰米·施耐德曼以每月（每个职位）99 美元的价格打包出售此项服务。"我们常听说月费模式才是 SaaS 公司发展的关键，"本说道，"我们也尝试过这种方式，但却没有获得预期的效果。"

ClearFit 的定价和月费让客户感到有些困惑。本和杰米希望 ClearFit 的价格能够低于招聘网站的支付费用（通常为每个职位 300 美元以上），但客户已经习惯了招聘网站的价位，因此对定价为每月 99 美元的 ClearFit 能否提供优质的服务表示怀疑。本说："我们和招聘网站并不是竞争关系，而是合作关系，但在一开始我们有充足的理由利用低廉的价格来吸引用户关注。"同时，客户也无法理解为何要为一件偶尔为之的事情（指招聘）支付月费。"公司想要招人时，通常希望可以尽快找到理想的应聘者，并且愿意为此投入一笔钱。"本说道，"我们的客户大多是小企业，它们不会有专职的人事专员或招聘专员来负责长期招聘，其招聘需求也是时高时低。"

本和杰米决定放弃低月费策略，转而采用更易于客户理解的模式，即按职位收费。ClearFit 将服务重新定价为每个职位 350 美元（有效期 30 天），并立即获得了近 3 倍的销售量。销售量的增长加上定价的提高，使公司营收一下子增长了 10 倍。"定价的提高，"本说，"对我们的客户而言是一个重要的信号。这有助于他们理解我们的模式，并将我们的服务与其他解决方案进行比较。尽管我们所做的与招聘网站不同，但希望客户在购买我们的服务时能够感到舒心，我们也希望可以更好地适应他们的招聘预算模式。"

在 ClearFit 的案例中，商业模式上的创新并没有起到作用。本说："人们不会为理发、汉堡包和招聘信息支付月费。你必须了解自己的

客户，知道他们是谁，明确他们的购买方式和购买理由，以及他们是
如何评价你的产品或服务的。"

ClearFit 定价方式的转变可能有悖于以持续性订阅为基础的 SaaS
公司商业模式，但它使其每个月都能保持 30% 的营收增长，从而取得
了巨大的成功。

### 总结

- ClearFit 最初虽然努力推动月费式服务，但客户却误以为低廉
  的定价意味着服务质量不佳。
- 公司转换至按件付费模式，使销售量增至原来的 3 倍。
- 问题不在于商业模式，而在于价位以及价位向潜在客户所传递
  的信息。

### 数据分析启示

SaaS 是一种延续性服务，但这并不意味着就一定要采用月费或
年费的模式。如果服务的存续性十分短暂，如即时招聘信息等，也
许按件计费的方式会更好。定价是一个棘手的难题，你需要以定性
（获取客户反馈）和定量的方式来测试不同价位。不要以为低价位就
一定会带来好的结果，客户可能会因此低估产品或服务的质量。同
时应记住，价格也是产品或服务的一部分。

## 难题：免费增值、分级收费以及其他定价模式

对于 SaaS 公司而言，最大的挑战来自两个方面，即产品推广方式以及分
级定价。

据我们所知，一些 SaaS 公司采用免费增值模式来吸引用户使用，并在用
户的使用量超过一定限度后开始收费。而免费试用模式则指一定时间后，如

用户没有明确表明需要退订此项服务，即可向其收取一定的费用。此外还存在完全付费模式等。每种模式都各有优缺点。完全付费模式可有效控制成本，更具有预测性且能够即时明确所提供服务是否具有相应价值；免费增值模式则让你了解用户如何使用服务，并建立良好的信誉。这些用户群之间的差异可能会使分析变得非常复杂。

第二大困难来自如何分级定价。对使用量的需求因人而异，因此所付金额可能也会随着时间的推移而发生变化。这意味着你需要不停地尝试让用户升级到更昂贵的版本。由于需要把追加销售的营收增幅考虑在内，因此预测和解释公司的运营状况也会变得更为困难。

本章大部分内容都在讨论以月费方式进行收费的 SaaS 服务，但除此之外还存在着其他营收模式。尽管月费模式可使财务规划变得更容易预测，营收也更趋于稳定，但有时无法很好地体现价值主张，或符合客户对支付方式的预期。

## 要点

- 尽管免费增值模式可见度更高，但它实际上是一种销售策略，需谨慎使用。
- 在 SaaS 模式中，流失率等于一切。如果忠实用户的形成速度高过用户流失速度，你就可以生存下来。
- 需在用户转换成付费客户以前便衡量其参与度，并赶在客户流失以前对其活动进行分析，以采取先见性的措施。
- 很多人把 SaaS 模式和订阅模式等同起来，但完全可以采用许多其他方式来销售按需软件，有时还会比订阅模式奏效得多。

SaaS 公司和移动应用公司具有很多相同点。两种商业模式均非常关注客户的流失以及经常性营收，并努力提高用户参与度以使其付费。可阅读第 10 章了解更多相关内容，或直接跳至第 14 章，了解当前的创业阶段是如何影响我们应该关注的指标的。

# 第10章　商业模式3：免费移动应用

第三种日趋主流的商业模式是移动应用。如果单纯为了卖钱而出售移动应用，则销售漏斗十分简洁明了，只需推广一款应用以供用户付费下载即可。但如果收入来自其他渠道，例如游戏内购买、付费功能或广告等，则情况会变得相对复杂。阅读完第7章的商业模式手翻书后，如果你决定将移动应用作为自己的商业模式，那么本章的数据分析方法就是写给你的。

移动应用是随 iPhone 和 Android 等智能手机生态系统的普及而兴起的一种创业商业模式。苹果对其应用进行高度管制，对权限有着严格的限制，且可对任何申请发布的应用进行审核。Android 应用则既可从 Android 应用商店下载，也可从其他并未受到严格控制的来源下载。

对于精益创业公司而言，应用商店模式[①]面临着一项挑战。与可自如进行A/B 测试和持续部署的网页应用不同，移动应用必须要经过应用商店的把关。这限制了公司进行迭代的数量，并阻碍了试验的进行。移动应用目前已经可以在无须提出应用更新申请的条件下，实现在线内容的添加，从而在一定程度上避开了应用商店的把关，但这需要额外的工作才能实现。一些开发者主

---

① 特此声明：苹果拥有自己的应用商店（App Store），并可能对该名称拥有所有权。但除苹果应用商店外，还存在着 Android 或 Kindle 等很多应用商店，就连任天堂和 Salesforce's App Exchange 也不例外。因此书中的"应用商店"并不特指苹果应用商店。如需特指苹果应用商店，本书会采用 App Store。

张先从 Android 应用试起，因为 Android 应用更容易实现频繁的更新。这些开发者验证了 Android 应用的最小可行化产品后，将阵地转移至有更多限制的苹果应用。其他开发者则选择一些较小的二线市场（例如加拿大苹果的 App Store）来进行早期迭代。

移动应用的开发者通过以下几种方式在应用内赚钱。

- **可下载内容（例如新的地图或车型）**

  *Tower Madness* 是一款很受欢迎的 iPhone 塔防游戏，通过出售附加的塔防战地图来赚钱。

- **角色天赋、虚拟外观定制和游戏内容（宠物或虚拟角色的一套衣服）**

  暴雪公司在游戏中出售非战斗性装备，如宠物或奢华的坐骑等。

- **优势（更好的武器、装备升级等）**

  《你画我猜》出售一些使玩家更容易描述出绘画内容的颜色。

- **节省时间**

  付费即可获得原地复活功能，而无须花时间从墓地跑到阵亡点，这是一种被许多大型多人网页游戏所采取的盈利手段。

- **跳过冷却 / 等待时间**

  付费即可瞬间充满平时需要一天才能充满的能量条，被 *Please Stay Calm* 所采用。

- **追加销售至付费版本**

  有些应用会推出功能不完整的免费版本。例如，截至本书写作之时，印象笔记的免费版本并不提供文件的离线同步功能。

- **游戏中的广告**

  玩家可通过收看一些游戏中的广告推广内容来获取一定的点数。

假设有一款手机游戏，可通过游戏内的购买和广告来盈利。用户可通过应用商店的搜索功能或在推荐榜单中找到这款应用，并在参考相关评分、下载量、同一开发者的其他应用以及用户评价后，最终决定下载这款应用。随后他们启动应用，开始玩游戏。

　　玩家可花费游戏金币购买武器或医疗包，其获取速度远比单纯打游戏快得多。玩家还可以通过观看广告来获得金币。公司花费了相当长的时间，试图在休闲玩家（不愿付费的玩家）和职业玩家间取得平衡，从而既能保证前者的娱乐性，又能保持游戏内商品的吸引力（以使玩家愿意为此支付少量费用）。经济学与游戏设计的心理学在此交锋。

　　该假想公司关注的重要指标如下所示。

- **下载量**

  应用的已下载数量，以及应用商店排名和评分等相关指标。

- **客户获取成本**

  获取一位用户和付费客户的所需成本。

- **应用运行率**

  有多少下载用户真正开启了该项应用，并注册了账号。

- **活跃用户 / 玩家比例**

  每天 / 月保持活跃在线的用户比例，即日活跃用户数（Daily Active Users，DAU）和月活跃用户数（Monthly Active Users，MAU）。

- **付费用户率**

  有多少用户曾支付过费用。

- **首次付费时间**

  用户激活后需要多久才会开始付费

- **每用户月平均收入（monthly Average Revenue Per User）**

  该指标是指购买收入和广告收入的总和，通常还包括特定于某个应用程序的信息，例如哪一屏或哪个商品最能吸引用户购买。此外还需跟踪

ARPPU，即每**付费**用户平均收入（Average Revenue Per Paying User）。

- **点评率**

  在应用商店为应用评分或评论的用户比例。

- **病毒性**

  平均每位用户可以邀请多少新用户。

- **流失率**

  卸载应用或一定时间段内没有开启过应用的用户比例。

- **客户终身价值**

  用户在使用应用期间为公司贡献的收入。

其中一些指标已在 SaaS 商业模式的相关章节中做过介绍，但其中的一些指标在移动应用领域有着很大的不同。

## 安装量

移动数据分析咨询机构负责人兼应用开发者戴斯提蒙表示，应用商店的推荐会对应用的销售产生巨大的影响。一个排名前 100 的应用，在被商店推荐之后，平均可在 Android 市场中上升 42 位，iPad App Store 中上升 27 位，iPhone App Store 中上升 15 位。

对于移动开发者而言，应用商店几乎是应用成功普及的最重要因素。苹果 App Store 的首页推荐往往会带来流量的百倍提升。据数据分析公司 Flurry 预估，2012 年，iPhone App Store 中排名前 25 位的应用的营收约占其全部应用营收的 15%，前 100 榜单中另外 75 款应用则合计占 17% 左右。Localmind（Year One Labs 孵化的一款基于位置的社交移动应用）的创建者莱尼·理查斯德斯凯曾说："能够得到应用商店的推荐，是我们公司发生的一件头等大事。甚至在推荐列表中的位置都十分关键，因为这决定了你能否出现在应用商店的第一屏上。"

Execution Labs（一家游戏开发孵化器）的联合创始人亚历山大·佩尔蒂 - 诺曼德称，Google Play 的推荐对营收的帮助甚至比苹果 App Store 的推荐更大。"Google Play 的推荐可以提高应用排名，而且与 App Store 相比，Google Play 中的排名要更为稳定一些，这意味着你可以长期保持排名靠前，并从中获取更多的营收。"

虽然应用推荐这种不公平的优势正在逐渐发生改变，排名并不靠前的应用营收也得到了整体增长，但现实是简单残酷的：想赚钱就必须保证在应用商店内的高排名，应用商店的推荐对营收的增长也是大有助益。

## 每用户平均收入

移动应用开发者在不停地找寻将应用巧妙变现的方法，并重点关注每用户平均收入（月 / 终身）。许多游戏开发者都是自行为应用开发统计工具的，因为目前还不存在从应用中收集使用数据的通用、开放且简易的方法。

如果你在开发一款游戏，则不应只在乎营收。你需要在引人入胜的游戏内容、让人上瘾的可玩性和游戏内购买赚钱间找寻一个平衡点。但避免玩家讨厌的"抢钱"行为并不容易：既要保证用户能够邀请好友加入游戏，又要每个月从他们身上谋取利润（至少是几美元的真金白银）。因此，除每用户平均收入外，还应关注与可玩性（保证游戏难度适中，玩家不会卡在某一关）和用户参与度有关的一些指标。

每用户平均收入，指应用总营收除以活跃用户或玩家人数。如果为了好看把活跃用户数做得虚高，则每用户平均收入定会让你非常难看。因此，该指标可迫使你给出真实的用户参与度。每用户平均收入通常是以月为单位进行计算的。

也可以测算手机游戏的客户终身价值，只需计算每位流失玩家的平均消费金额即可。但由于一个玩家（运气好的情况下）可能需要数月或数年的时间才会流失掉，因此采用 SaaS 公司中有关客户终身价值的估算方法更为简单些。

现在回到之前的假想例子，该款免费下载的手机游戏可通过游戏内的购买和广告来盈利。本月该游戏的下载量已达 12 300 余次，其中 96% 的下载用户开启了游戏并连接到服务器，这当中又有 30% 的用户连续三天登录游戏，从而成为"活跃玩家"。

每位活跃玩家平均每月可通过游戏内的购买和广告贡献 3.20 美元的营收。这就意味着本月的 12 300 余次下载量能够产生约 11 341 美元的营收（由于应用商店有自己的支付机制，公司可能要等上一段时间才能收到这笔钱）。

每月流失用户占总用户数的 15%，这意味着平均每位玩家的游戏寿命是 6.67 个月（1/0.15），同时也说明公司的月营收在 75 500 美元左右。玩家的终身价值等于每用户平均收入乘以平均游戏寿命，本例中所得值为 21.34 美元。如果公司知道获取一位活跃玩家所需的成本，还可以计算出每位用户的最低营收、游戏内广告的投资回报比，以及多久可以回收一位活跃用户的获取成本。图 10-1 给出了以上提及的所有计算方法。

假想公司的商业模式与以上指标联系紧密。公司需要提高下载量与用户参与度，最大化每用户平均收入，尽可能地降低流失率，加强病毒式营销，从而减少客户获取成本。然而这些目标间不可避免地存在着一定的矛盾性，例如提高游戏的可玩性以降低流失率和更为鼓励玩家消费以提高每用户平均收入之间的矛盾，这就是游戏设计的艺术和精妙所在。

## 付费用户比例

有些玩家从来不为游戏花一分钱，还有一些玩家（常被称作"鲸鱼玩家"）为在自己钟爱的游戏中占据上风甘愿花上千美元。了解这两种玩家间的差异，并找到让更多玩家愿意在游戏中付费的方法，是免费移动应用成功的关键。

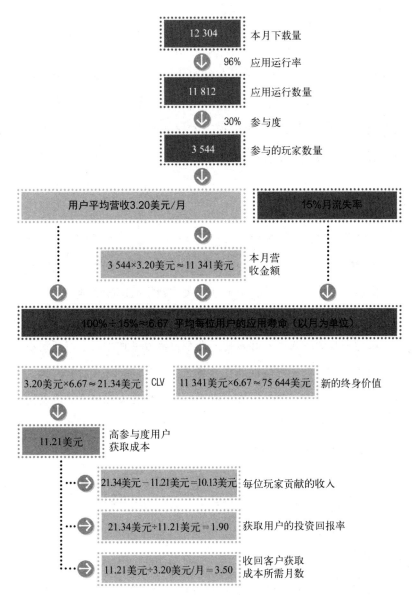

图 10-1　如何计算移动应用的所有必要指标

此处最基本的指标是付费用户比例。此外，用户分组（segmentation）和同期群分析也很常用。例如，假设知道某种广告吸引进来的用户更有可能在游戏内购买物品，则应多打些类似的广告。在游戏中向用户推介虚拟物品也需要一定的技巧，"鲸鱼玩家"更喜欢买些量大价高的物品，而从未购买过物品的用户则更容易从一些低价实惠的促销产品开始付费。

跟踪每用户平均收入有助于了解付费用户的支付金额。说服已付费用户投入更多的资金对每用户平均收入的影响可能并不大，因为大多数用户不会再为游戏支付费用，但这绝对可以在很大程度上改变营收总额。可将付费用户和免费用户区别对待，单独跟踪付费用户的行为、流失率以及营收。

## 流失率

第 9 章已深入讨论过流失率。对于移动应用而言，流失率也是一个关键性指标。Execution Labs（一家游戏开发孵化器）的联合创始人兼 OpenFeint 的前销售副总裁基思·卡茨建议，创业者应关注特定时间段的流失率。

> 跟踪一日、一周、一月内的流失率，因为用户会以不同原因在不同时间段流失。第一天后便流失的用户可能是嫌弃游戏的教程太过糟糕，或是游戏本身对他们没有吸引力；一周后流失的用户可能是觉得你的游戏"不够耐玩"；而一个月后流失的用户则可能是由于游戏的更新规划处理得不够好。

了解用户何时流失有助于掌握用户流失的原因以及阻止流失的方法。

## 图说移动应用商业模式

图 10-2 描述了一款移动应用的用户流程，以及各步骤的关键指标。

德国游戏开发商 Wooga 是游戏指标方面的专家，该公司目前正为大获成功的纯数据驱动社交游戏构建模式。Wooga 的月活跃用户达到了 3200 万余人，分布于 231 个国家，并拥有 700 万以上的日活跃用户。在 2012 年《连线》杂志的报道中，Wooga 创始人延斯·贝格曼同大家分享了公司的一些具体做法。

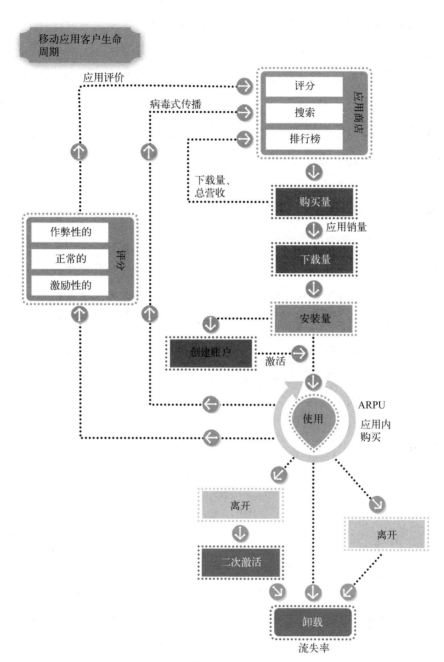

图 10-2　移动应用中的每一步均会反馈回应用商店

Wooga 持续不断地进行迭代，并每周更新一个版本。它通常选择一个关键指标（例如留存率）作为更新的重点，并提出多种方案来提升这一指标。更新发布后，Wooga 会严格衡量关键指标的变化并继续迭代。总而言之，延斯每天要审阅 128 个数据点。当发现数据有任何不容易理解的地方时，他便会将其转发给产品团队。此后产品团队会找出数据中的问题，分析出背后的原因，并做出改进方案。

## 难题：应用内购买与广告

变现手段是使移动应用模式稍显复杂的一大因素。公司利用移动应用盈利的方式有很多。有些广告在应用内植入视频，而有些则会向用户推荐下载其他应用。后者可导致用户离开当前应用，从而造成流失率上升，参与度下降，并妨碍用户体验。

游戏开发者在将变现手段融入游戏中时要慎之又慎，尤其是在变现手段与游戏本身主题并不搭调时更应谨慎，并且一定要分析这些变现手段对用户后续行为的影响。

## 要点

- 移动应用的盈利模式有很多种。
- 大部分收入来自一小部分用户，应将该部分用户单独划归一组进行分析处理。虽然关键指标是每用户平均收入，但最好同时跟踪每付费用户平均收入，因为"鲸鱼玩家"和其他玩家的行为及想法往往相差甚远。

移动公司与 SaaS 公司十分相似，二者均希望提高用户参与度，不断从用户身上谋利并降低流失率。阅读完本章后，可向前翻至第 9 章以了解更多有关 SaaS 公司指标的内容，或直接跳至第 14 章以了解创业阶段对关键指标的影响。

# 第 11 章　商业模式 4：媒体网站

广告是因特网的财源。广告的线上植入十分简单，对于许多公司而言，这是一种保底的变现方式。公司可利用广告收入压低游戏定价，或是支付免费增值产品的运营成本。很多网站都依靠广告生存，但很少有网站能够因此而大获成功。那些通过广告盈利颇丰的网站通常更为关注网站的具体内容，并努力提高特定访客的重复访问率，这些访客往往会花费相当长的时间浏览网页内容。

如果你的商业模式与媒体网站最为相近，则应把主要精力放在广告商意图的传递上，并通过浏览、点击或销量来获取营收。谷歌搜索引擎、CNET 首页以及 CNN 网站都是典型的媒体网站。

广告收入可以有很多种形式。有些网站通过出售广告位或达成赞助协议来赚钱。有时广告收入与点击量或后续销售的提成有关，有时则以每次访客来访时显示的广告赚钱。

媒体网站最为关注的是点击率和展示率，因为这两点直接和营收挂钩。但同时也应最大化访客在线时长和页面浏览数量，以及独立访客（相对于重复访客）数，因为这些指标代表了库存（访客看到广告的机会）以及广告商可能感兴趣的用户群体。

假设现在有一家体育新闻类网站，并涉及上述四种营收模式（赞助、广告位、点击量、提成）。该网站每月有 20 000 名独立访客，平均访问频率为 12 次 / 月，每次平均访问 17 分钟（见表 11-1）。

表 11-1　计算每月网页库存

| 流　　量 | 例　　子 | 备　　注 |
|---|---|---|
| 每月独立访客数 | 20 000 | |
| 每月访问次数 | 12 | |
| 每次浏览页数 | 11 | |
| 每次访问时长（分钟） | 17 | |
| 每月访客在线总时长（分钟） | 4 080 000 | |
| 每月页面浏览量（网站库存） | 2 640 000 | |

该网站和本地一家体育俱乐部有合作关系。协议规定，体育俱乐部每月支付网站 4000 美元的广告费，网站则需在各页面上放置该体育俱乐部的广告条（见表 11-2）。

表 11-2　计算每月赞助营收

| 赞助营收 | 例　　子 | 备　　注 |
|---|---|---|
| 赞助费用（每月） | 4000 美元 | 根据赞助协议 |
| 广告条数 | 1 | 根据网站布局 |
| 总赞助营收 | 4000 美元 | |

该网站还以每千次浏览量 2 美元的价格出售了另一广告条（见表 11-3）。

表 11-3　计算展示广告营收

| 展示广告营收 | 例　　子 | 备　　注 |
|---|---|---|
| 展示广告价格（每千次浏览量） | 2 美元 | 根据协商结果 |
| 每页广告条数 | 1 | 根据网页布局 |
| 展示广告总营收 | 5280 美元 | 页面浏览量 × 展示广告价格 /1000 |

以上两种营收模式要相对简单些。但公司总营收还包括点击付费广告的收入。网页的部分空间将预留给第三方广告网络，以供植入与访客和网站内容相关的广告（见表 11-4）。

表 11-4　计算点入广告营收

| 广告点入营收 | 例　　子 | 备　　注 |
| --- | --- | --- |
| 每页点入广告条数 | 2 | 根据网页布局 |
| 点入广告总展示次数（每月） | 5 280 000 | 页面浏览量 × 每页广告条数 |
| 广告点击率 | 0.80% | 取决于广告的有效性 |
| 总点击数（每月） | 42 240 | 广告展示次数 × 点击率 |
| 每次点击平均收入 | 0.37 美元 | 取决于广告的拍卖价格 |
| 点入广告总收入 | 15 628.80 美元 | 广告点击次数 × 每次点击收入 |

　　点入广告营收取决于两大因素，即点击单条广告的访客比例和单次点击收入，而后者又往往取决于特定关键字的价值。因此，网站可能会编写不同种类的内容，以吸引推送利润更为丰厚的广告话题。

　　最后，该网站还与一家网上书店合作，出售体育类书籍。网站在各网页上展示一本"本周推荐图书"，且在访客通过链接购买图书时收取一定提成，但单纯的点击链接并不会取得任何收益（见表 11-5）[①]。

表 11-5　计算提成广告营收

| 提成营收 | 例　　子 | 备　　注 |
| --- | --- | --- |
| 每页提成广告条数 | 1 | 根据网页布局 |
| 提成广告总展示次数（每月） | 2 640 000 | 每页广告条数 × 页面浏览量 |
| 提成广告点击率 | 1.20% | 取决于广告的有效性 |
| 提成广告总点击次数（每月） | 31 680 | 广告展示次数 × 点击率 |
| 后续转化率 | 4.30% | 取决于合作方的在线销售能力 |
| 总转化数 | 1362.24 | 广告点击次数 × 后续转化率 |
| 合作方平均每笔销售金额 | 43.50 美元 | 取决于合作方的购物车大小 |
| 合作方销售总额 | 59 257.44 美元 | 取决于合作方营收 |
| 提成比例 | 10% | 提成方可提多少成 |
| 提成广告总收入 | 5925.74 美元 | 合作方销售额 × 提成比例 |

　　提成模式相对复杂（网站运营商通常不了解访客通过链接在合作方网站买了些什么，而只是每月从合作方处得到一张支票而已）。该模式牵扯到数个漏斗，即吸引访客的漏斗、诱导访客点击链接的漏斗以及促使其在第三方网站

---

① 根据合作商家的不同，网站的提成收入还有可能来自买家的整次购买，而不只来自链接内的商品。例如，买家通过网站上的图书链接，不仅在亚马逊上购得了一本书，还买下了一台电脑，此时网站的提成收入就应包括电脑销售额的一部分。因此，亚马逊在竞争提成广告合作时，具有强劲优势。

消费的漏斗。

　　该体育网站同时采用了四种不同的媒体网站变现模式。为此，网站不得不腾出相当大的版面，以放置一条赞助商广告、一条展示广告、两条点入广告，以及一条书店的提成广告。当然，这么多的广告势必会影响网站的质量，同时也造成没有足够大的空间来放置可吸引访客回访的有用内容。在有限的屏幕空间内有效地分配广告和有用内容，一直以来都是让网站运营商头疼的问题。

　　赞助商广告和展示广告大都通过直接协商的方式来定价，并且与网站的声誉密切相关。这是因为广告商希望可以借助网站的影响力为自己的品牌做宣传，而宣传效果往往取决于网站的声誉。广告网络则以广告商的竞价为基础为提成广告和点入广告定价。

　　媒体网站包含了大量的数学运算。有时连媒体网站从业者都觉得是 Excel 表格在主导他们的网站设计，而不是网站编辑。本书曾警告过的许多虚荣指标实际上与媒体网站有关，因为这些网站盈利的根基就是流量。

　　因此，媒体网站关注下面这些指标。


- **访客与流失率**

  访客人数及忠诚度。

- **广告库存**

  可供变现的广告展示次数。

- **广告价格**

  有时以**印象成本**计算，即以网页内容和来访人群为基础，计算网站通过广告展示次数而获得的收入。

- **点击率**

  真正点击广告的访客比例。

- **内容与广告间的平衡**

  实现广告库存与媒体内容的平衡，以最大化网站的总体性能。

# 访客与流失率

访客人数是媒体网站最明显的一个关键指标。假设广告点击率与业界标准一致，则访客越多，网站盈利越多。

跟踪访客人数（通常以月独立访客数计）的增长十分必要，但一味追求独立访客数则过犹不及。如前所述，参与度比访问量更为重要。因此，了解访客人数的增减便显得十分关键。

通过比较媒体网站的独立访客数变化和当月的新增访客数，可计算出访客的流失量（如表 11-6 所示）。

表 11-6　计算访客流失量

|  | 1 月 | 2 月 | 3 月 | 4 月 | 5 月 | 6 月 | 7 月 |
|---|---|---|---|---|---|---|---|
| 独立访客数 | 3000 | 4000 | 5000 | 7000 | 6000 | 7000 | 8000 |
| 环比增幅 | N/A | 1000 | 1000 | 2000 | （1000） | 1000 | 1000 |
| 新增（首次来访）访客数 | 3000 | 1200 | 1400 | 3000 | 1000 | 1200 | 1100 |
| 流失量 | N/A | 200 | 400 | 1000 | 2000 | 200 | 100 |

本例中的网站 1 月份上线，并于当月获得 3000 名独立访客。此后每月都会新增一定数量的独立访客，但同时也流失一部分访客。可用新增独立访客数减去当月环比增幅，从而得出该月的访客流失量。新增访客就相当于在"弥补"上月流失掉的访客。

注意，有时有效的推广活动可掩盖切实存在的流失问题。本例中，尽管 4 月份的独立访客数与上月相比增加了 2000 人，但同时也流失了 1000 名访客。

如可测试不同布局（如广告较少的网站布局）的访客分段，即可确定网站应为页面商业内容支付的"流失税额"，继而在该费用与广告营收间做出权衡。

# 广告库存

跟踪独立访客是一个好的开始，但仍需测量广告库存。由于每次页面浏览都意味着一次展示广告的机会，因此广告库存指特定时间段内的唯一身份综合浏览量（Unique Page Views，UPV）。可通过访客数和每次访问浏览页数来估算库存量，但大多分析工具都会直接提供这一数据（见表 11-7）。

表 11-7 计算网页库存

|  | 1 月 | 2 月 | 3 月 | 4 月 | 5 月 | 6 月 | 7 月 |
|---|---|---|---|---|---|---|---|
| 独立访客数 | 3000 | 4000 | 5000 | 7000 | 6000 | 7000 | 8000 |
| 每次访问浏览页数 | 11 | 14 | 16 | 10 | 8 | 11 | 13 |
| 网页库存 | 33 000 | 56 000 | 80 000 | 70 000 | 48 000 | 77 000 | 104 000 |

实际库存取决于页面布局和每页的广告条数。

---

### 模式：性能和会话点击率

我们还应考虑会话点击率。各网站早在访客来访以前，便已流失了部分访客。每点击搜索结果中的网站链接 100 次，就会有约 95 人成功访问该网站。也就是说，另外 5 个人要么点了后退按钮，要么认为网站加载时间过长，要么中途改变了主意。

（网站）会话次数与（搜索链接或引用链接的）点击次数之比是判断网页性能和稳定性的良好指标。在 Shopzilla 公司为提高网站加载速度和稳定性而重建网站时，公司成员乔迪·马尔基和菲利普·迪克逊就性能改善对该比值的影响做出了详尽的分析[①]。最终，网站的重建使访客数量增加了 3%~4%。但不久后，网站又因不断的变化而再次变慢，上述比值也再次降低。保证网站速度是一场持久战。

---

## 广告价格

广告网络为购买网站上的一条广告而愿意支付的价格，取决于网站的内容、特定搜索词或关键词的市场价格。对于纯粹的媒体网站而言，广告价格

---

[①] 菲利普·迪克逊于 2009 年在圣克拉拉 Velocity 大会上，展示了 Shopzilla 公司网站的重建效果及其初始基线。

由网站主题和发布内容决定。而对于社交网络而言，广告价格则取决于网站的用户群体。随着 Facebook 等社交平台逐步引入基于社会群体的第三方广告，访客群体特征将会变得日益重要，即决定广告价格的不再是网站内容，而是访客群体。

## 内容与广告间的平衡

每个媒体网站都面临着一个重大决定，即如何在少打广告的前提下赚到足够多的钱。在做出最终决定前需考虑以下两点因素。

- 广告空间。广告过多会降低网页的可读性以及访客忠诚度。
- 内容。如果网站内容只是为了突出广告关键词以盈利更多，则会使文章感觉不自然，读起来像软文。

布局设计和遣词造句均属美学范畴，但这些与美学相关的决定对数据分析很有帮助。如对内容严格把关，则需测试不同的布局以平衡营收与流失，同时测试不同的文字以平衡内容与广告价值。

有很多商业工具可做到这一点。例如，Parse.ly 就可以分析出哪些内容最能获得人们的关注。你还可以根据某特定网页的作者、主题或布局来比较营收或访客离开比例等关键指标。

## 图说媒体商业模式

图 11-1 展示了一个媒体网站的用户流程，以及各步骤的关键指标。

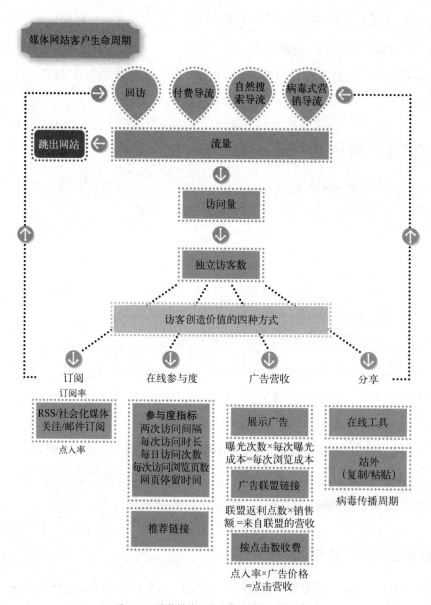

图 11-1　计算媒体网站的客户价值并不简单

# 难题：隐形提成、背景噪声、广告屏蔽软件和付费门槛

在线媒体商务关系的多样性使得 KPI 的正确选择变得十分复杂。以下四例充分体现了这一复杂性，大家应多加注意。

- **隐形提成模式**

  在线图片社交网站 Pinterest 曾一度使用一种叫作 Skimlinks 的工具，重写网友上传的商品图片 URL 以牟取提成收入。但随着网站的发展，其提成收入迅速超过了其他大型网络，该营收模式也随之被叫停。

  Pinterest 成功利用该策略迅速盈利，不仅关注有多少人贡献了内容，即用户生成内容（UGC）指标，而且关注用户点击图片并购买商品的概率。把用户产生的链接重写为提成链接是一种在不打广告的前提下盈利的不错方法，该方法实际上把用户生成内容全部转变成了广告。但这样做会使商业模式变得十分复杂，从而弄巧成拙、适得其反。

- **背景噪声**

  测试中，空白且不包含任何信息的广告实现了大约 0.08% 的点入率，这足以与一些付费广告相媲美。[①] 测试者对点入空白广告的访客进行了问卷调查，并询问其点击原因。受访者中有一半的人完全是出于好奇，另一半则纯粹是手误。如果付费广告的收益没有比背景噪声这种空白广告高出多少，就需要从自身找找原因了。

- **广告屏蔽软件**

  懂技术的用户有时会在浏览器中安装广告屏蔽软件以屏蔽来自已知广告商的广告。这种用户行为降低了你的库存，并且会干扰你的数据分析。reddit 甚至会在广告中附带一些有趣的内容、小游戏或其他信息，以感谢访客没有屏蔽它的广告。

---

① 广告调查基金会以 50 万次广告印象为基础，于 2012 年 6 月发表了该项数据。不同网站类型的点入率存在着细微差别。

- **付费门槛**

一些媒体网站为表达对在线广告营收的不满建立了付费门槛，以便让用户为内容付费。付费模式包括自愿捐赠（通常在访客打开网页时以弹出窗口的方式游说用户付费）、完全付费网站（支付月费后才能观看网站内容）等。

一些媒体网站采取了一条折中路线，用户每月可免费浏览一定数量的文章，但如想浏览更多内容，则必须支付一定的费用（见图 11-2）。此类网站试图在"引用"内容（被分享到 Twitter 上且可能带来广告营收的文章等）和"订阅"内容（所在网站是用户主要的每日新闻来源）间取得平衡。

图 11-2  付费门槛的强势崛起

付费门槛之所以使数据分析变得更为复杂，是因为需要在广告和订阅收入间做出权衡，并对一个新的电商漏斗进行观察，以试图将临时访客转化为持续支付费用的订阅者。

# 要点

- 对于媒体网站而言，广告收入意味着一切。但广告具有多种形式，其中包括赞助商广告、广告位、按点击量收费广告以及提成广告，从而使得营收统计变得十分复杂。
- 媒体网站需要库存（访客的浏览）以及广告商的合意性，后者来源于潜在广告商期待用户来访的内容。

- 很难在优质的网站内容和足量的付费广告间取得平衡。

传统上，媒体网站会以博客、视频和报道文章的形式来生成自己的内容，但如今越来越多的在线内容均出自用户之手。如想了解更多有关用户生成内容的商业模式及其指标的详细内容，请继续阅读第 12 章。也可直接前往第 14 章，了解创业的不同阶段以及各阶段对媒体商业模式的影响。

# 第 12 章　商业模式 5：用户生成内容

　　你可能觉得 Facebook、reddit 和 Twitter 等均属于媒体网站，其实这么认为也有些道理，毕竟这些网站都是利用广告来盈利的。但此类网站的首要目的是将用户聚集在一起，组成在线社区并生成用户内容。一些拥有类似目的的网站，如维基百科（Wikipedia）等，则依靠捐款等其他方式来盈利。

　　我们称这类公司为**用户生成内容**（UGC）网站。我们有必要将这些网站视作一种单独的商业模式，这是因为其核心关注点在于培养一个能够生成内容的活跃用户社区；失去了用户活动，此类网站也就失去了生命力。如果你的创业公司属于 UGC 模式，则本章会对你需要跟踪的指标做出一些解释。

　　此类商业模式需重点关注优质内容的生成，此类内容不仅局限于帖子的发布与上传，还包括投票、评论、不良内容举报以及其他有价值的活动。UGC 关注的是优质内容与糟糕内容之间以及内容生成者和潜水者之间的比例。这是一个**参与度漏斗**（engagement funnel）[1]，与传统电商模式的转化漏斗十分相似。二者之间的唯一差别在于，转化漏斗的最终目的是购买行为的发生，而参与度漏斗则旨在不断提高用户参与度，让潜水者参与投票，投票者参与评论等。

---

① Altimeter 集团的沙琳·李称之为"参与度金字塔"（engagement pyramid）。

　　维基百科就是 UGC 网站的一个典型例子。优质、可靠、引用完整的内容是网站的有利条件，而网络论战或各执己见的编辑者对词条的反复编辑则会有损网站的质量。正如电商网站利用多级漏斗来分析买家在购买流程中的行为一样，UGC 网站会以特定方式来测量用户参与度。UGC 网站的收入往往来自广告或捐助，但这只不过是能够提高用户参与度的核心业务所带来的附属品。

　　假设某社交网络主要关注链接的分享，例如 reddit 等。任何人都可以阅读网站内容，并利用分享按钮在网站上共享文章。注册用户可顶 / 踩网站上的文章、评论他人文章、发布自己的文章、创建属于自己的话题讨论组，并且可以给其他用户发私信。

　　从毫无参与度可言到只碰巧来过一次的访客，再到深度用户，用户参与度的高低形成了一个天然漏斗。网站的核心功能之一便是获取一次性访客，将其转换成注册用户，并最终使其为网站内容做出贡献。图 12-1 为参与度漏斗的一个实例，并列出了 reddit、Facebook 和 YouTube 所划分的层级。但请注意，并非所有 UGC 网站都包含以下全部层级。

　　这种参与度逐渐增高的模式不仅适用于网站，而且是一种线上反复出现的原型。Twitter 与 reddit 的参与度类似，用户可在上面聊天、分享链接并对其进行评论。区别在于，Twitter 里没法"顶"和"踩"，而只能转发（retweet）和屏蔽。Flickr[①]、Facebook、LinkedIn[②] 和 YouTube 的参与度层级划分大致相同。

　　除以上媒体模式中列出的几项指标外（见图 12-1），UGC 公司还应关注以下关键指标。

---

① 雅虎旗下的图片分享社区。——译者注
② 职业社交网络。——译者注

|  | 示例 | | |
|---|---|---|---|
|  | reddit | Facebook | YouTube |
| 过客式（一次性）访客 | 访客 | 访客 | 浏览者 |
| 回头访客 | 潜水者 | 潜水者 | 浏览者 |
| 注册用户 | reddit用户 | 用户 | 谷歌账户持有者 |
| 投票者/标记者 | 投票给好评/差评 | 喜欢、标记 | 赞/踩 |
| 评论者 | 发表回复 | 发表评论 | 发表评论 |
| 内容创建者 | 原创者 | 发布者 | 上传者 |
| 论坛版主 | 子版版主 | 组管理员 | |
| 组创建者 | 子板创建者 | 事件、地点或组创建者 | 频道所有者 |

图 12-1　全球各社交网站都希望得到用户的芳心

- **活跃访客数**

  访客回访频率以及每次来访的停留时间。

- **内容生成**

  以某种方式与内容进行互动的访客比例，包括生成内容以及顶／踩行为等。

- **参与度漏斗的变化**

  网站是否有效地增加了用户参与度。

- **生成内容的价值**

  内容的商业价值，如捐款或广告收入等。

- **内容分享和病毒性**

  内容是如何被分享的，分享又是如何促进网站发展的。

- **消息提醒的有效性**

  对推送通知、邮件通知或其他提醒给予回应的用户比例。

## 访客参与度

当访客变成常客时，UGC 网站也就取得了成功。就像 SaaS 公司关注流失率一样，UGC 网站十分关注最后访问时间，即用户上一次访问网站的时间。衡量这一指标的简易方法是计算一个比值，即今日访客中曾在本周早些时候访问过该网站的人数比例。无论用户是否创建过账号，均可通过该比值判断其是否已经转变成了常客。

另一体现参与度的指标是距上次访问的平均时间，不过在计算前需排除超出某临界值（例如 30 天）的用户数据，否则已流失的用户会扰乱正确的数值。对于与内容有过互动的注册用户而言，还可通过上次发帖时间、每日投票次数等指标来衡量其参与度。

## 内容生成与互动

不同 UGC 网站的用户参与度可谓相去甚远。Facebook 用户在登录后才能使用除浏览个人主页以外的其他功能，这是因为 Facebook 是一个"围墙花园"。相比之下 reddit 要开放些，但仍有大量用户选择登录账号，因为只有这样才可以顶帖。[①]另外，由于维基百科或 YouTube 等网站用户大多只是以浏览网页内容为目的，因此必须依靠点击流或网页停留时间等被动信号来评估网站内容。

网站用户功能的不同意味着用户与内容的互动频率也存在着很大的差别。几年前，咨询公司 Rubicon Consulting 发表了一项关于在线社区参与度的研究

---

① 可能还因为登录过程中不需要电子邮件确认，这意味着用户可以匿名登录。

报告。报告就调查对象线上特定行为的发生频率进行了调研。如图 12-2 所示，不同线上行为的参与度水平有着明显差异。

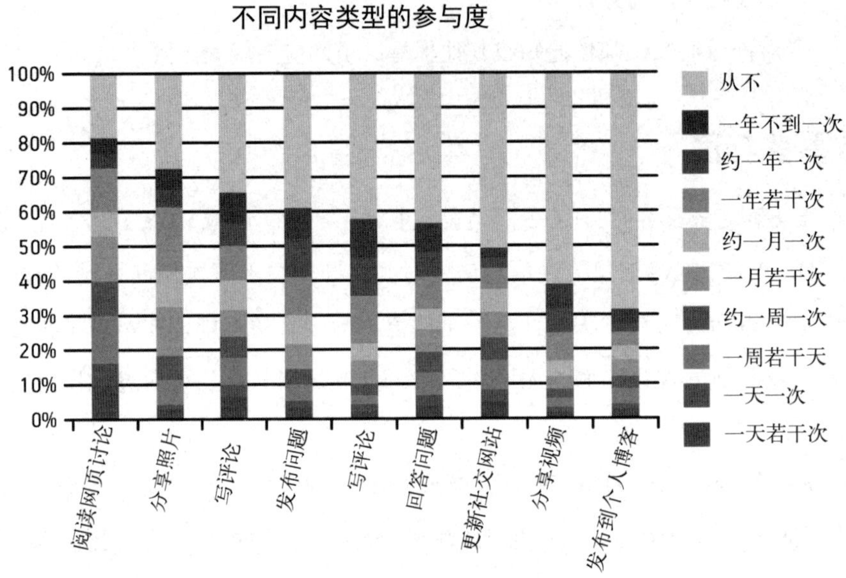

不同内容类型的参与度

来源：Rubicon Consulting

图 12-2  对于线上社区来说，时间太少，要做的事太多

在发展的初期阶段，UGC 网站还需解决鸡生蛋、蛋生鸡的问题。此类网站需要能吸引用户的内容，然后再靠用户生成更多的内容。有时，网站最初的内容可从其他地方获取。例如，维基媒体[①]（Wikimedia）原本打算由专家撰写网站内容，最终却转变成了由社区编辑的在线百科。维基媒体通过事先准备好一部分内容克服了鸡生蛋、蛋生鸡的问题。

起初，内容生成速度与用户注册速度非常重要。随后，优质内容能否置顶、用户是否会对该内容进行评论便成了关注的焦点，因为这意味着用户基群关注网上的讨论内容，并在逐步构建一个社区。

---

[①] 运营维基百科的母公司。——译者注

## 参与度漏斗的变化

　　reddit 上的用户参与度可分为不同层级，即潜水、点赞、评论、订阅子论坛、发表链接和创建子论坛。每一个层级都代表着不同程度的用户参与度与内容生成度，同时各层级用户带给公司的商业价值也有所不同。尽管具体步骤可能存在些许差别，但各 UGC 网站的漏斗均十分相似。

　　漏斗中的各步骤间并非互相排斥，例如有些人可能只评论，不点赞。但这些步骤应按照对公司商业模式的价值从低到高排列。换句话说，如果发帖用户比分享帖子的用户对你的价值"更大"，则发帖用户应位于漏斗中更靠后的层级当中。关键在于让尽可能多的用户向更靠后的层级转移（可生成更多内容，并更好地选择出热门内容）。

　　随着时间的推移，不时比较各层级的用户参与度是衡量此进程的一种方法。这与 SaaS 公司的追加销售模式十分类似，即对于一组用户，他们需要多长时间才能进入参与度漏斗中更有价值的阶段。为此，可按时间段（以月为单位等）或按同期群展示漏斗内容（见表 12-1）。

表 12-1　按月分组的访客漏斗

| 访客总数 | 1 月 | 2 月 | 3 月 | 4 月 |
| --- | --- | --- | --- | --- |
| 独立访客 | 13 201 | 21 621 | 26 557 | 38 922 |
| 回头访客 | 7453 | 14 232 | 16 743 | 20 035 |
| 活跃用户账户 | 5639 | 8473 | 9822 | 11 682 |
| 活跃投票者 | 4921 | 5521 | 6001 | 7462 |
| 新的订阅者 / 会员 | 4390 | 5017 | 5601 | 6453 |
| 活跃评论者 | 3177 | 4211 | 4982 | 5801 |
| 活跃的发布者 | 904 | 1302 | 1750 | 2107 |
| 活跃的组创建者 | 32 | 31 | 49 | 54 |

　　在参与度漏斗中，假设各层级用户均做过"此前"层级中的所有行为，例如评论者都点过赞、发帖者都评论过等，则可用以下叠式图来表示参与度漏斗随着时间的推移而发生的变化（见图 12-3）。

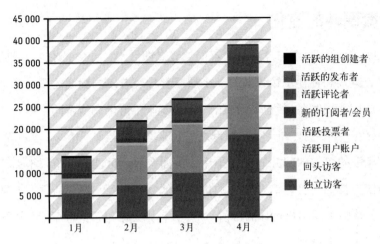

图 12-3　你能根据用户的行为差异把用户分组吗

　　图 12-3 清楚地表述了各层级用户数的增长，但并没有表明整个参与过程中哪部分变好或变坏了。为此，首先应计算出每月参与度漏斗的转化率为多少（见表 12-2）。

表 12-2　每月参与度漏斗的转化率

| 过去一段时间的人数变化 | 1月 | 2月 | 3月 | 4月 |
|---|---|---|---|---|
| 独立访客 | N/A | 163.8% | 122.8% | 146.6% |
| 回头访客 | N/A | 191.0% | 117.6% | 119.7% |
| 活跃用户账户 | N/A | 150.3% | 115.9% | 118.9% |
| 活跃投票者 | N/A | 112.2% | 108.7% | 124.3% |
| 新的订阅者 / 会员 | N/A | 114.3% | 111.6% | 115.2% |
| 活跃评论者 | N/A | 132.5% | 118.3% | 116.4% |
| 活跃的发布者 | N/A | 144.0% | 134.4% | 120.4% |
| 活跃的组创建者 | N/A | 96.9% | 158.1% | 110.2% |

了解各步骤的转化率后，即可查看转化率的月环比变化（见表 12-3）。

表 12-3　转化率的月环比变化

| 漏斗变化 | 1 月 | 2 月 | 3 月 | 4 月 |
|---|---|---|---|---|
| 独立访客 | N/A | N/A | N/A | N/A |
| 回头访客 | N/A | ↑ 116.6% | → 95.8% | ↓ 81.6% |
| 活跃用户账户 | N/A | ↓ 78.7% | → 98.5% | → 99.4% |
| 活跃投票者 | N/A | ↓ 74.7% | ↓ 93.8% | ↑ 104.5% |
| 新的订阅者 / 会员 | N/A | ↑ 101.9% | ↑ 102.7% | ↓ 92.7% |
| 活跃评论者 | N/A | ↑ 118.1% | ↑ 108.8% | ↓ 93.6% |
| 活跃的发布者 | N/A | ↑ 108.7% | ↑ 113.6% | ↑ 103.4% |
| 活跃的组创建者 | N/A | ↓ 67.3% | ↑ 117.6% | ↓ 91.5% |

有了这些数据，即可根据对网站做出的改变或特定用户群网站体验的差异，明确自己哪里做得好，哪里做得不好。例如，3 月份访客的回访比例下降了，但评论和发帖比例上升了。随后便可根据这些比例数据，在原有基础上做出相应改变。

最终，我们可以得到一个"正常"的参与度漏斗，漏斗各步骤的参与比例均达到稳定。这是正常现象；UGC 网站在内容生成方面呈指数分布，即小部分人生成了绝大多数的内容。第 27 章会介绍一些有着理想的参与度漏斗转化率的例子，以供参考。

## 生成内容的价值

用户生成内容具有一定的价值。我们可以将看到这条内容的独立访客数（如维基百科等网站）、代表广告库存的页面浏览量（如 Facebook），或通过点击用户所发布内容而生成的提成收入（如 Pinterest 提成模式）等更为复杂的指标作为依据，来衡量生成内容的价值[1]。

---

[1] 此前我们曾提醒过，独立访客数是一项虚荣指标，不过这种说法只适用于网站的发展。作为单条内容价值的测量指标，独立访客数对于网站的评级十分有用。

无论以何种方式衡量其价值，最好按照同期群或流量来源分开比较。如果你正为获取访客而思索在哪方面进行投资，则需了解哪个推荐网站可带来有价值的用户。也许你在寻找的是一个特殊的用户群体，例如，麦克·格林菲尔德在为朋友圈定位时，通过横向比较不同用户群的参与度和价值，最终推出了"妈妈圈"应用[①]。

## 内容分享与病毒性

UGC 网站的蓬勃发展就建立在访客的行为之上，而其中最关键的就是内容的分享。YouTube 直接利用用户内容来盈利，并依赖于病毒式传播的热门视频为网站带来更多的流量以及广告库存。如果你的网站是一个"没有围墙的花园"，也就是说用户可不受限制地将网站内容分享到外站，则关键在于内容分享方式的跟踪。但该点对 Facebook 等围墙花园式的网站则没有那么重要，毕竟其目的在于将用户保留在应用内部。

虽然发推（tweet）和点赞也十分有用，但请记住有许多分享是通过其他系统完成的，特别是 RSS 订阅和电子邮件。Tynt 公司可在用户复制粘贴链接时为内容提供商提供追踪服务。事实上，据该公司估算，有多达 80% 的分享行为是通过电子邮件完成的。

之所以要跟踪内容的分享方式，有以下几点原因。

- 需了解是否已达到了足够的病毒式传播水平以支撑你的商业模式。
- 需了解内容的分享方式和分享人群。如果每位读者都会把 URL 发送给另一个人，而最终又有人通过该 URL 来到你的网站，则此次访问是读者分享的结果，因为内容的价值不仅在于其所带来的广告库存，还包括由此产生的额外流量。
- 有助于了解是否应该考虑将付费门槛作为变现策略。

---

① 详见第 2 章中的"案例分析：'妈妈圈'的成功之路"。——编者注

## 消息提醒的有效性

过去，所有 Web 设计都只是围绕着网页。但近年来，设计师纷纷喊着"为移动设计"或"移动先行"的口号，开始着手为移动设备设计。但我们完全有理由相信，应用的未来不是移动，而是消息提醒。

如今的移动设备俨然已成为人类的"大脑"。移动设备可提醒我们开会事宜，在他人想到我们时发出相应通知，并帮助我们找到回家的路。Siri 和 Google Now 等智能助手技术只会让这一需求变得更加强劲。移动设备的消息提醒系统已然成了一片硝烟弥漫的战场，各大应用都在争相吸引人们的注意力。

在 UGC 商业模式中，通过消息提醒不断将用户召回应用是保持用户参与度的必备要素之一。

弗莱德·威尔逊将移动消息提醒称作游戏规则的颠覆者[1]。

　　消息提醒已成为我使用手机和应用的最主要原因。我很少直接打开 Twitter 应用，只是会在看到"10 条新 @"后点击这一消息，从而进入 Twitter 的"@ 我的"页面；而在看到"20 个新签到"后，我会点击消息提醒，并进入 Foursquare[2] 的好友界面。

他列举了三大理由，用以解释为何消息提醒是一次巨大的转变。

　　首先，消息提醒使我可以同时顾及手机上的更多应用。我不需要把所有应用都放在主屏幕上。只要在新鲜事发生时，我能够得到消息提醒，就不会在乎这些应用图标在手机内的具体位置。

　　其次，可安装的通信应用软件要多少有多少。目前我的手机上已经有了短信、Kik、Skype、Beluga 和 GroupMe，而且我还可以安装更

---

① 弗莱德·威尔逊，美国著名风险投资人、创业博客作者。——译者注
② 签到应用，《街旁》的原型。——译者注

多。我不必只使用其中一种应用，只需点击消息提醒就够了。

最后，显示消息提醒的那一屏已成了新的主屏幕。每当我拿出手机时，首先要做的就是查看消息提醒。

消息提醒的有效性与邮件抵达率的衡量方法大致相同，即发出一定数量的消息，其中部分达到了期望中的效果。无论消息的载体是邮件、短信还是移动应用，该方法均成立。

## 图说 UGC 商业模式

图 12-4 给出了一套 UGC 商业模式的用户流程以及各步骤的关键指标。

## 难题：被动的内容生成

正如后台发生的消息提醒可以多种方式转换成新的前台界面一样，内容生成也常常悄然而至。谷歌旗下的社交网络 Google+，可通过启用 Latitude 和图像上传等后台功能，并根据个人资料链接到外网，从而获取用户基群的信息和更新状态。

越来越多的移动设备对我们的健康状况、所在位置、消费记录以及个人习惯实现了跟踪感知，随后我们发现，除主动生成的内容（分享链接、发帖子等）外，还存在着被动生成的内容（自动生成的行为时间表、系统记录的点击流数据等）。这种转变为生产数据收集工具的公司，如移动设备制造商、支付公司等，带来了巨大的优势。

以下为 UGC 领域发生的三大变革：

- 无处不在的签到，智能设备负责记录地理位置的变化并将其分享到网上；
- 电子钱包，可存放积分、票据、会员数据；
- 近场通信技术使摇一摇电子设备就能完成支付或分享信息成为可能。

仅这三项技术就足以构成被动数据的宝库。只要权限合适，即使这些数据是在后台发生的，也可为某人生成详细的时间表，甚至会被当作用户生成内容。

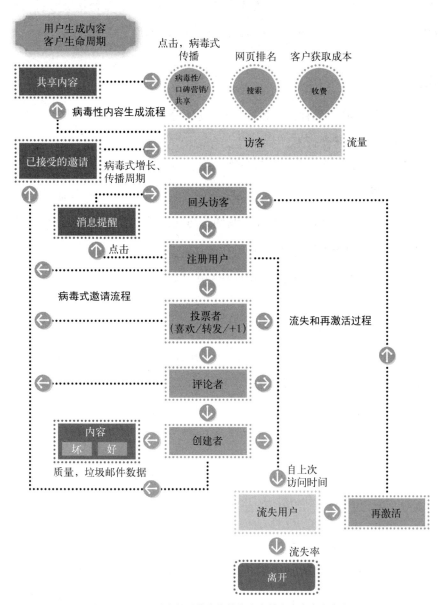

图 12-4　UGC 网站所要做的就是将访客转化为内容生成者

虽然这并没有改变当今 UGC 网站的格局，但会逐渐使得目前简单的共享衡量指标变得复杂难懂，并引入更多的噪声。这个用户到底是很活跃呢，还是单纯忘了关闭某种被动内容生成机制？这种被动分享对公司更有益处吗？如果是的话，我们又能做些什么来鼓励或奖励被动分享行为呢？

## 要点

- 对于 UGC 网站而言，访客参与度意味着一切。可利用参与度漏斗来跟踪访客的互动行为。
- 许多用户会选择潜水，一些会贡献些许内容，其余用户则会专注于内容的生成。这种 80/20 的模式存在于你希望用户完成的所有活动当中。
- 为提高用户回访率并保持较高的参与度，需使用邮件以及其他"打扰"方式来通知用户 UGC 网站的相关活动。
- 对于 UGC 网站而言，防范欺诈的工作量巨大。

UGC 公司或许把用户的贡献看得比什么都重要，但大多时候仍需利用广告来维持收支平衡。如想了解更多有关广告和媒体网站的内容，请翻回至第 11 章。也可直接前往第 14 章，了解创业的不同阶段以及各阶段对关键指标的影响。

# 第 13 章　商业模式 6：双边市场

双边市场虽然是电商网站的一个变种，但它们之间的差异有必要单独讨论。阅读完第 7 章后，如果你认为贵公司的商业模式刚好属于双边市场，则有必要了解一下本章内容。

本模式中，公司通过帮助买家和卖家在网上达成交易来盈利。eBay[1] 无疑是双边市场最著名的案例之一，其背后的模式已被多家公司效仿。下面几种商业模式都含有一定的双边市场成分。

- 房地产交易网站让买家通过各种条件筛选想要购买的房产，并在买卖双方达成房产交割协议时收取一定的服务费。服务费用可以是固定的手续费，也可以按交易价格的百分比收取。
- Indiegogo[2] 是一家让艺术家展示自己的创作计划并筹集资金支持的网站。有捐款意愿的支持者可在网站上浏览想要资助的项目。网站会从筹得的捐款中抽取一定的手续费。

---

① 美国的 C2C 电商网站，与淘宝类似。——译者注
② 一家全球性众筹网站，于 2008 年在旧金山成立。类似的网站还包括 Kickstarter 和国内的"点名时间"。
　　　　　　　　　　　　　　　　　　　　　　　　　　　　　——译者注

- eBay 和 Craiglist[①] 让卖家在网站上架、推广商品，并允许买家直接从卖家处购买商品。Craiglist 只对一小部分交易收取手续费（特定城市的房屋租赁等），而不对其余交易收取任何费用。

- 应用商店以共享应用收入为条件，允许软件开发者上传应用以供消费者下载。商店不仅将应用分类罗列并提供下载，还帮助开发者分发软件更新版本、处理法律诉讼、管理货币交易。

- 单身男女可在交友网站上浏览对方信息，但网站会收取一定的介绍费，或只对付费用户开放特定信息。

- Hotwire 和 Priceline[②] 允许酒店将空房列在网站上打折出售，消费者只有在成功秒杀后才能得知自己订到了哪家酒店。

上述例子中均包含一个共享库存模型以及两个利益相关方（买家和卖家、发起人和资助者、单身男女[③]、酒店和旅客），并在双方达成利益协议时获得相应收入。往往可以以特定的搜索参数或资质（例如经网站审查过的公寓、卖家等级等）为基础来对此类网站加以区分。同时，该类网站均需一定的库存来维持业务的正常运行。

本节中讨论的双边市场定义要更狭义一些，因此上述例子中的某些内容将不包含在内，具体定义如下。

- 卖家需负责商品的上架与推广。只是发布他人房产信息的房地产中介不属于此定义的范畴，但由房主自行发布售房信息的网站则在此范畴之内。

---

① 一家大型免费分类广告网站，国内类似的网站有 58 同城、赶集网、百姓网等。——译者注
② 美国知名酒店秒杀网站，国内类似的网站有去哪儿网、艺龙旅行网等。——译者注
③ 尽管严格意义上来讲，交友网站只存在一个利益相关者，即想要交友的人。许多异性交友网站将男女区分对待（例如女性用户免费注册等）。此处提及这一点是因为该技术已被用于解决市场中的鸡生蛋、蛋生鸡问题。但随着在线交友变得越发普及，这一点也就不太常见了。

- 市场负责人对每笔交易采取不干预政策。Hotwire 等帮助酒店创建概述信息的网站不属于此定义范畴。
- 买卖双方之间存在利益冲突。大部分的市场模式中，卖家均希望尽可能多地盈利，买家则希望能省则省。而交友网站中，男女双方有着共同的利益，即找到理想伴侣，因此此类网站也在讨论范畴之外。

双边市场面临着一个特殊的问题，即必须要同时吸引买家和卖家。这似乎是其他商业模式所需工作量的两倍。在接下来将要介绍的案例中，DuProprio/Comfree、Etsy、Uber 和亚马逊等公司成功绕过了这一难题，不过归根结底就是**重点关注有钱的一方**。通常这一方指的是买家，找到一群愿意花钱的人后，再找到一群愿意挣钱的人要容易得多。

---

### 案例分析：DuProprio 的双边市场实践

DuProprio/Comfree 是加拿大最大的业主直销房地产市场，同时也是访问量第二大的房地产中介网站。该网站于 1997 年由现任联合总裁尼古拉斯·布沙尔创建。网站上共列出了 17 000 套待售房产，月访问量高达 500 万左右。公司向业主收取约 900 加元的服务费用，服务内容包括房产信息上架、协助业主定价、设计标牌以及为房产拍摄 HDR 照片。同时，网站还提供一些额外的收费服务，如法律咨询和房地产知识培训等。此外，该公司还与一家知名报社合作，帮助业主协同出售房产。

尼古拉斯早在"精益"概念出现以前就一直秉承着精益思想。作为房地产经纪人的儿子，他小小年纪便开始自行创业（高中时就经营了一家实木地板公司），并在互联网出现不久后帮父亲构建了一个房产销售网站。随后，他顿悟道："我开始注意到五金店里黑橘相间的'物主直销'标志，并由此想到可以创建一个业主直销的房产销售网站。我在家中的地下室里推出了这个网站。"

网站的最初版本是用 Microsoft Frontpage 制作的静态网站。公司没有工作人员，尼古拉斯就自己在分类广告中搜寻卖家，驱车寻找"房屋出售"标志，并说服卖家把房产放到自己的网站上进行出售。"那时候，唯一的关键绩效指标（KPI）就是住户草坪上'房屋出售'标志的数量，因为买家正是通过这些标志得知我的网站的。"他回忆道，"当然，另一项指标就是网站上列出的房产数量。"

慢慢地，尼古拉斯发现了寻找卖家的其他渠道，如查看 Craiglist 和 Kijiji 等网站。"那还是互联网的初期阶段。"他说道，"我仍在摸索推销服务以及利用网络使自己和客户获利的方法。"

2000 年年初，尼古拉斯的网站已初具规模且有了一定的影响力，于是他将静态网站升级为动态网站，并手动将所有卖家信息转移到了新站。此前的静态网站只提供非常基本的数据统计，几乎只有页面浏览量可供分析。新版网站添加了 Webtrends 以供数据分析之用，同时还新增了卖家登录系统，以供卖家自行更新房产信息。"这样，卖家即可了解到更多有关房产行情的信息，例如自己的房产信息出现在搜索结果中的次数、用户的点击量等。"

几年后，网站又新增了买家登录系统，允许买家设置搜索条件，并在有合适房源出现时向订阅用户发送通知消息。本阶段网站改进的重点在于搜索。

尼古拉斯说道："随着动态网站的上线，我们开始跟踪并比较访客数量以及订阅用户数量，因为这是我们的生计来源。"但数据仍不够准确，网站关注的仍旧只是访问次数，而不是访客数量。

原因之一在于双边市场要比想象中复杂得多。卖房子的人往往也在寻找新的房源，这就使得买房者和卖房者之间的严格划分变得十分困难。为此，尼古拉斯采用了一种简单的经验法则。"有时，我们默认每 1000 次访问量等于 1 个订阅用户。"尽管这一基准并不十分准确，但足以明确基本要素。"这是基本的转化率，"他说道，"我们的目标是提高每次访问的转化率。"

随着公司分析水平的日益精进，其数据分析系统也日渐完善。"我们开始查看访客到订阅用户的转化率，访客点开订阅界面后可看到不同的付费套餐。"他说，"在产品的改进方面我们尽量更为谨慎，但在此后很久才进行了真正的 A/B 测试。"公司对网站做了相应修改，以查看转化率或访问量与待售房产数量之比是否得到了提高，但这种测试仍然是以月为单位重复进行的。

现如今，公司虽然有了非常细致的谷歌数据分析，但尼古拉斯并不关心这些细节。他指出："网上总是有更多的人在物色适宜的房产。"同时，他也并不那么关注买方的账户创建问题。"单是魁北克省，我们每月就有 300 万的访问量，以及 120 万的独立访客数，但其中只有 5% 或更少的访客会选择创建账户。"

但尼古拉斯却十分关注竞争者。"我们希望尽可能做到最好，使服务优于传统的房地产中介。我们掌握着 Canada Mortgage、Housing Corporation 和 Canadian Real Estate Board 三家公司的数据，因此非常清楚有多少房产正在待价而沽。一直以来，我们都将网站上各地区的待售房产数量视为公司的发展准绳。"

公司目前有三大目标：

- 说服卖房者将房产放到网站上出售；
- 说服买房者注册并订阅网站的新房源提醒；
- 卖出房产。

DuProprio 是公司通过不同阶段成长发展起来的典型案例。不同阶段公司关注的指标也有所不同。

- 起初，静态网站还不错。该阶段重点关注的是获取（草坪上的"房屋出售"标志、待售房产数量）。
- 之后网站转而关注访客数与待售房产数量之比，以判断市场是否处于健康状态。
- 随着市场的兴起，网站开始关注房产出售率以及套餐平均售价等营收指标。
- 现在，网站正添加新的指标，以优化邮件点入率、搜索结果，以及新上线移动应用的使用情况。"目前，由于网站的架构问题，很难得知网站上出现空白搜索的位置，但我们正努力解决。"

最终，在这个双边市场中，尼古拉斯做出了明确的选择，即重点关注收入的来源。

"对我们而言，目前一个很重要的指标是销售量，但更为重要的是房产出售率，即已售房产占待售房产总数的比例。"他说道，"房子卖不出去，我们就没有生意可做，也就不会有口碑、好评、15 000 条卖家的满意推荐，以及草坪上'已售出'的黄色标志。就算明天网站上会增加 10 000 处新房产，如果房子卖不出去，我还是会完蛋。"

## 总结

- 早期，应果断使用低技术手段，手动增加双边市场库存，完成一些不具规模的任务。

- 对于某些双边市场而言，按上架商品数量或交易量收费，要比收取佣金更为有效。
- 如果能首先吸引买家的注意力，说服卖家的加入就要简单得多。也就是说，重点关注有钱的一方。
- 一个手动维护的静态网站足以证明高营业额、低流通量双边市场的可行性。
- 最终，销售量以及由此产生的收入成了唯一重要的指标。

### 数据分析启示

　　首先利用最小市场证明自己的供需状况，以及买卖双方有交易的愿望。然后从中找寻盈利的方法。最后，根据交易规模、频率以及其他商业特质来决定应关注的指标，但归根结底就是交易的营收。

　　假设你准备做一个二手游戏机的双边市场。卖家可将游戏机放到网站上出售，买家则可根据各种查询条件浏览所需的游戏机种类。交易经由第三方支付服务 PayPal 来完成，你可从超过最低限额的卖家收益中提取一部分作为网站的营收。

　　由于你自己并不拥有游戏机，因此必须想方设法生成游戏机库存，或成功获取大批客户的关注。无论如何，你都需要在买卖双方之间选出想要先行发展的一方。

　　如果你想从卖家这一边做起，则可能需要在 Craiglist 上搜寻相关信息，并主动接触游戏机持有者，询问其出售意愿，并鼓励他们将不用的游戏机放到自己的网站上出售。如果你想从买家这一边做起，则可能需要建立一个怀旧游戏玩家论坛，把玩家从社交网站上邀请过来，从而使他们聚在一起。

　　起初可自行进货出售一些游戏机，然后逐渐添加卖家库存。叫车服务供应商 Uber 一开始就通过收购闲置的客运林肯轿车开拓了新市场，从而解决了鸡生蛋、蛋生鸡的问题。Uber 在西雅图上市时，曾以 30 美元的时薪雇用司机接送乘客，并在乘客需求量足以保证司机收入后，切换至了佣金模式。**Uber 公司创造了供给。**

但如果想从买家这一边做起，则可能需要先选择部分初始库存以供出售，或是在确保库存来源的前提下先接订单，再延时向买家发送货物。例如，亚马逊起初就是通过出售图书实现了订单、搜索和物流环节的流程化，并在此后提供了更多门类的商品以供选择。最后，在获得大量买家的青睐并建立起基于搜索的购买机制后，亚马逊成了一个为多家供应商提供销售场所的双边市场。Salesforce 先是推出了一款 CRM 产品，然后创建了一个应用交易市场，以供第三方开发商将软件出售给 Salesforce 的客户。**这两家公司都是先创造需求，再实现市场供应。**

鸡生蛋、蛋生鸡问题解决策略的好坏是双边市场的一项关键指标。

- 对 Uber 而言，该指标指的是佣金模式下司机的收入，以及出租车库存和客户的等待时长。当这些指标具有可持续性时（容许合理的误差幅度），即可从时薪雇用司机的"人为"市场转换为"可持续的"佣金模式双边市场。
- 对亚马逊而言，该指标指的是对书籍的网上购买与运送过程感到满意，并愿意尝试电子产品或厨房用品等其他商品的买家人数。

建立双边市场的第一步是创建库存（供应）或"创造"受众（需求）的能力，这也是应首要衡量的内容。DuProprio 寻找草坪上的"房屋出售"标志，并将房产信息分门别类，放在网站上出售。买家通过卖家草坪上的标志找到了该网站，因此应关注指标指的是待售房产信息和草坪上的标志。双边市场建设初期，需要关注的指标主要围绕吸引力、参与度以及种子用户的发展状况。

Sigma West 的风险投资人、劳动力市场 oDesk 的前市场营销负责人乔什·布赖因林格将双边市场的关键指标分为三类，即买方活动、卖方活动和交易活动。"一直以来我几乎都建议将买家视作主要关注对象，然后模拟商品的供应（通常指总库存）流程。"他说道，"想赚钱的人不难找，难找的是想要花钱的人。"

乔什还告诫道，仅仅关注买家、卖家和库存方面的数据是不够的，还应确保这些数据与商业模式核心的实际活动有关。"只需稍微调整一下算法，即可使这些数字看上去十分可观，但这并不一定意味着更好的用户体验。"他说道，"我相信，把关注的重点放在竞价、发消息、上架或申请等更为直截了当的市场行为上，效果会更好。"

双边市场的买卖双方都创建稳妥后，注意力（和数据分析重点）即可转移到市场收益的最大化上，即上架商品数量、买卖双方质量、用户搜索至少一件库存商品的概率、乔什在上文中提到的双边市场专用指标、销售量以及由此产生的收入。同时还应专注于理解什么样的商品具有吸引力，以便争取到更多的此类商品。此外，还需跟踪欺诈行为与劣质商品，以免市场质量受到损害、买卖双方人数出现流失。

之前假想的游戏机公司也是从跟踪双边市场内买家人数的增长及其对卖家商品的兴趣做起的。要想跟踪买家情况，首先应跟踪非卖家的访客数量（见表 13-1）。买家与卖家的人数之比是一个非常有用的指标，该比例越高，就越能说服更多的卖家将商品放到你的网站上进行出售。

表 13-1　网站访客数据（潜在买家）

|  | 1 月 | 2 月 | 3 月 | 4 月 | 5 月 | 6 月 |
|---|---|---|---|---|---|---|
| 独立访客数 | 3921 | 5677 | 6501 | 8729 | 10 291 | 9025 |
| 回访者数量 | 2804 | 4331 | 5103 | 6448 | 7463 | 6271 |
| 注册访客数 | 571 | 928 | 1203 | 3256 | 4004 | 4863 |
| 访客与卖家的人数之比 | 12.10 | 13.33 | 11.57 | 11.91 | 12.83 | 10.45 |

但这些数据与虚荣指标十分相似。我们真正关心的是有购买行为的活跃买家。为此，我们把至少发生一次购买行为的访客定义为买家，并把在过去30天内搜索过商品的买家定义为活跃买家（见表 13-2）。

表 13-2   活跃买家人数

|  | 1 月 | 2 月 | 3 月 | 4 月 | 5 月 | 6 月 |
|---|---|---|---|---|---|---|
| 买家（购买次数≥1）人数 | 412 | 677 | 835 | 1302 | 1988 | 2763 |
| 活跃买家（过去 30 天内搜索过商品）数 | 214 | 482 | 552 | 926 | 1429 | 1826 |
| 活跃买家 / 活跃卖家人数之比 | 1.95 | 3.09 | 2.33 | 4.61 | 5.67 | 6.81 |
| 活跃买家 / 活跃商品数量之比 | 1.37 | 1.17 | 0.84 | 1.05 | 1.34 | 1.62 |

接下来看一下双边市场中卖家人数和在售商品数量的增长情况（见表 13-3）。

表 13-3   卖家人数和在售商品数量的增长情况

|  | 1 月 | 2 月 | 3 月 | 4 月 | 5 月 | 6 月 |
|---|---|---|---|---|---|---|
| 卖家人数 | 324 | 426 | 562 | 733 | 802 | 864 |
| 在售商品数量 | 372 | 765 | 1180 | 1452 | 1571 | 1912 |
| 平均每位卖家的在售商品数量 | 1.15 | 1.80 | 2.10 | 1.98 | 1.96 | 2.21 |

但这种统计方法违背了好指标都是比例或比率的定律，并且没有将活跃卖家和非活跃卖家区分开来，因此未免过于简单。要想得到更好的数据，可能需要更为深入的挖掘工作。为此，我们将过去 30 天内没有上架新商品的卖家定义为非活跃卖家，并将一周内在买家搜索结果中出现少于 5 次的商品定义为非活跃商品（见表 13-4）。

表 13-4   活跃卖家和在售商品的数量与占比

|  | 1 月 | 2 月 | 3 月 | 4 月 | 5 月 | 6 月 |
|---|---|---|---|---|---|---|
| 活跃卖家（过去 30 天内有新商品上架的卖家）数 | 110 | 156 | 237 | 201 | 252 | 268 |
| 活跃卖家占比 | 34.0% | 36.6% | 42.2% | 27.4% | 31.4% | 31.0% |
| 活跃商品（过去一周内浏览量达到 5 次的商品）数 | 156 | 413 | 660 | 885 | 1068 | 1128 |
| 活跃商品占比 | 41.9% | 54.0% | 55.9% | 61.0% | 68.0% | 59.0% |

掌握了买卖双方的相关数据后，需据此描绘出以购买为最终目的的转化漏斗。为此，我们应查看搜索次数，并了解其中有多少次搜索产生了相应结

果，又有多少次结果带来了商品的浏览量。此外，还需跟踪销售额以及买卖双方的满意度（见表 13-5）。

表 13-5　销售额、满意度与营收

|  | 1 月 | 2 月 | 3 月 | 4 月 | 5 月 | 6 月 |
|---|---|---|---|---|---|---|
| 总搜索次数 | 18 271 | 31 021 | 35 261 | 64 021 | 55 372 | 62 012 |
| 至少有两条匹配结果的搜索次数 | 9135 | 17 061 | 23 624 | 48 015 | 44 853 | 59 261 |
| 从搜索结果到商品页面的点入次数 | 1370 | 2921 | 4476 | 10 524 | 15 520 | 12 448 |
| 总交易数量 | 71 | 146 | 223 | 562 | 931 | 622 |
| 剩余库存量 | 301 | 920 | 1877 | 2767 | 3407 | 4697 |
| 买卖双方满意的交易数量 | 69.00 | 140.00 | 161.00 | 521.00 | 921.00 | 590.00 |
| 满意交易的占比 | 97.18% | 95.89% | 72.20% | 92.70% | 98.93% | 94.86% |
| 总营收 | 22 152 美元 | 42 196 美元 | 70 032 美元 | 182 012 美元 | 272 311 美元 | 228 161 美元 |
| 平均交易规模 | 312.00 美元 | 289.01 美元 | 314.04 美元 | 323.86 美元 | 292.49 美元 | 366.82 美元 |

最后，我们还需跟踪在售商品的质量以及买卖双方的信誉（见表 13-6）。

表 13-6　在售商品质量

|  | 1 月 | 2 月 | 3 月 | 4 月 | 5 月 | 6 月 |
|---|---|---|---|---|---|---|
| 每位买家每天的搜索次数 | 1.48 | 1.53 | 1.41 | 1.64 | 0.93 | 0.75 |
| 每日新上架商品数量 | 12.00 | 22.11 | 30.87 | 29.67 | 20.65 | 43.00 |
| 平均搜索结果数 | 2.1 | 3.1 | 3.4 | 4.2 | 5.2 | 9.1 |
| 已标记商品的数量 | 12 | 18 | 24 | 54 | 65 | 71 |
| 已标记商品的占比 | 3.23% | 2.35% | 2.03% | 3.72% | 4.14% | 3.71% |
| 评价在 3 分（满分 5 分）以下的卖家占比 | 4.0% | 7.1% | 10.0% | 8.2% | 7.0% | 9.1% |
| 评价在 3 分（满分 5 分）以下的买家占比 | 1.2% | 1.4% | 1.8% | 2.1% | 1.9% | 1.6% |

此处需跟踪的数据较多，这是因为我们需要同时监控买家电商漏斗和卖家内容的生成，并提防欺诈行为的发生或内容质量的下降。

需关注的指标取决于想要改进的内容，如库存、转化率、搜索结果以及内容质量等。例如，如对搜索结果到商品页面的点入次数不满，可尝试在初始搜索结果中显示更少的信息，以查看这是否有助于点入率的提升。

因此，需关注的指标应包括以下内容。

- **买卖双方的人数增长**

  买卖双方人数的增长速率（通过回访人数测定）。

- **库存增长**

  卖家新增库存（如新上架商品等）的速率，以及商品页面的完整性。

- **搜索有效性**

  买家的搜索内容以及该内容是否与所建库存相匹配。

- **转化漏斗**

  商品售出的转化率，以及各种可用于显示有助于商品出售的细分因素，如第 1 章 Airbnb 案例中的专业房产摄影图片。

- **评分以及欺诈迹象**

  买卖双方的相互评分、欺诈迹象以及评论语气。

- **定价指标**

  如在市场中实行竞价机制（就像 eBay 那样），则需关注卖家的定价是否过高或过低。

所有于电商网站重要的指标均对双边市场起着关键性作用。但上述指标特别关注的是打造一个买卖双方云集的流动市场。

## 买卖双方的增长速率

该指标在双边市场的早期阶段尤为重要。如存在竞争者，我们应保证卖家库存与竞争者有可比性，这样才值得买家在你的平台上搜索商品。如处于相对独特的市场中，则应保证足够的库存，以供买家的搜索行为至少返回一个有效结果。

我们要在一定时期内跟踪这些指标的变化以了解市场的发展状况。虽然卖家数和在售商品数量已得到了跟踪，但你真正需要了解的是二者的增长速率。

这样，找出值得研究的变动就变得更为简单。除跟踪卖家人数的增长速率外，还应判断该增长速率的加快或放缓。如增长速率加快，则可能需关注卖家的新手流程，从而使其更容易成为活跃卖家，并能够即时上架商品；如增长速率陷入停滞，则可能需要投入更多资金以找到新卖家，或增加每位卖家的在售商品数量以及商品售出的转化率。

长远看来，你往往可以"买"到供给，却"买"不到需求。在注意力经济中，参与度高且专心的用户基础可谓是无价之宝。这就是为什么沃尔玛可以迫使供应商给出优惠条件，也是为什么亚马逊作为一个卖家还可以建立起一个云集众多商家的网络。当谈及可持续的竞争优势时，**需求要强过供给**。

## 库存增长速率

除卖家数外，还需跟踪上架的商品数量。关注每位卖家的在售商品数量，并判断该数值是否得到了增长以及商品页面的完整性（卖家是否完成了商品描述）。

更大的库存意味着可产生结果的搜索次数也得到了相应的增加。如果你的市场已趋于饱和（例如市场内的大部分卖家都已加入了你的在线平台），则市场的发展将来自商品数量的增长以及商品有效性的增强。

## 买家搜索

在很多双边市场中，搜索是买家寻找卖家的主要手段。你需要跟踪无返回结果的搜索次数，即错失的销售机会。例如，需跟踪每日搜索次数、新上架商品以及搜索结果数量的变化，从而检验你的业务是否得到了发展（见表 13-7）。

表 13-7　买家搜索次数的月变化率

|  | 1 月 | 2 月 | 3 月 | 4 月 | 5 月 |
| --- | --- | --- | --- | --- | --- |
| 每位买家每日搜索次数的变化 | 103.3% | 92.2% | 116.4% | 56.6% | 80.6% |
| 每日新上架商品数量的变化 | 184.2% | 139.6% | 96.1% | 69.6% | 208.3% |
| 平均每次搜索得到的结果数量的变化 | 147.6% | 109.7% | 123.5% | 123.8% | 175.0% |

　　本例中，5 月和 6 月的买家日搜索次数与前几月相比相对较低。5 月的在售商品数量也有所下降。

　　同时，我们还应自行查看搜索关键词。通过查看无结果的最常见搜索关键词，我们即可得知买家需求。一个主要的搜索关键词，例如"任天堂"，可能意味着可将其加入分类列表，以便买家更容易找到此类商品，或是基于该关键词开展营销活动以吸引更多买家。此外，你还会想知道哪些搜索关键词可带来最多的营收，以便得知应该吸引哪类卖家能够盈利最多。

　　搜索次数与商品信息的点击次数之比也是转化漏斗的重要一环。

## 转化率与市场区隔

　　转化漏斗分为几个阶段并以访客的搜索次数为起点。同时，我们应衡量满意的交易数量，因为当交易的一方不满时，即使交易量进入高峰期，也只能说明网站以长远利益为代价（坏名声、退款要求等），过于看重短期效益（更多的销售额）。如表 13-8 所示。

表 13-8　衡量双边市场的转化率

|  | 5 月 | 漏斗 |
| --- | --- | --- |
| 总搜索次数 | 55 372 | 100.00% |
| 非空搜索次数 | 44 853 | 81.00% |
| 商品点入次数 | 15 520 | 28.03% |
| 总购买数 | 931 | 1.68% |
| 满意的交易数量 | 921 | 1.66% |

## 买卖双方的相互评分

　　共享市场往往受到用户自身的调控，也就是说，用户可基于自身的交易体验为交易对象评分。实现该体系最简单的方法就是让用户标记错误的或违反网站服务条款的内容。此外，当评分系统有效运作时，用户还可为交易对象排名，卖家也会为赢得好的声誉而努力。

## 已标记商品的占比

我们需跟踪已标记商品的占比，并判断该数值是在上升还是在下降。数值的激增意味着欺诈行为的发生。如表 13-9 所示。

表 13-9　已标记商品的相关数据

|  | 1 月 | 2 月 | 3 月 | 4 月 | 5 月 | 6 月 |
|---|---|---|---|---|---|---|
| 已标记商品的占比 | 3.23% | 2.35% | 2.03% | 3.72% | 4.14% | 3.71% |
| 已标记商品的占比变化 |  | 72.9% | 86.4% | 182.9% | 111.3% | 89.7% |
| 评价在 3 分（满分 5 分）以下的卖家占比变化 |  | 177.5% | 140.8% | 82.0% | 85.4% | 130.0% |
| 评价在 3 分（满分 5 分）以下的买家占比变化 |  | 116.7% | 128.6% | 116.7% | 90.5% | 84.2% |

同样，低评分的增多说明市场服务并没有达到预期，也可能表明卖家没有发货或买家没有付款。在任何情况下，你都必须从这些指标入手，继而分别查看是否存在技术性问题、恶意用户或其他引起指标变化的因素。

## 图说双边市场

图 13-1 给出了一套双边市场的用户流程以及各步骤的关键指标。

## 难题：鸡生蛋和蛋生鸡问题、欺诈行为、交易的维持与拍卖

在互联网出现的早期阶段，权威人士就曾做出相关预测，称互联网是一个开放的乌托邦世界，由透明且高效的无摩擦市场构成。但随着谷歌、亚马逊和 Facebook 等网络巨头的出现，部分互联网呈现出反乌托邦式的形态。双边市场在很大程度上受到网络效应的影响，即提供的库存越多，网站的价值就越大。另外，无库存的双边市场是毫无价值的。

成功的双边市场可预先人为地创造买家或卖家用户群。某特定利基市场发展成熟后，此种网络效应意味着将会出现几个主要竞争者割据市场的现象，就如 Airbnb、VRBO 和其他一些竞争者分割了房屋租赁市场一般。

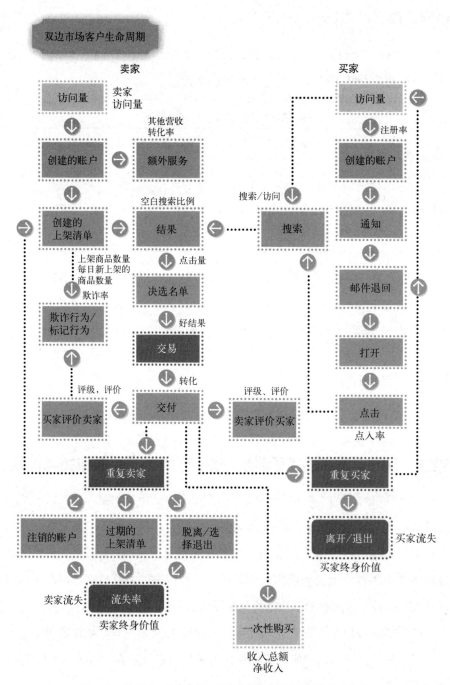

图 13-1　双边市场：双倍的指标，双倍的乐趣

　　欺诈与信任是双边市场的另一大问题。你不想承担商品或服务的运送责任，但需确保市场内具有可靠的信誉系统。买卖双方的相互评分不失为一种解决方法，但并不是唯一的方法。一些交友网站可为用户提供担保（例如，网站会起诉隐瞒自己已婚事实的用户）。

　　双边市场的另一大问题在于网络平台内交易的维持。在帆船或房屋市场中，单笔交易额可能高达数万甚或数十万美元。如此大的金额并不适合通过PayPal 支付，同时你也很难阻止买卖双方通过双边市场进行私下交易，从而造成交易中介费的流失。

　　可尝试以下方法解决这一难题，并逐个测试这些方法是否适用于你的产品和市场。

- 将用户介绍给代理商（房屋中介等）以完成交易，并收取中介费用。
- 根据卖家上架的商品价格收取部分费用，而非佣金制。
- 通过站内广告、配送服务或有利位置等其他市场因素来盈利。
- 在确认交易前，杜绝买卖双方私下联系的可能（就像旅游折扣网 Hotwire 那样）。
- 提供增值服务（购买保险或第三方担保等），以吸引买卖双方在网络平台内完成交易。

　　最后介绍一下 eBay 等支持拍卖的双边市场。此类市场内的商品价格不固定，卖家可分别设定最低价格以及"立即购买"价格，但最终成交价格指的是市场愿意为其支付的金额。如果你的商业模式与之相符，则需分析有多少拍卖品遭到了流拍（说明定价过高），又有多少拍卖品以"立即购买"价格被成功售出（说明定价过低），以及拍卖的持续时间和最终结果。你可以利用这些信息帮助卖家改进商品定价，并最终提高自己的营收。

## 要点

- 双边市场的形式多种多样。

- 鸡生蛋、蛋生鸡问题的解决，即买卖双方人数的保证是双边市场在初期
  阶段所面临的重大挑战。此种情况下，通常最好重点关注有钱的一方。

- 由于卖家意味着商品库存，因此需跟踪库存的增长状况并查看上架商
  品是否符合买家的预期。

- 尽管很多双边市场均采用佣金制来获取利益，但此外还可采取其他手
  段来盈利，如帮助卖家推广商品或收取一次性的商品上架费等。

双边市场是传统电商网站的一个变种。本章重点讨论了双边市场与众不
同的原因，但若想了解更多有关电子商务以及相关指标的内容，请翻回至第 8
章。也可直接前往第 14 章，了解创业过程中的各阶段对关键指标的影响。

# 第 14 章　创业阶段的划分

即刻测量所有数据是不可能的。你必须依照正确的顺序，逐个考量创业中的设想。为此，首先需要了解自己所处的创业阶段。

我们的精益数据分析阶段按优先顺序给出了应关注指标的列表。但这些阶段并不完全适用于所有人。有些人可能并不喜欢这种过于规范的定义。事实上早在线上和相关活动中测试本书内容时，就曾有人对此表达过不满。不过没关系，我们的脸皮很厚。

对于创业公司而言，所选商业模式以及能够证明假设相当准确的相关证据，远比商业计划书重要得多。商业计划书是写给银行家看的，商业模式才是创业者需要每天面对的内容。判断所处商业模式通常十分简单，但判断所处创业阶段则要复杂得多。这也是创业者喜欢欺骗自己的地方，他们往往高估了自己公司的发展阶段。

实际上，每家创业公司都必须经历多个阶段的磨练。磨练过程从发现问题开始，历经解决方案的创造及其有效性的核查，并以口碑营销以及资金的筹集结束。移情、黏性、病毒性、营收和规模化等阶段与其他精益创业倡导者所建议的内容十分相似。

(1) **移情**。你需要深入目标市场，着手解决人们关心的问题，从而促使消费者愿意为你的商品买单。这就意味着你必须走出办公楼，采访他人并发放调查问卷。

(2) **黏性**。黏性来自好的产品。你需要了解自己能否找到已发现问题的解决方案。如果产品糟糕到访客一看到就会厌恶地离开的程度，那么再大力的推广也是毫无意义的。Color[①]等公司早在未能证明黏性时就贸然扩大规模，其产品最终彻底关闭。

(3) **病毒性**。在保证产品或服务的黏性后，即可开始口碑营销。你要以对产品或服务感兴趣的新访客为对象，测试网站的用户获取能力和新手流程，因为你已经从现有用户处获得了支持。同时，病毒式传播可加大付费推广的效力。因此，为实现客户的获取，应在打广告等非自然方法付费营销以前，确保产品或服务的病毒性。

(4) **营收**。该阶段应着手盈利事宜，但并不意味着此前不存在收费行为。对于许多公司而言，即使是第一名客户也是要付费的。只能说相较于营收，此前你要更为关注客户的增长。之前你负责推出免费试用版、免费饮料或样书，而现今则将重点放在了营收的最大化和优化上。

(5) **规模化**。盈利后，公司即可从自身发展模式切换至市场扩张模式。你需要从新的垂直领域和地理位置获取更多的客户。同时，还可投资不同的分销渠道，帮助增长用户基数。这是因为在这一阶段，与客户的直接交流已没有那么重要。你已经过了产品 / 市场的契合点，这时应该量化地分析相关问题。

所以，正如第 5 章中讲到的那样，我们推荐各位采纳以上精益数据分析的五大阶段，并建议以图 14-1 所示的顺序遍历这些阶段，除非你确实有很好的理由不这么做。

---

① Color 是一款移动图片应用，获得巨额融资，但上线后饱受诟病，最终关闭。——编者注

| 精益数据分析阶段 | 基本原理 |
|---|---|
| 移情阶段 | 真正的问题和解决方案的确定所耗费的成本是最低的，只需一杯咖啡的价格而已。此外还可以解决风险最大的问题，即"会有人在意吗"。这往往首当其冲 |
| 黏性阶段 | 狗会吃狗粮吗？在向普通民众推出产品之前，首先在一小群你可以爱护并培养的友好受众中进行摸索实验 |
| 病毒性阶段 | 分享不仅有助于发展，而且可以验证你哪里做得不错。口碑营销是一种对产品的认可。病毒性于付费客户获取而言，是"力量倍增器"一样的存在 |
| 营收阶段 | 人们会掏腰包吗？你收取的费用足够保证当前的运营并覆盖人工获客成本吗 |
| 规模化阶段 | 你需要销售和分销成本的摊销渠道，此外还需要一种生态系统以跨越"中间的空洞"，从而实现利基市场参与者到大型公司的转变 |

图 14-1 精益数据分析五大阶段排列顺序的原因所在

尽管之前讨论过的大部分案例均属科技公司，其中许多还采用了企业对消费者的电子商务模式，但无论是餐馆还是软件公司，这五大阶段同样适用。

让我们设想有这样一家餐馆。

- **移情**。餐馆开张前，老板首先对当地食客及其喜好、无法供应的食物以及时下的饮食趋势进行了调研。

- **黏性**。随后，老板制定了一份菜单并开始对顾客进行测试。在餐馆座无虚席、回头客时常光顾之前，老板会根据顾客的反馈不断对菜单做出相应的调整。他会免费派发赠品给顾客、测试赠品效果并询问顾客的真实想法。此阶段变数多且库存不确定，因此成本很高。

- **病毒性**。老板启动了忠诚度计划，用以保证顾客的回头率或推荐率。同时，他还很注意在 Yelp 和 Foursquare[①] 上维护餐馆的口碑。

---

① 一款基于用户地理位置信息的手机应用。它让你通过"打卡"餐厅等实体场所，与朋友一起探索一个城市。——译者注

- **营收**。病毒性起作用后，老板开始致力于利润的获取，即更少的免费餐食、更严格的成本控制以及更标准化的管理。
- **规模化**。最终，在确定餐馆可以盈利后，老板将部分营收投入到了市场营销和推广之中。他主动联系美食评论家、旅游杂志和广播电台为餐馆做宣传。随后，他开了第二家餐馆，或是允许其他餐馆加盟。

让我们再设想有一家向大企业出售软件的公司。

- **移情**。公司创始人由于具有特定的行业背景，加之现有解决方案的中断，发现了尚未满足的需求。
- **黏性**。他与初始目标用户群见了面，签订了看上去更像是咨询协议的合同，并以此为基础创建了初始产品。他尽量不去关注产品的独特性，反而尝试引导客户采纳标准化的解决方案，并就定制功能收取高额费用。他让工程师直接处理客户支持问题，而非在早期阶段雇用一个"中间层级"来负责公司与客户的沟通，从而使得工程师可直面自己造成的产品缺陷和相关难题。
- **病毒性**。产品研发成功后，他开始向满意的客户寻求参考意见，并利用这些反馈作为产品的推荐信息。同时，他还采用直销方式以增大客户基数，开启用户群组并提供自动化支持。此外，他发布软件API，鼓励第三方软件开发，并在无直接开发的前提下扩大潜在的市场规模。
- **营收**。他开始在保证成本控制的前提下，重点关注销售规模、利润以及营收的增长。任务以自动化、外包或离岸的方式完成。软件功能提升的水准评定以预期回报和开发成本为基础。来自授权和服务支持的经常性营收在总营收中占据的比重越来越大。

- **规模化**。他与大型经销商签订协议，并与全球性咨询公司合作，使其部署和整合公司开发的软件。他参加交易展览以收集相关线索，并仔细衡量客户获取成本、产品成交率及其线索价值。

接下来的章节将继续使用这五大阶段概念，并像第 5 章那样将它与其他框架相结合。此外，我们还将概述各阶段需要经历的"关隘"。[①]

之所以这么注重公司所处的创业阶段，是因为应关注指标在很大程度上受特定阶段的影响。过早关注某指标或优化无关紧要的部分必然会导致创业失败。因此，我们应深入钻研和探讨精益数据分析的五大阶段。

---

### 练习：明确自己所处的创业阶段

你认为自己处于哪个创业阶段？把心中所想写下来。阅读以下有关精益数据分析五大阶段的章节后，看看你的答案是否发生了改变。你可能需要更多的细节，重点关注当前阶段的特定方面，例如移情阶段的问题验证或解决方案验证，才能给出答案。此外，你还可能处于两个阶段的交叉部分，因此先阅读相关章节再做出自己的判断吧。

---

[①] 值得指出的是，精益创始人把支付金额、病毒性和黏性作为企业的三大增长引擎，公司可在三者间自由切换。我们更喜欢把三者看作三大优化因素：优秀的创业公司存在一定的支付金额（和客户获取方面的投资）、黏性（和经常性收入）以及病毒性（和随之带来的口碑）。你可以每次只关注一点，但应该在公司的发展过程中同时构建这三点及相关指标。

# 第 15 章 阶段 1：移情

　　创业伊始，你投入时间找寻对人们重要的内容，并设身处地地考虑相关问题。你通过聆听搜寻线索，通过关怀他人挖掘机遇。在这一阶段，你要做的不是证明自己有多聪明，或是找出相应的解决方案。

　　你要做的是尝试了解他人所想，学会换位思考。

　　这意味着你需要发现并验证问题，然后查看所提出的解决方案是否奏效。

## 移情阶段的指标

　　在移情阶段，你将重点放在了定性反馈的收集上，并主要通过有关问题和解决方案的用户访谈来完成这一工作。你旨在找到一个值得解决的问题，以及足以获取早期用户的解决方案。而要想获得这些信息，就必须走出办公大楼。如果你不常走出办公大楼，并且没能在各个阶段对至少 15 名用户进行过访谈，则应警惕自己是否有些操之过急了。

早期需做大量访谈笔记。然后根据访谈内容，了解用户需求以及最受关注的解决方案，这是因为我们可从中得知最小可行化产品（MVP）需要包含的功能有哪<u>些</u>。

## 这是我想出的最佳创意（如何发现值得解决的问题）

创业者总是想法不断。有些人称"想法不值钱"，但这并不完全正确。有一个想法尚且不易，有一个好的想法就更难了。有一个想法并可以走出去验证如何基于它构建些什么，则非常非常难。

问题（或想法）的发现往往源于聆听。毕竟，人们很喜欢抱怨自己遇到的问题。但请对抱怨内容持保留态度。你需要积极主动地聆听，从而找寻隐藏在各种抱怨背后的真相或规律。大型创业公司之所以能够成功盈利，往往是因为公司针对人们未曾意识到的问题采用了大胆创新的解决方案。

　　　　　创业的燎原之势，源于发现的星星之火。

但在某些情况下，你无须发现问题，而应首先找到创业的理由。这在企业级解决方案和公司内部创业中尤其常见。作为内部创业者，你可能已经从客户服务中得知了人们对新产品的需求。若打算说服企业，则你可能是一个意识到缺少某样东西的终端用户，或者是一个看到机遇的前供应商。

想法的得出只是一个开始。在将想法付诸实践之前，应使其历经一段时间的沉淀。我们深信快速实现是创业者的一大美德，但沿着正确方向冲刺与漫无目的乱冲乱撞还是有区别的。第一直觉会促使你先找朋友谈谈这个想法，这并非地道或重要的精益创业方法，但作为第一步还不算太差。最理想的情况是，找到一群朋友或可信任的顾问，这些人均与当前问题息息相关或对其内容有所涉猎，从而可通过相互的交流快速核实想法的现实程度。

你信任的这些朋友和顾问会把他们的直觉（看，我们一点儿也不讨厌直觉）告诉你。如果他们不是在迎合你，或是在避免伤害你的感情，那么你至少可以得到半诚实的反馈。同时，你还可能获得一些之前不曾想到的信息，例如有关竞争者的信息、目标市场、不同人对想法的不同态度等。

在开展实际工作前，也就是想法得出后的几天内，这种快速"嗅探测试"是一项极好的投资。如果想法通过了嗅探测试，则说明是时候启动精益创业流程了。

## 找到需要解决的问题（如何验证问题）

精益创业的第一阶段旨在判断问题是否足以让足够多的人感到困扰，以及了解目前是如何试图解决这一问题的。让我们把这句话拆开来理解。

- **问题足以让人感到困扰**

  人充满了惰性。但你想要人们采取行动，并能够以一种有助于你的企业发展的方式来完成这件事。这就要求人们的处境足够窘迫，从而不得不按照你的希望去做事，如注册和付费等。

- **有足够多的人感到困扰**

  只为一个人解决问题的行为叫作咨询。你需要一个潜在市场。营销者希望受众能够达到群内同质化（即群内成员的喜好存在一定的共性）以及群际异质化（即可按照某种特定方式，利用定制信息区分和瞄准各细分市场）。

- **他们已在试图解决这一问题**

  如果问题真实存在并已得到充分认识，则人们一定会想办法加以解决。也许由于没有其他良策，他们正在手动解决这一问题。无论当前的解决方案是什么，它起初都将是你最大的对手，因为对于人们来说，更愿意接受这样的解决方案。

注意，在某些情况下，市场并不知道自身存在着问题。在随身听、小型货车或平板电脑问世以前，人们并不知道自己有相关需求。事实上，苹果公司早在 iPad 面世的 10 年前，就推出过一款掌上电脑 Newton，却惨遭失败，这也表明当时并不存在此类需求。本例中，你不仅将测试一个人尽皆知的问题，还会关注让人们意识到问题存在的因素。如果你必须在市场中"筚路蓝缕以启山林"的话，你应了解需为此付出多少努力，从而在考虑商业模式时算上这一成本因素。

在进入下一阶段以前，需逐一验证以上三点（以及其他一些因素）。数据分析在验证过程中发挥着关键作用。

首先，如前文所述，应利用定性指标检测所发现问题是否值得付诸行动。这一检测过程始于与潜在客户进行有关问题的访谈。

建议先与 15 位潜在客户进行对话。在数次对话后，你很可能会从中发现一些规律。不要停止对话。完成 15 次访谈后，你应该就可以明确是否需要继续后续步骤。

如果连 15 个访谈对象都找不到，那么想象一下产品的销售前景将会是多么地黯淡。所以，别抱怨了，赶紧走出办公楼。否则，你就是在浪费时间和金钱制造一个没人要的东西。

虽然本阶段收集的还只是些定性数据，但仍需保证数据的实质性，这样你就可以坦诚地说："是的，这个问题足以让人感到困扰。我应该勇往直前，找到相应的解决方案。"一位客户无法形成买方市场。你不能在与寥寥数人进行谈话后，便根据他们一致的积极反馈来决定该产品具有开发价值。

---

### 模式：表明所发现问题值得解决的征兆

定性数据的关键在于规律和规律的识别。以下是在访谈过程中应留心的一些积极征兆。

- 他们想立刻掏钱购买。

- 他们正主动尝试（或曾经尝试）解决当前问题。

- 他们很健谈，并且提出了很多相关问题，表现出了对问题的兴趣。

- 他们身体前倾、生气勃勃（积极的肢体语言）。

以下是一些应留心的消极征兆。

- 他们走神了。

- 他们虽然很健谈，但所谈内容与当前问题无关（说话漫无边际）。

- 他们耷拉着肩膀，或者无精打采地坐在椅子上（消极的肢体语言）。

在访谈的最后，是时候扪心自问了。问问你自己："我是否准备好在接下来的 5 年时间里，全身心地投入到当前问题的解决当中？"

### 模式：精益创业实战及如何开展一次成功的客户访谈

阿什·莫瑞亚是精益创业运动的领导者之一。他通过自己的创业公司，试验并记录各种有关精益创业实践的内容达数年之久。此外，他还写了一本很棒的书——《精益创业实战》（人民邮电出版社），书中内容对本书而言是一种很好的补充。

阿什就精益创业过程早期阶段的客户访谈描述了一套规范的系统方法。

创业者在初期阶段需就相关问题展开客户访谈。首先将解决方案（我们知道你对此很兴奋！）与问题分离开来，只关注问题本身。访谈旨在找到一个值得解决的问题。记住，一直以来客户均可接触到能够提高生活便捷性的神奇小窍门，因此他们早已厌倦了各种各样的解决方案。但大多数时候，提出解决方案的人并不了解客户真正的问题。

以下是阿什和《精益创业实战》就如何开展成功客户访谈的几点建议。

- 力争面对面地访谈。你不仅想听到访谈内容，还想看到客户在访谈时的姿态如何。在面对面的访谈过程中，人的注意力往往会更加集中，因此回馈的质量也会更高。
- 选择中立场所。若选择去受访者办公室，则会让访谈感觉上更像是一次推销。找一家咖啡店或其他休闲场所为佳。
- 避免录音。阿什指出，根据他的个人经验，受访者在录音时会更加拘谨，从而导致访谈质量下降。
- 确保有一个脚本。尽管脚本会因时间的推移而稍作调整，但不要为了"得到想要的答案"而经常修改脚本，或是为了己方的利益而操纵脚本。在整个访谈过程中，你必须保持诚实。

而设计一个好的脚本可能是最大的难题。起初，你甚至可能连要问什么问题都无法确定。事实上，这也是调查问卷在早期阶段不会发挥作用的原因所在，因为你不知道该问什么问题才能获取有用的信息。但脚本可在访谈之间提供足够的连贯性，从而完成意见的交换。

大部分此类访谈颇具开放性。你希望给予受访者畅所欲言的机会，并希望可以保证受访环境的舒适与自由。

在《精益创业实战》一书中，阿什很好地分析了访谈的脚本。此处我们将相关内容概括如下。

- 简要地为访谈流程做好准备。此阶段应告知受访者接下来将要讲到的内容或提到的问题。强调访谈的目的，从而使受访者保持良好的心态。

- 通过收集人口统计资料来检测客户群。询问受访者一些基本问题，以更多地了解其个人信息并获悉其所代表的细分市场。这些问题在很大程度上取决于受访人群。最终，你希望了解客户的业务或生活方式（以想要解决的问题为背景环境），并更多地了解其所扮演的角色。

- 通过讲故事来设置问题情境。讲述你发现待解决问题的过程，以及你认为这些问题重要的原因，从而使受访者与你产生共鸣。如果你真的是在自挠其痒，做到这点想必要容易得多。如果你尚未搞清楚问题所在，或是对待解决问题没什么好的假设，则均会在此刻显现出来。

- 通过让受访者对问题排序来检测问题。重申一遍你所描述的所有问题，然后让受访者按照重要程度排序。不要挖掘得过深，但务必问是否存在你未曾提及的其他相关问题。

- 检验解决方案。了解受访者的世界观。让客户自由发表意见并保持倾听状态。在受访者按照重要程度为所有问题排序后，询问目前各大问题的解决方案。此处不需要脚本，让受访者畅所欲言吧。这也是在访谈中进行定性评估，以判断所发现问题是否值得解决的环节所在。访谈可能会很顺利，受访者也许会求你解决问题；又或许没那么顺利，受访者可能对此没什么兴趣，也就是说你所设想的情况显然与现实脱节了。

- 在访谈结束前提出一些要求。你不想在此详细讨论解决方案，因为这会让人感觉太像电话推销了，但应使用高级别的销售辞

令以保持受访者的兴致。理想情况下，你希望在己方做好准备
的前提下，受访者能够配合有关解决方案的访谈。这些早期的
受访者就是你最初的客户，同时你还希望受访者可以推荐更多
的人作为访谈对象。

如上所述，要想开展一次成功的客户访谈，需要进行许多准备。起初你
可能无法做到游刃有余，但这没关系。希望你可以根据以上内容及其他资源
获得所需工具，并准备一个好的脚本加以练习，然后尽快走出办公楼。几次
访谈过后，你就可以熟知这一流程、看到趋势并收集非常宝贵的信息。同时，
你阐明问题的能力也得到了大幅度的提高，使问题表述更加清楚与简洁。此
外，你还可以收集一些可用于写博客、谈投资与做营销的趣事。

定性指标仅与趋势有关。你试图在人们的反馈中找寻规律，从而梳理出
事情的真相。为此，你必须做一名出色的聆听者，既能与受访者感同身受，
又能保持公正客观。此外，你还必须是一名优秀的侦探，从受访者的讲述中
发现蛛丝马迹，寻找受访者间的共通之处，因为这指引着正确的方向。最后
大规模定量检测这些规律，但目前你要寻找的是假设。

将天生的预感（直觉、脑海里受到困扰的感觉）转化为有根据的推测是定
性指标的现实意义。不幸的是，由于定性指标具有主观性，并且在收集过程
中可受到相互影响，因此也是最容易伪造的。

尽管定量指标可能会出现差错，但指标本身是不会说谎的。可能你收集
的数据是错误的，或是存在统计误差，抑或曲解了统计结果，但原始数据不
会错。然而定性指标却很容易受到人为因素的影响。如果你做不到非常坦诚，
则只能从访谈中听到自己想要听到的答案。毕竟我们往往喜欢相信自己已然
相信的内容，而受访者也喜欢认同我们的观点。

## 模式：如何避免引导受访者

人类是一种弱小、肤浅的物种，往往喜欢说一些自认为能够取悦听众的话语，并且具有从众心理，这对访谈结果会造成严重影响。你不希望自己的产品不受欢迎，但所有人都谎称自己对其感兴趣。此时创业者应该怎么做呢？

你无法改变人的本性。反应偏差是一种众所周知的认知偏差，政治活动家常利用其来引导受众，从而获得自身想要的答案（我们称之为**导向性民意调查**）。

然而，你可以通过以下四点来避免这种引导，即不表明自己的意图、保证问题的真实性、刨根问底以及寻找其他蛛丝马迹。

### 不表明自己的意图

我们十分擅长揣测别人想要听我们说些什么。受访者会在下意识里竭尽所能地猜测你希望他们说些什么，并从蛛丝马迹中找到种种暗示。

- 带有倾向性的措辞，例如"你是否同意……"就是这样一种暗示。这会导致默许偏差的形成，受访者会试图认同积极的陈述。为此，询问时可将自己期待的内容反过来问，从而避免这种情况的发生。如果受访者为表达自己对某种解决方案的需要而否定你的看法，则可更有力地表明你已经找到了一个值得解决的问题。

- 这也是开放性问题可在客户开发的早期发挥作用的原因。开放性问题对答案没有太多的暗示，并能给予受访者自由发挥的机会。

- 先入为主也是一大影响因素。如受访者事先对你有所了解，则很可能会据此做出相应的回答。例如，如果他知道你是个素食主义者的话，在回答有关环保需求的问题时就会给出更加积极的答案。受访者对你的了解越少，给出的答案也就越客观公正。不露底牌在此时显得尤为重要。这也是要求你闭上嘴巴，把说话的机会留给受访者，并且采用标准化脚本的主要原因所在。

- 其他社会暗示源于你的外表。受访者可根据你的行为举止明确应如何回答你的问题。现如今，由于网上信息十分透明，你可能已经通过社交网络认识了自己的受访者，因此要想隐瞒自己的信息可能十分困难。但如果你举止温和，不表明自身态度或给出任何暗示，则得到的数据将会更佳。

### 保证问题的真实性

要想得到真实的回答，方法之一就是使受访者感到不自在。

只有人们感到不悦，才说明是真的感兴趣了。

——阿兰·德波顿，作家、哲学家

下次在做客户访谈时，不要问对方"你会使用该产品吗？"（然后得到一个毫无意义的善意肯定），而应直接索要 100 美元的预付款。对方很可能会断然拒绝你，但有趣的事才刚刚开始。

向客户索要钱财的行为毫无疑问会使其不悦。这是否会使访谈双方都感到不自在呢？答案是肯定的。但你应该为此担心吗？如果你想创造出一款客户愿为之花钱的产品，则无须为此烦心。

问题问得越具体，得到的答案就越真实。要让受访者完成购买行为，而不只是表明他们自己的偏好。你要让他们自掏腰包，给出肯定会使用本产品的 5 位朋友的名字，并获得认识他们的机会。他们突然就会有所投入，而你这么做也会付出成本，因为这种不自在感会迅速消除受访者想要取悦你的心思，他们会向你表达自己的真实感受。

要想防止受访者为取悦你而给出不真实的答案，还可转而问对方如果当事人是他们的朋友将会如何做。受访者在面对"你抽烟吗"这种问题时，可能会隐瞒实情。但如果你问"你有多少朋友抽烟"，则可能得到真实的答复，并反映出此人的世界观。

## 刨根问底

客户开发访谈中有一个很棒的技巧，即连续追问 3 次为什么。虽然这会让你听起来像是个两岁小孩，但确实很起作用。提问后，耐心等待对方的答复。然后停顿 3 秒（表示你在听，并确保对方已经说完了），再追问其为何如此作答。

反复询问为什么实际上是在迫使受访者解释自己为何如此作答。答复背后的理由往往前后不一致或是自相矛盾。这是好事，这表明你已经认识到了人们自称会怎样做和实际会怎样做之间的差距。

作为创业者，你在乎的是后者。要想说服人们违背自己内心的道德指向着实很难。*The Righteous Mind*（Pantheon 出版）一书的作者乔纳森·海特曾说："任何重视真理的人，都应停止对理性的崇拜。"访谈中受访者给出的各种理由，远没有其真实的想法和动机那么有趣。

你还可以从审讯官身上获得经验，在访谈中故意沉默一会儿，留下一段令人不自在的空白。受访者很可能会利用一些有益的相关见解或有趣的轶事来填补这一空白，而这些均可表明其自身的问题与需要。

**寻找其他蛛丝马迹**

人们说出的大多话语并不体现在语言上。尽管非语言上的沟通在热门研究中有被夸大之嫌，但与文字相比，肢体语言往往更能传达出人们的感受与情感。例如，人们可从神经性痉挛和紧张的言语中，判断出受访者并不认同某种观点，或是为寻求权威而找寻他人的支持。

在访谈过程中，你需要直接与受访者打交道。找位同事在旁记笔记，并要求其注意受访者的非语言信号。这将有助于你与受访者沟通，并将注意力集中在给出的答复上，同时也保证不会漏掉受访者重要的潜意识信息。

不要忘记问一个《神探可伦坡》[①]式的问题。像彼得·福克[②]在剧中所演的那样，在说过再见后突然抛出一个出人意料、让人丢盔卸甲的问题。这往往会让人措手不及，并可利用其验明访谈中一些重要信息的真伪。

## 聚合性和发散性问题访谈

写作本书时，作者曾与创业者和博客读者交流过很多想法，以测试想法的受欢迎程度，其中有一个比较具有争议的话题，即是否应为问题访谈打分。一些读者认为打分是个好方法，因为这有助于他们了解自身需求的发现进程，并为某一解决方案的需求强度评级。其他人则持反对态度，有时反对的声音非常强烈。他们认为打分是个坏主意，因为这有违该阶段开放与探索性的本质。

本书稍后将具体介绍评分框架。但首先，我们要提出一个解决方案，即问题验证完全可以发生在两个截然不同的阶段。

---

① 美国经典侦探类电视电影系列。——译者注
②《神探可伦坡》的主演。——译者注

尽管问题访谈的目的始终如一（这决定了你是否有足够的信息和自信进入下一阶段），但达成目的的方法却各不相同。

本章早先提到的阿什·莫瑞亚的精益画布曾建议在访谈中先讲一个故事，从而提供有关问题的背景内容，然后提出更多具体问题，并要求受访者将问题按照重要程度进行排序。这是一种聚合性方法，受到了指引与关注，并试图量化问题的紧迫性和普遍性，以便比较许多已发现的问题。在聚合性问题访谈中，你做的是重点关注细节信息（尽管你希望受访者可以畅所欲言，而访谈也不至于太过僵化），而非漫无目的地盘根问底。

聚合性问题访谈可为你将来的行动设定明确的方向，但要冒一定的风险，即由于过分关注某些自认为重要的问题，而无法让受访者说出对他们而言可能更加重要的问题。例如，你可能成功指引受访者回答了自己预先设计的问题，却无法从答复中发现意料之外的相邻市场或需求。

而发散性问题访谈则要随机得多，其目的在于扩大可用于解决方案的搜索范围。在此类问题访谈中，你与受访者讨论的是一个很大的问题空间（医疗、任务管理、交通运输、预订假期等），并要求其说出自己的问题。你并没有提出一堆问题，并要求受访者对这些问题进行排序。相反，你或许想要印证一两个问题，但你不会直接问，而是通过受访者提及这些问题的次数来判断，并在一定程度上验证访谈的成功与否。

发散性问题访谈的风险在于，你关注的问题数量太多、范围太广，没有让受访者重点关注其中的某个问题。此类问题访谈常常抛给你太多的问题，却不能提供足够多的类似问题以及清晰的行动路线。

经过一定的实践后，才能在两种访谈间找到恰当的平衡点。一方面，你希望给受访者机会，让他们告诉你自己想要的是什么；另一方面，当你自认为找到有价值的问题时，又不得不做好准备，从而让受访者重点关注此类问题。同时，如果受访者无法与你产生共鸣，则不应反复强调这些问题。

如果你刚刚起步，并想重点关注探索性练习，则不妨先试试发散性问题访谈。评分机制在此时没有那么重要。你要先收集初步反馈信息，然后看看其中有多少问题能和受访者随口说出的内容一致。一切进展顺利的话，则可转而对其他受访者展开聚合性问题访谈，并判断这些问题是否在更大范围内引起了共鸣。

## 我如何能够知道问题真的足够让人痛苦

尽管迄今为止收集到的均为定性数据，但其实是有办法进行量化的，从而判断自己是否要继续下去。归根结底，此处第一关键指标是痛苦程度，具体指受访者在听闻问题后的痛苦程度。那么你要如何衡量痛苦程度呢？

为问题访谈打分是一种简单的方法，但并非绝对科学。你的评分具有一定的随意性，但如果有人在访谈中协助你并做好笔记的话，则应该有可能保证打分的客观性，并从中获得价值。

可利用一些评判标准为聚合性问题访谈中的问题打分。每个回答都有一定的作用，把结果相加后，你就会意识到自己所处的位置。

在完成每次访谈之后，问自己如下的问题。

| 1. 受访者有没有成功地为问题排序 | | |
| --- | --- | --- |
| 有 | 差不多 | 没有 |
| 受访者饶有兴趣地为问题排了序（无论排序结果如何） | 受访者无法确定哪个问题真正令人感到痛苦，但对问题本身还是很感兴趣的 | 受访者感到排序十分困难，或是花更多的时间顾左右而言他 |
| 10 分 | 5 分 | 0 分 |

即使是重点关注特定问题的聚合性问题访谈，也具有一定的开放性，是允许受访者讨论其他问题的。这完全没问题，并且极其重要。没人说你提出的问题是正确的，而这正是你想要衡量与证明的。因此，在整个访谈过程中你都要保持思路开阔。

鉴于为访谈打分以及衡量痛苦程度的目的，低分意味着访谈的失败。受访者如果一直在顾左右而言他，就说明你提出的问题对其造成的痛苦还不够深。访谈失败没什么关系，它可能会让你发现你更加感兴趣的事，同时还可以避免许多麻烦事。

| 2. 受访者是否（曾经）积极尝试着解决问题 | | |
|---|---|---|
| 是 | 差不多 | 否 |
| 受访者试图用 Excel 表格和传真机解决问题。若果真如此，你可能捡到金子了 | 受访者花费一段时间来解决问题，但只是将其当作一份工作罢了，内心并没有想要解决问题 | 受访者没怎么花时间处理问题，并满足于现状，认为不存在什么大问题 |
| 10 分 | 5 分 | 0 分 |

　　受访者为解决所提问题，付出的努力越多越好。

| 3. 受访者在整个访谈过程中是否足够专注 | | |
|---|---|---|
| 是 | 差不多 | 否 |
| 受访者仔细聆听你的每一句话，听你把话说完，并且没有摆弄自己的智能手机 | 受访者虽然对此感兴趣，但如果你不主动向其求意见，则仍然会走神或不置可否 | 受访者露面后一直在看手机，并提前结束会面，或通常表现出一副全然置身事外的样子，就好像见你是给你面子似的 |
| 8 分 | 4 分 | 0 分 |

　　理想情况下，受访者在访谈过程中是全身心投入的，其中包括聆听、发表意见（活跃是好事）、身体前倾等行为。开展访谈的次数达到一定数量后，即可判断出受访者是否真的投入其中。

　　本题的总分要低于前两题。一方面是由于访谈中的投入程度更加难以计量，并且比其他问题更为主观。另一方面，我们也不希望投入程度在访谈中占太大比重，因为它并没有那么重要。有的人也许看起来有点漫不经心，但在过去的五年里，他一直在试图解决你提出的问题。这才是真正感到痛苦的人，但可能就是太容易分神了。

| 4. 受访者是否同意后续面谈 / 访谈（你将在后续面谈中提出自己的解决方案） | | |
|---|---|---|
| 是，不用问也会同意 | 是，询问过后会同意 | 否 |
| 受访者"昨天"就索要解决方案了 | 受访者对后续访谈的安排并无异议，但突然之间他下个月的日程就全部排满了 | 你和受访者都意识到，已经没有必要提出解决方案了 |
| 8 分 | 4 分 | 0 分 |

问题访谈旨在找到令人感到足够痛苦并且亟待解决的问题。理想情况下，受访者会恳请你给出解决方案。接下来就是解决方案访谈了，所以如果有人愿意与你进展到这一步，则是一个很好的迹象。

| 5. 受访者是否愿意引荐他人供你访谈 | | |
|---|---|---|
| 是，不用问也会愿意 | 是，询问过后会愿意 | 否 |
| 受访者主动向你推荐受访人选 | 在你的询问后，受访者最终给出了推荐人选 | 受访者不会给出推荐人选 |
| 4 分 | 2 分 | 0 分（同时扪心自问，自己能否大规模地触达市场） |

每次访谈的最后，都应该请求受访者引荐更多的人参与访谈。这些推荐人选很有可能十分相似，并且有着同样的问题。

你想知道受访者是否愿意帮你引荐自己圈子中的人，而这也许是本阶段更为重要的内容。这是因为这一点可以清楚地表明，受访者并不羞于向他人介绍你，并且认为你可以让他显得更加聪明。如果受访者觉得你很烦，则很可能不会给出任何推荐人选。

| 6. 受访者是否愿意立即付钱购买你的解决方案 | | |
|---|---|---|
| 是，不用问也会愿意 | 是，询问过后会愿意 | 否 |
| 受访者主动要求出钱购买产品，并开了个价 | 受访者同意出钱购买产品 | 受访者不打算购买或使用你的产品 |
| 3 分 | 1 分 | 0 分（同时扪心自问，自己能否大规模地触达市场） |

尽管受访者的支付行为通常发生在解决方案访谈中（你真正向人们介绍解决方案时），但此举仍然是个不错的"勇气检验"方法。当然，如果真的有人在此阶段付款就更好了。

## 计算得分

总分 31 分是用来区分成绩好坏的分水岭。试着为所有访谈打分，再看看其中有多少总分达到了 31 分及以上。这样正好能够表明你是否发现了什么与待解决问题相关的事情。然后问问自己，访谈的分数差距从何而来。或许你发现了一个细分市场，又或许得体的穿着打扮给你加了分，或者是你不该在咖啡店做访谈。每一次的访谈都可以为你提供一定的经验。

你还可以对问题进行排名。如果你提出了三个问题，那么其中哪个问题得到了最多的第一顺位排名呢？这就是你最应该深入挖掘并（在解决方案访谈中）提出解决方案的问题。

最理想的情况是，部分受访者给出的问题排名完全相同（或十分相似），且相关访谈的得分也很高。这应该使你更加确信自己找到了正确的问题和市场。

---

### 案例分析：Cloud9 IDE 对现有客户的访谈

Cloud9 IDE 是一个基于云的集成开发环境（IDE），实现了网络和移动开发者随时随地远程工作与协作的可能。平台主要服务于 JavaScript 和 Node.js 应用，但同时也在不断提供其他语言的支持。该公司已成功完成 A 轮融资，主要投资方是 Accel 资本[①] 和 Atlassian 公司[②]。

尽管 Cloud9 IDE 团队早已过了最初的问题访谈阶段，但仍定期与客户对话，并建立了系统化的客户开发机制。产品经理伊瓦尔·普瑞金说：“我们的产品已差不多切合了市场需求，客户间的对话对我们大有助益，成功使我们了解到自己是否满足了客户的需求以及产品的使用情况。”

伊瓦尔使用了之前提到的评分框架，并针对不同类型的访谈中的一些问题进行了调整。“目前受访的客户已在使用我方产品，因此我们提出的问题也与框架中的稍有不同，但评分机制不变。”伊瓦尔说。他在访谈结束后会首先问自己两个问题。

---

① 美国加州一家著名的风投资本公司。——译者注
② 澳大利亚一家企业级软件提供商。——译者注

(1) 受访者是否说过我们的产品解决了或即将解决他们在日常工作中面临的问题？

(2) 受访者是否（曾）主动尝试着解决那些由我方产品解决掉或即将解决掉的问题？

他说："通过这些问题，我们试着判断自己有没有解决好客户的实际问题。如果有许多访谈的评分都很低，我们就可以判定一定是哪儿出错了。"

幸好，大部分的访谈得分还不错，但伊瓦尔却能够深入挖掘到更多的内容。他说："我能够找出应重点关注的客户类型，从而帮助产品改进。我发现有两类客户群体在访谈中得分最高，尤其是在需求的满足和问题的解决这两大首要评分标准方面。"

在为最初的访谈评过分后，伊瓦尔还会通过两种方法对结果和得分进行验证。一种是去采访一些公司内部最为活跃的用户，并深入了解其日常工作内容。另一种是分析数据库，这其中含有产品使用情况的数据。二者均验证了他最初的发现，即有两类客户群体可从产品中获得更多的价值。"有趣的是，这两类客户群体并非我们一开始就致力服务的对象。"伊瓦尔说，"现在我们总算知道应该往哪里大力投入时间和精力了。"

在本案例中，评分过后的开放式讨论（即便公司早已过了最初的移情阶段）展现了一个具有更高黏性并且具备快速发展基础的细分市场。此外，伊瓦尔还提到，为访谈问题打分有助于他慢慢改善自己的访谈技巧，并且可以更好地关注可指导行动的问题。

## 总结

- Could9 IDE 决定再进行一轮客户访谈并为其打分，即便公司早已过了移情阶段。

- 公司不仅从访谈中得知客户十分满意，还发现有两类客户群体可从产品中获得更高的价值。
- 有了这一发现后，公司开始比较分析数据，证实这两类客户群体在产品使用方面的确存在特殊性，并正为其重新调整功能和市场营销的优先级。

**数据分析启示**

在创业的任何阶段，你都可以与客户交谈并为访谈打分。这些访谈给予你的不仅仅是客户的反馈，还有助于你发现具有特殊问题或需求的细分市场。

# 人们目前在如何解决问题

值得解决的问题有一个特点，即有许多人正在试图或曾经试图解决它。人们会花大力气去解决那些于自身而言十分痛苦的问题。在解决问题时，他们使用的产品往往并不是专门为解决这些问题而准备的，但这已经"足够好了"，或者他们会使用自己创造的解决方案。尽管你做的是定性访谈，但在这之后仍然可以摆出一些数据。

- 有多少人从未尝试解决问题？如果连尝试都未曾做过，在前进的道路中就要特别小心了。你必须首先让人们意识到问题的存在。
- 有多少人主动提供了"足够好"的解决方案？在解决方案访谈中，你会花更多的时间去探讨解决方案，但创业公司往往低估了"足够好"的力量。袜子配不上对属于普遍性问题，但还没有人因为解决了这一问题而发家致富。

过于理想化的创业公司往往低估了市场的惰性。它们试图利用于客户而言并不是那么重要的产品特点、功能和策略去战胜市场中的领导者。其最小可行化产品拥有太多"最小化"元素，不足以带来质的改变。它们认为自己的所作所为（不论是更加流畅的用户界面，还是更加简单的系统、社交功能等）是明显的胜利，结果却在自我感觉"足够好"方面自食了恶果。

创业公司要想取得大规模的成功，所需跨过的门槛远比市场领导者要高。市场领导者已经占据了市场，即便所占份额在下降，通常也不会太快。创业公司需要尽可能快地攻城略地。你必须要比市场领导者好上十倍才会获得人们的注意，这意味着你要在创造力、策略性、诡诈性和攻击性方面比市场领导者强上 100 倍。市场领导者可能会慢慢疏于与客户的联系，却仍要比任何人都了解自己的客户。

要想从市场领导者手里把客户抢过来就要比他们更加努力。不要只盯着对方"明显的"缺陷不放（如过时的设计风格），认为那才是需要改进的地方。为了找到让客户真正感到痛苦的元素，并保证能够迅速将其解决掉，你必须进行更加深入的挖掘。

## 有足够多的人在乎这一问题吗（理解市场）

如果你找到了一个让人们感到足够痛苦的问题，接下来就应该去了解市场的规模与潜力。记住，单一的客户无法代表市场。在解决只有极少数人才真正在乎的问题时，你必须格外小心。

如果你正试图估算市场的规模，我们建议你使用自上而下和自下而上两种分析方法，并比较二者的结果。这有助于检查你的数学运算，以免出现不必要的错误。

自上而下的分析以一个很大的数字为开始，继而不断对其进行拆分。自下而上的分析则与之相反。例如，我们假设在纽约市内有一家餐馆。

- 自上而下的模式首先关注的是美国所有人外出就餐的总开支，然后是纽约在其中的占比，再然后是纽约市内餐馆的数量，最后计算出一家餐馆的总营收。
- 自下而上的模式则会首先关注餐馆内的餐桌数量，然后是上座率以及每餐的平均消费。三者相乘，再乘以一年的天数（会有季节性调整），即可估算出该餐馆的年收入。

以上计算方法经过了一定程度的简化，因为还有许多其他因素影响着最后的结果，例如餐馆的选址与类型等。但两种模式计算出的年收入结果应该有两个。如果二者相差甚远，则证明你的商业模式出现了问题。

在进行问题访谈时，记住多问些背景方面的问题，以了解受访者的个人信息。你提出的问题在很大程度上取决于你要交谈的对象以及你的公司类型。如果你服务的是企业市场，你会更想了解受访者在公司内的地位、购买力、预算、季节性影响力以及所处的行业。如果你服务的是消费者市场，你会对受访者的生活方式、兴趣和社交圈等因素更感兴趣。

## 怎么才能让人们意识到这一问题

如果受访者不知道问题的存在（但你有充分的证据证明它的确存在），你就需要了解一下使其意识到问题存在的难度，以及应如何让其意识到这一点。

注意，大多数时候，即便人们不存在什么问题，也还是会认同你的观点。他们不想伤害你的感情。出于好心，他们会在你提醒其注意后，假装自己的确有此问题。如果你确信人们的确存在问题，并且只是需要有人提醒其注意一下，则需想点办法检测一下该假设的真伪。

以下方法可助你获得更加诚实的回答。

- 尽早给出原型。

- 在纸上画出原型，或是在 PowerPoint、Keynote 或 Balsamiq 中做出简单的模型，从而观察受访者是如何在无人指导的前提下与你的理念交互的。
- 看他们是否愿意马上付钱。
- 观察他们向朋友解释的过程，并判断其是否懂得如何传递信息。
- 请他们向你推荐其他可能在乎该问题的人选。

## 客户"典型的一天"

在问题访谈中，你会希望深入地了解一下自己的客户。此前我们提到了收集受访者的背景资料，并想办法将客户分类。但现在你可以通过客户"典型的一天"进一步了解他们，洞悉他们的生活，了解他们的想法。

客户也是人。他们也会有生活和孩子，也会吃太多、睡不好，也会打电话请病假、感到无聊，也会看很多的电视真人秀。如果你对买家的定位是理想化且经济理性的话，则注定会以失败告终。但如果你了解客户的一切，设计的产品又十分贴合他们的生活，则肯定会大受欢迎。

为此，你需要潜入到客户的日常生活中去。不要觉得"潜入"是一个贬义词。要想成功就需要客户使用你的应用。要想达成这一目的就要轻松无缝地走入他们的生活。了解客户的日常生活意味着能够还原出他们每天所做的每一件事以及发生的时间。若方法正确，还可以了解到他们这么做的原因。你会发现领导、朋友、家人、员工等因素影响着客户的行为举止，以及他们生活中存在的限制、约束以及机遇。

"典型的一天"故事板是一种还原客户日常生活的方法。故事板（墙上贴的大量彩色便利贴）是一种视觉表现方式，并且可以使你在客户的一天当中自由地穿梭，以判断你的解决方案在哪里才能发挥出最大的作用。图 15-1 给出了一个故事板的例子。

图 15-1  HighScore House 是如何描述育儿的混乱生活的

有了这个故事板，要想就解决方案的使用方法、时间和对象提出不错的假设就容易多了。你可以尝试不同的方法潜入客户的生活。正确的潜入方式会使产品大受欢迎。

描绘出客户生活中的一天还可以揭露你在了解客户的过程中明显存在的盲点，如不快点进行弥补，则会为创业带来风险。在更加清楚地认识到解决方案的使用时间和方法后，你更有希望定义一个成功的最小可行化产品。

"典型的一天"这种练习可以非常细致地描述人们使用解决方案的具体情况，这远比简单地定义目标市场和客户群体深入得多。毕竟，你的销售对象是人。你需要知道如何找到这些客户，介入他们的生活，并且在他们需要你的解决方案之际，助他们一臂之力。

用户体验设计师还会通过心智模型来体会客户是如何思考的。所谓心智模型，其实就是现实世界中某事物运作的心理表征，通常是现实的简化版本，有助于人们对于事情的处理。心智模型有时是以象征的形式出现的，例如电脑上的回收站；有时又是深深印刻在我们脑中的既简单又基础的模式，如团队忠诚度或排外心理等。

　　Adaptive Path 联合创始人因迪·杨写了很多心智模型方面的著作，研发了很多种将客户的生活规律与产品、服务，以及自身与客户间的交流互动联系在一起的方法。图 15-2 便是一个很好的例子，它把客户早上的行为举止与多种产品门类联系在了一起。[1]

图 15-2　用心智模型过度分析一日之晨

　　勾勒出客户在着手处理某项特定任务时的行为举止，然后将你的活动和功能与这些行为联系在一起。这样有助于你抓住错失的良机，提高参与度、销售价值、认可度或其他影响买家的因素。如果你的产品是个人健身工具，那么在客户去健身房锻炼、参加节日狂欢以及早晨沐浴之时，即可抓紧时间与其交互，从而为其提供一种更适合自己的愉悦体验。

──────────

[1] 因迪·杨的 *Mental Models: Aligning Design Strategy with Human Behavior*（Rosenfeld Media）一书中的心智模型图。

## 模式：找到访谈对象

现代世界已不再偏重于物理交互。我们有很多种远程交互方法，但在试图找寻某种需求时往往都不太管用。除非你与潜在客户进行面对面的交谈，否则很难发现对方说话时的一颦一蹙，畏缩、微小的肢体语言，以及轻轻的喘息与耸肩，而正是这些细微因素，决定了你到底是发现了一个真正的问题还是在浪费大家的时间。

这并不是说科技不好。现在有好多用于寻找潜在客户的工具，它们在前人看来简直就是拥有超能力。在离开办公室以前，先得找到访谈对象。如果你能迅速找到这样的人选，则预示着光明的前景，因为如果他们乐于接受你的想法，你就可以找到更多这样的人并建立起自己的客户基础。

以下是一些笨拙但直观的方法，有助于你找到相互交谈、邮件往来和学习的对象。

### Twitter 的高级搜索

对于创业公司而言，Twitter 就像是一座金矿。它的不对称性（即我关注了你，但你不一定要关注我）和相对开放的氛围暗示着上面的人期待着与别人的互动。人都是爱慕虚荣的，如果你 @ 了某人，这个人可能会过来看看你说了什么以及你是谁。只要你不滥用此项功能，这就是一种很好的找人方式。

比方说，你正在开发一款为律师所用的产品，并且想找附近的律师聊一聊。如图 15-3 所示，只需在 Twitter 的高级搜索栏中输入关键字和地理位置信息，即可找到你想要找的人。

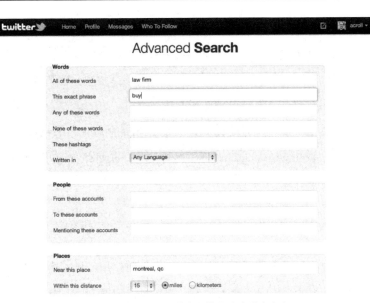

图 15-3　用 Twitter 的高级搜索追踪潜在客户

点击搜索后，你会得到一份可能符合标准的组织和个人名单，如图 15-4 所示。

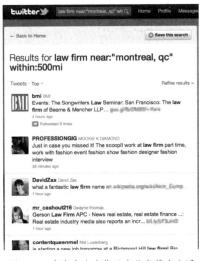

图 15-4　真实客户离你只有几条推文之遥

现在，你可以小心谨慎地联系他们了。但注意不要将联系演变成骚扰。先试着了解下他们，看看他们住在哪儿、说了些什么。当他们提到了相关内容，抑或是你觉得可以行动了，就和他们聊聊吧。只需@他们，邀请他们填写一份调查问卷等即可。

此外还可以靠一些有趣的工具挖掘 Twitter 中的信息来找人。Moz 有一款叫作 Followerwonk 的工具，另外还有一款叫作 Twellow 的免费个人信息搜索引擎。

## LinkedIn

对于创业公司来说，另一个不受地域限制的巨大福利是 LinkedIn。你可以通过搜索功能，获取大量的人口数据，如图 15-5 所示。

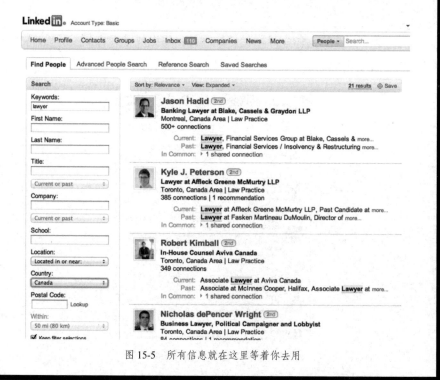

图 15-5　所有信息就在这里等着你去用

你可以直接找到这些人的名字和号码，查看他们公司的电话号码，并直接拨打过去，而无须在 LinkedIn 上联系他们。但如果你们之间的确有一些共同好友，便会发现热情的引荐可以创造奇迹。

此外，LinkedIn 还具有群组功能，你可以搜索群组并加入其中。大多群组是围绕着特定兴趣建立的，因此你可以在其中找到一些相关人士，并做一些背景调查。

## Facebook

Facebook 于我而言风险要稍大些，因为它毕竟是一个双向关系网（对方必须同意你的好友申请）。但单从搜索结果来看，就可以了解整个市场的规模大小，如图 15-6 所示。你可能会发现并加入一些有用的群组，然后在群组内邀人做测试，或是进行专题小组讨论。

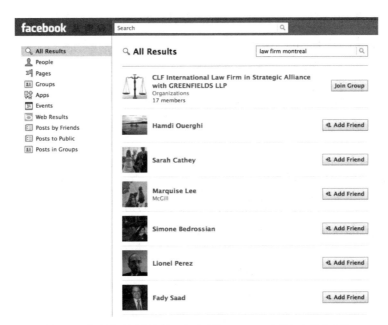

图 15-6　即便没有详细资料，也可以从 Facebook 中得知应该联系谁

其中有一些方法十分浅显易懂，但只需在走出办公室之前（无论是亲自走出去还是利用网络走出去）稍微做一下准备，就可以让一切变得不同。提前准备有助于数据获取速度以及质量的提高，你可以在几天内验证自己的商业假设，而不用再等上几个星期。

## 大规模地收集答案

（在开展 10~20 次客户访谈以后）你应该选择继续访谈，重复自己提出的问题，与受访者一起更为深入地挖掘，并尽可能多地了解一些内容。不过你也可以扩大自己的行动范围，做一些定量分析。是时候大规模地与人交谈了。

这样做有以下好处。

- 迫使你将访谈过程规范化，从主观转为客观。
- 检验你是否能够大规模地吸引客户的注意力，以获取最终的蓬勃发展。
- 给予你可供分析和分类的量化信息，并揭示出必须要有一定受访群体才有可能发现的趋势和模式。
- 受访者可能会成为你的公测用户以及社区的用户基群。

有些技巧可应用于大规模的客户访谈之中，其中包括问卷调查和落地页。这些媒介能够让你有机会接触到更多的受众，为访谈中获取的定性反馈，提供一个更加强大的数据驱动案例。

### 案例分析：LikeBright 利用土耳其机器人一举进入 TechStars

LikeBright 是一家婚恋交友领域的早期创业公司，曾于 2011 年参加 TechStars[①] 在西雅图的孵化器项目。但其加入的历程却并不轻松。创始人尼克·索曼称，TechStars 西雅图项目的总经理安迪·萨克一开始拒绝了 LikeBright 的加入，理由是"我们认为 LikeBright 对公司客户的了解不够充分"。

随着申请截止日期的逼近，安迪为尼克布置了一项挑战：去和 100 位单身女性聊聊她们对约会感到不满的地方，然后告知 TechStars 自己学到了什么。

尼克犯难了。自己怎样才能在很短的时间内与这么多女性交谈呢？他认为这是不可能完成的任务，至少不会轻易实现。随后他决定试用土耳其机器人。

土耳其机器人是亚马逊旗下的一个服务平台，人们可支付少量的金钱雇人完成简单的任务。它通常用于快速收集人们对于商标和颜色选择等内容的反馈，或是执行一些小任务，如标记照片或垃圾邮件等。

尼克打算利用土耳其机器人对 100 位单身女性展开问卷调查，于是他发布了一项任务（土耳其机器人称之为 HIT），要求（符合特定标准的）女性给他打电话。尼克会向每一位打来电话的女性支付 2 美元的报酬。每次访谈通常持续 10~15 分钟。

"我在调研中发现，使用土耳其机器人平台的人们来自各行各业。"尼克说道，"许多高学历、具有不同文化背景的女性都非常愿意向我们讲述自身的约会经历。"

---

[①] 一个美国知名的创业孵化器。——译者注

尼克开通了几个 Google Vocie 电话号码（一次性电话号码，不会被追踪或重用），并找了几个朋友帮他。

他准备了一个简单的访谈脚本，其中大部分是开放性问题，毕竟他还只是处于创业的问题验证阶段。尼克说道："我十分惊讶于自己取得的结果。我们一晚上只用了 4 小时，就成功与 100 位符合标准的单身女性完成了交谈。"

最终，尼克深刻地了解了 LikeBright 的潜在客户，以及他在创业阶段将会面临的挑战。带着这些实战经验，他回到了 TechStars 和安迪·萨克那里；他获得了认可并入选了孵化项目。LikeBright 网站目前拥有 50% 的女性用户基数，并于最近获得了一轮融资。尼克现在仍十分推崇土耳其机器人，并称"自首次尝试客户访谈以来，我大概已经通过土耳其机器人和 1000 多人进行了对话"。

## 总结

- LikeBright 利用技术手段得以在短时间内和大量终端用户交谈。
- 在 24 小时内和 100 名潜在客户交谈后，创始人得以加入创业孵化器。
- 经证明，Google Voice 和土耳其机器人的组合十分成功，LikeBright 至今仍经常使用这一组合。

## 数据分析启示

尽管在定性数据的获取方面并无捷径可走，但可使用技术在极大程度上提高数据的获取效率。在移情阶段，应重点关注工具的构建，以实现快速收集大量优质反馈的目的。客户开发并非代码开发，但这也不能成为你不在此大力投资的理由。

LikeBright 利用土耳其机器人实现了大规模接触客户的目的，但除此之外还有许多工具可以做到这一点。假如你在客户开发方面已经做了足够多的工作，知道该问哪些问题，那么问卷调查则十分有效。选择问卷调查的挑战在于你要找人回答问题。与一对一访谈不同，问卷是一种自动化的过程，并需要你去处理那些不可避免的统计噪声。

如果你在社交网络上有很多粉丝，或者可以访问一个邮件列表，则可将其作为问题访谈的起点。不过，通常你想要找一些新面孔进行交谈。他们是新的信息来源，并且不太可能因为你们认识而不客观。这就意味着要找一些此前你没有接触过的群体，理想情况下这一任务是通过软件来完成，省得你手动一个一个地邀请。

Facebook 的广告平台可向特定群组有针对性地投放广告。你可以按照人口分布、兴趣等条件划分你的目标群体。尽管 Facebook 广告的点入率非常低，但你在该阶段追求的并不一定是"量"。找到 20 或 30 人进行对话已经是一个非常好的起点。你还可以通过发布的广告和点击之后的落地页来测试传递的信息，从而鼓励人们与你联系。

你还可以在 LinkedIn 上更加有针对性地投放广告。这可能会产生一定的花费，但如果你通过搜索 LinkedIn 的联系人和群组找到了很好的受众的话，可能就要考虑通过 LinkedIn 广告平台来初步测试你的广告语。

谷歌上有针对性的广告投放十分简单。如果你想在网页上找人做问卷调查或注册网站，谷歌可以帮你非常精准地找到人。要想使用 Google Adwords 投放广告，第一步就在于确定投放的地点、语言以及其他信息，如图 15-7 所示。

然后，你就可以创建自己的广告语了，使用界面如图 15-8 所示。这是一种非常好的方法，你可以在此尝试不同的口号和策略。即便是那些没有获得点击的广告方案也能给你一些启发，因为你可以从中得知什么是不能说的。你可以尝试用不同方法来勾起人们的基本情绪，如恐惧、贪婪、爱意等，也要找到可提高点击率，并且能够让人坚持填完调查问卷或提交邮件的方法。

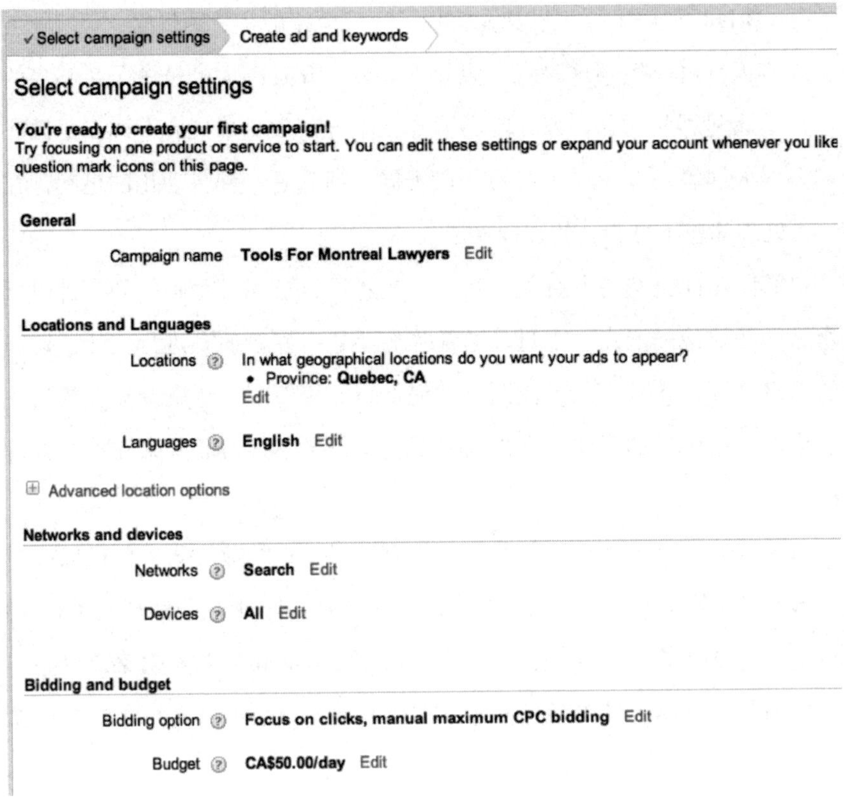

图 15-7  一些控制广告受众的方法

　　谷歌还提供了一款叫作 Google Consumer Surveys[①] 的问卷调查产品，它是专门为收集消费者信息而设计的。得益于谷歌广告网络的强大覆盖效应，公司生成的统计结果足以代表目标人群。

　　谷歌利用"调查墙"技术处理问卷调查，其中每道题仅需点击一两次即可完成。由于调查过程的简化，公司成功获得了高达 23.1% 的回答率（而"拦截式"调查、电话调查以及网络小组调查的回答率则分别为不到 1%、7%~14% 和 15%）。但同时，快速回答的方式又使得多个答案的收集和关联变得有些困难，从而导致分析和市场细分的种类受到了限制。

---

① 谷歌消费者调查。——译者注

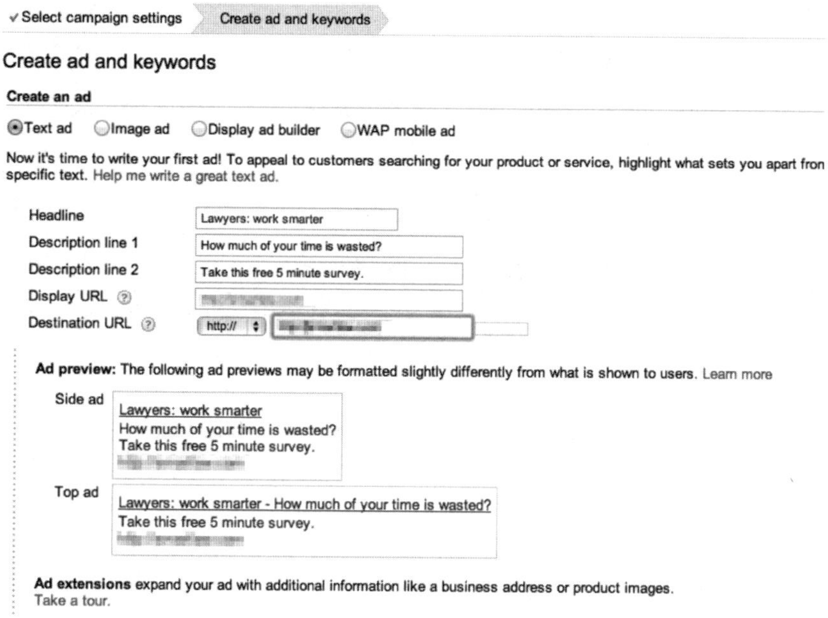

图 15-8　*你会点击这些广告吗*

---

## 模式：开展一项能得到大量回答的问卷活动

　　开展有效的问卷调查由问卷设计、测试、发放和分析几大关键步骤构成。但在此之前，要首先明确自己提出问题的理由。所谓精益无非就是发现和量化风险。你希望通过问卷调查来量化哪种不确定性呢？

- 如果问卷中问道"在某特定行业中，你首先想到的是什么牌子？"，你会根据所得信息效仿这些牌子的营销策略吗？还是准备着手应对竞争威胁？抑或选择合作伙伴？

- 如果问卷中问道"客户是如何找到一款产品或服务的？"，所得答案会影响你的营销活动和媒介选择吗？

- 如果问卷中问道"人们打算在问题处理上花多少钱？"，所得答案会对你的定价策略有什么影响？

- 如果在问卷中测试哪个口号或独特的价值定位最能引起客户的共鸣，你会选择正面反馈最多的那一条吗？还是只把问卷结果当作参考？

　　不要只想着问问题，而应明确问题的答案会对你的行为产生怎样的影响。换句话说，在发出问卷前应先明确立场。早期的问题访谈让你看到了一些机会，而你现在要做的是确认整个市场中是否真的存在这些机会。为每个量化问题赋予一个"恰当"的分数，然后把分数记录下来。

## 问卷设计

　　问卷应涵盖以下三类问题。

- 年龄、性别或互联网使用情况等人口统计学和心理学数据。可根据上述信息对问卷回答进行分类。
- 可用来统计分析的量化问题。比如打分、对言论的支持或反对、选择列表信息等。
- 开放式问题。这些问题可促使问卷回答者提供定性数据。

　　记住，一定要把可用来分类答案的问题放在最前，开放式问题放在最后。这样就能得知你的样本是否代表了目标市场。同时，如果受访者最后几题没答完，你仍有足够多的量化反馈以生成可信的结果。

## 测试

　　在发放问卷以前，先在一些没见过这份问卷的人身上试试。你会发现他们经常会卡在什么地方，或无法理解哪些问题。至少找三个目标市场内的人，等他们能顺利完成问卷并解释出每道题的含义后，再准备发放问卷。这并不夸张，在问卷的设计过程中，没有人不会犯错。

## 发放问卷

你希望问卷可以发放到自己不认识的人手中。你可以在 Twitter 上发条问卷调查表或落地页的链接，但最终的调查对象往往是你那个社交圈子内的人。这时候要想获得新的受众，就必须支付一定的费用。

可设计一些广告链接至问卷调查表。几种常用形式如下。

- 指明目标群体。（"你是单身母亲吗？请配合做一份简短的问卷，帮我们攻克一项巨大的挑战。"）
- 指出试图解决的问题。（"睡不着觉？我们正试图解决这一难题，很希望听到你的意见。"）
- 指出解决方案或自己独特的价值定位，但不要使用销售说辞。（"我们的会计软件可自动发现税收减免。请帮助我们制定产品发展蓝图。"）同时小心不要诱导受众，在还未确定产品定位之时，不要使用这种形式。

此外还要记住，你的第一个问题实际上是"我的广告语够不够引人注目，能不能把人吸引过来做调查"，而此时你还在几种不同的价值定位间犹豫不决。有时你根本就不在乎问卷。我们都知道有这么一位创业者，他尝试了各种广告，但所有广告指向的却是一个垃圾网站。他想要知道的只是哪个广告获得了最多的点击率，而他还不想在此时向外界透露自己的项目。

你还可以利用邮件列表。如果你做的事情与一些用户组或内部简报的受众相关，他们或许愿意把问卷放在自己的页面或群发邮件里。

## 收集信息

在问卷调查过程中，你需要衡量每份完整回答所需的成本。先做一轮包含几十道问题的小型测试。如完成率不高，先查看是否有多人卡在了同一题上。ClickTable 等分析工具可做到这一点。去掉该题，再看看完成率是否有所提高。你还可以试试把长问卷分成几份，减少题量，或是化号召为行动。

收集信息时，不要忘记请求允许你联系回答者并收集其联系方式。如果你真的因此找到了可行的解决方案，这其中的一些回答者可能会成为你的测试用户。

## 分析数据

最后，妥善处理这些数据。其实你主要关注的是三件事。

- 第一，你能否引起市场的注意？人们会点击你的广告和链接吗？哪个点击率最高？
- 第二，你之前的假设正确吗？成功收集数据后，你又会做出怎样的决策？
- 第三，人们会试用你的解决方案或产品吗？回答者中有多少人愿意被直接联系？有多少人同意加入论坛或测试组？又有多少人在开放式问题中索要了产品的使用权限？

统计在此处显得尤为重要。数学计算可确保你从问卷中尽可能多地获取信息，因此不要吝惜它的使用。

- 计算量化问题的平均数、均值和标准差。哪个广告语效果最好？哪个竞争者市场占有率最高？是否存在占据了绝对优势的一方？还是说几方的差异并不大？

- 按不同市场细分分析每道量化问题，观察是否有特定群体给出了与众不同的回答。这种分析需要用到数据透视表（pivot table，详见接下来的附注栏"什么是数据透视表"）。你很快就会发现特殊回答与特定群体间是否存在关联性。这有助于你集中精力，或观察是否有个别回答带偏了整体回答。

### 什么是数据透视表

大多数人都用过电子表格，但若想让自己的分析技术上升到一个新的高度，则需学会使用数据透视表。该功能可以像数据库那样快速分析大量数据，而无需数据库的支持。

假设你现在收回了 1000 份问卷。每份问卷构成了电子表格中的一行，且每行包含着多个数据字段。第一列记载了问卷的时间和日期，第二列为电子邮箱，其余为特定受访者给出的回答。试想，你在问卷中询问了受访者的性别、每周玩电子游戏的时长以及年龄，如下表所示。

| 性　　别 | 游戏时长 | 年　　龄 |
| --- | --- | --- |
| 男性 | 8 | 50~60 |
| 女性 | 7 | 50~60 |
| 男性 | 12 | 30~40 |
| 女性 | 10 | 20~30 |
| 女性 | 7 | 40~50 |
| 男性 | 14 | 20~30 |
| 女性 | 7 | 50~60 |
| 男性 | 11 | 30~40 |
| 女性 | 8 | 30~40 |
| 男性 | 11 | 40~50 |
| 男性 | 6 | 60~70 |
| 女性 | 5 | 50~60 |
| 女性 | 9 | 40~50 |
| 平均值 | 8.85 | |

你可以对各列进行简单的求和，并获取回答的平均值，如前表所示的每周游戏时长 8.85 小时。但这只是一种初步分析，并且具有误导性。

更多时候，你希望可以比较不同人的回答。例如，男人玩电子游戏的时间比女人长吗？数据透视表就是用来做这种事情的。首先圈定数据透视表中的数据源范围，再确定根据哪一维度来分类比较，最后设定所需的运算（求平均、取最大值或标准差等），如下表所示。

| 年　龄 | 总　计 |
| --- | --- |
| 女性 | 7.57 |
| 男性 | 10.33 |
| 总计 | 8.85 |

然而，数据透视表的真正作用在于可把两个维度放在一起分析。例如，如果同时具备性别和年龄这两个维度，则我们可从中获得更多的信息，如下表所示。

| 年　龄 | 女　性 | 男　性 | 总　计 |
| --- | --- | --- | --- |
| 20~30 | 10.00 | 14.00 | 12.00 |
| 30~40 | 8.00 | 11.50 | 10.33 |
| 40~50 | 8.00 | 11.00 | 9.00 |
| 50~60 | 6.33 | 8.00 | 6.75 |
| 60~70 | | 6.00 | 6.00 |
| 总计 | 7.57 | 10.33 | 8.85 |

上述分析表明，与性别因素相比，游戏行为受年龄因素的影响更大，这对目标群体的锁定有着参考意义。数据透视表是每一位分析师都应熟练掌握的强大工具，不容小觑。

# 在解决方案做出来之前先行测试（如何验证解决方案）

问题得到验证后，是时候验证解决方案了。

解决方案的验证也以客户访谈为开始（《精益创业》一书中称其为解决方案访谈），旨在收集定性反馈，并塑造必要的信心以打造一个最小可行化产品。你还可以通过问卷和落地页进一步扩大定量测试。这给予了你一次很好的机会，你可以就此检测自己的广告语（精益画布中的独特价值主张）以及产品的初始设置功能。

此外，你还可以利用其他实用方法，在解决方案做出来之前先行测试。至此，你应该已经找到了解决方案中风险最大的部分，以及你想让人们怎样利用解决方案（如果存在的话）才能获得成功。现在你要找的是通过代理检验假设的方法。将理想中的用户行为映射到相似的平台或产品上，并进行试验，也就是开辟一个相邻系统。

### 案例分析：Localmind 用 Twitter 做试验

Localmind 是一个基于位置的实时问答平台。如果有任何关于地理位置的问题，无论与特定地点还是某地区有关，均可随时在 Localmind 上寻找答案。通过移动应用提出问题后，周围的人会给出相应的回答。

在写代码前，Localmind 曾担心人们不会给出回答。公司认为这是一大风险。如果没人回答问题，用户体验就会很糟糕，并且放弃使用 Localmind。但是，在不开发应用的前提下，该怎么证明人们是否愿意回答陌生人的问题呢？

Localmind 团队想到了用 Twitter 做试验。他们找到标有地理位置的推文（主要在时代广场内，因为此处总能在几天内产生大量推文），试着 @ 了刚刚发过推文的人。@ 的内容为一些有关该地区的问题，如那里人多不多、地铁是否准点、某店是否开门了，等等。他们相信人们会通过 Localmind 询问此类问题。

Twitter 上问题的回答率很高。这让 Localmind 团队有信心假设即便人们不知道提问的人是谁，也会回答有关自己所在地点的问题。虽然 Twitter 由于变量（例如，Localmind 团队不知道用户会不会在别人 @ 他们时收到推送提醒，或注意到这条推文）过多，并非此类测试的"完美系统"，但仿真程度已足够好，从而化解了解决方案中的风险，并说服 Localmind 团队这样一款应用值得开发。

**总结**

- Localmind 发现了开发计划中的一大风险，即人们是否会回答陌生人的问题，并决定将这一问题量化。

- Localmind 团队没有用代码写出一个原型产品，而是利用带有地理位置信息的推文进行试验。

- 试验的结果来得又快又简单，且足以说服团队开始打造最小可行化产品。

**数据分析启示**

此阶段的工作重点并不在于打造产品，而是清除商业模式中的风险。有时唯一的方法便是将产品开发出来，但也要密切关注可量化风险的捷径。

## 最小可行化产品上线以前

创建功能最简（只要功能足够验证在移情阶段发现的风险即可）产品时，你就会持续收到（来自问卷调查的）反馈，并（通过 beta 版网站、社会媒体及其他媒介）获取早期用户。如此这般，当最小可行化产品最终上线时，你就拥有了大量积极提供反馈的内测用户和早期用户。这就像是在"种植"测试对象一样。此阶段的第一关键指标是新用户注册、社交覆盖，以及可吸引真实用户使用最小可行化产品的相关指标，从而确保学习和迭代能够快速完成。这与"梦幻成真"的时刻相反，我们只开发有客户需求的产品。

最小可行化产品的质量很难把握。一方面时间宝贵，你需要果断地做出取舍；另一方面，你希望用户能为之惊叹，使产品给人一种重要、难忘且具有解决价值的感觉。你需要保持魔法的魔力。

> 克拉克第三定律：任何足够先进的技术都与魔法无异。
>
> ——亚瑟·C. 克拉克，*Profiles of the Future*，1961

> 葛姆推论：任何不像魔法的技术都不够先进。
>
> ——巴里·葛姆，*ANALOG*，1991

## 设定最小可行化产品的内容

你要把所有的解决方案访谈记录、量化分析结果，以及创业中的各种"抄作业"放在一起，以决定最小可行化产品应具备怎样的功能组合。

最小可行化产品必须能够兑现你对用户和客户所承诺的价值。如果做得太过敷衍，则会使人失去兴趣并感到失望。而如果做得太过臃肿，又会使人感到困惑和挫败。这两种情况，都会使你失败。

有必要在此对最小可行化产品与"冒烟测试"落地页做一下区分。例如，由 LaunchRock[①] 制作、带有社交网络链接的简单页面即"冒烟测试"落地页。"冒烟测试"落地页测试了一种风险，即产品传递的信息不足以吸引新用户注册。而对于最小可行化产品而言，测试的风险则在于产品无法通过永久性改变用户行为的方式来满足他们想要满足的需求。前者测试的是信息传递问题，后者测试的是解决方案的有效性。

---

① 快速制作"即将上线"类网站的工具。——译者注

　　在设计最小可行化产品时，你要重新关注受访者，向他们出示线框图、原型和模型。在产品开发前，确保从受访者身上找到强烈积极的反应。从已验证问题、独特的价值定位、最小可行化产品以及验证成功的指标中，删掉所有未严格遵循标准的因素。

　　但要注意，最小可行化产品是一个过程，而非一件商品。这是我们在 Year One Labs 与多家处于相似阶段的创业公司合作时学到的。确定功能组合后，你会下意识地尽快开发产品并力图获得受众的欢迎，把所有可能的营销策略都应用起来。虽然我们都知道，自己的名字出现在人气科技博客上并不会为你带来巨大的变化，但这仍不失为一件好事。同时也不要忘了坚守精益创业的核心教义，即开发－测量－认知。重要的是要意识到，最小可行化产品经多次迭代后，你才能进入下一阶段。

## 测量最小可行化产品

　　真正的分析工作始于你开发、上线最小可行化产品的那一刻，这是因为客户与最小可行化产品的每一次交互均会生成可供分析的数据。

　　初学者需选择自己的第一关键指标。如果不明确指标内容，也还未定义"成功"的样子，就不应着手开发产品。初期最小可行化产品中的每个元素都应与第一关键指标有关并对其产生影响，且底线必须要明确。

　　本阶段，任何用户获取方面的数据指标都是没有意义的。要想证明产品是否有效，根本用不到数以十万计的用户，甚至连几千用户都用不到。即便是最为复杂的生意行为，依然可以在很大程度上缩小测试用户的范围。

- 如果你开发的是一个二手交易市场，则可能需要重点关注小型地理区域，如迈阿密地区的二手房买卖。
- 这种情况同样适用于基于位置的应用。对于这些应用而言，密度远比面积更为重要。例如，现场旧货出售服务仅限于一两个小区以内。

- 你可以选择一种产品类型作为双边市场的测试对象，例如用 20 世纪 80 年代的 X 战警漫画来验证市场能否正常运转，然后再扩展到其他门类。
- 也许你还想测试游戏的核心机制。可先发布一款小游戏作为单独的应用程序，看看用户的参与度如何。
- 你或许正在开发一款供家长互相联系的应用。可先在一所学校里测试下效果。

关键在于找出创业中风险最大的部分，然后通过反复的测试与学习化解风险。数据指标是你衡量和了解风险是否得以化解的工具。

企业家、作家兼投资人蒂姆·费里斯在一次访谈中曾对凯文·罗斯提到，如果你专注于服务好 10 000 个人，力图使他们开心快乐，总有一天你可以让数百万人开心。在首次发布最小可行化产品时，你可以适当缩小目标群体的数量。但费里斯的观点完全正确，即要想获得实质性的进展，全身心的关注与投入十分必要。

最重要的数据指标与用户参与度有关。人们真的在使用这款产品吗？他们是如何使用产品的？他们使用了产品的全部功能还是部分功能？产品的使用情况和用户行为是否符合我们的预期？

在找到有关使用情况和用户参与度的对应指标以前，不要开发任何功能。子指标最后会汇聚为第一关键指标，这些数据片段汇集在一起后会全面地反映问题。如果你尚不能实现某个功能或产品模块，则需慎重对待功能或模块的添加问题，因为这会带来越来越难控制的变数。

即便你已在关注某一指标，也要确定这么做是否能带来价值。比如，你发布了一款新的 SaaS 产品，并假设如果用户在 30 天内没有使用该产品，即可认定用户流失了。也就是说，你要等 30 天才能得知流失率是多少。耗时实在是太久了。客户流失时有发生，但如果不及时去除流失客户，则可能会导致用户参与度被高估。即便产品的初期参与度很好，也仍需查看自己是否真的传递了价值。例如，你可以查看用户两次访问的时间间隔。时间间隔是一样的，还是在逐渐拉长？在这一过程中，你可能会发现有用的先见性指标。

## 不要忽视定性分析

你应该在整个最小可行化产品的迭代过程中与用户和客户保持不间断的交流。他们获得了你的产品，你也可以从他们身上学到很多。此时此刻，他们不太可能对你说谎或阿谀奉承，毕竟你已对他们有所承诺。他们现在对你的产品有着很高的期待。早期试用者十分宽容，他们可以忍受（事实上很希望看到）粗糙的半成品，但与此同时，随着最小可行化产品使用时间的增长，他们给出的反馈也越来越诚实与透明。

## 为删除功能做准备

这是一个非常艰难的选择，却可以带来巨大的变化。如果一项功能无人问津，或是不具备使用价值，则应删除该功能，然后看看会发生什么。成功删除某项功能后，继续观察现有用户的参与度和使用情况，看看和之前相比，它们是否有区别。

如果根本没人在乎功能的有无，那就无所谓了。如果现有用户对此表示反对，你可能就需要重新审视自己的决定了。如果出现了一群对该功能存在需求的用户，但他们在功能删除前却从未见过这项功能，则这些人可能代表着一种新的群体，其需求与现有用户基础有所不同。

通过删除功能来缩小你的关注点和价值定位的范围应该会对用户的回馈产生影响。

## 案例分析：Static Pixels 在下单流程中省略了一个步骤

　　Static Pixels 是一家早期创业公司，由马西莫·法里纳创立。你可以通过该公司订购印在可回收纸板上的 Instagram 照片。第一款产品推出时，附带的"拍立订"功能使你能够在 Instagram 上直接执行下单操作。马西莫相信，"拍立订"功能可以使用户操作变得更便捷，继而提高订单量。他说："我们基于上线前的用户反馈开发了这一功能，并认为它会得到用户的喜爱。"

　　公司用两个星期打造了这一功能，这对于一个小团队来说已经是非常高的开发成本了。但推出此项功能后，团队发现其使用率并不高。马西莫说道："事实证明，这一功能只会让人感到困惑，并导致订单的结算流程变得更加复杂。"

　　如图 15-9 所示，"拍立订"功能使得初次下单流程比正常情况下多出了一个步骤，即要求用户去 PayPal 对付费预授权的步骤。公司之前的假设是，这一功能的便捷性值得用户在第一次下单时多出一个步骤，以后直接通过 Instagram 便可轻松下单。马西莫指出："我们假设便捷更重要。"

　　但马西莫和他的团队想错了。他们发现不仅订单量低下，就连推广这一新功能的落地页流量也开始下降。此外，弃购率仍居高不下。他们的这一想法完全无法在用户那里产生共鸣。

　　然而在功能删除两周后，交易量便翻了一番，且仍在持续增长。新落地页上的弃购率有所下降，同时用户登录的成功率也有所提高。

　　那么 Static Pixels 团队从中学到了什么呢？马西莫说道："我认为，新手用户之所以不愿意通过 Instagram 支付，是因为这实在是一种非常新颖和陌生的功能。在本地社交平台界面直接操作下单是他们以前从未有过的经历。另外，我相信，人们在 Instagram 上发照片时，并不一定想着要把照片打印出来。"

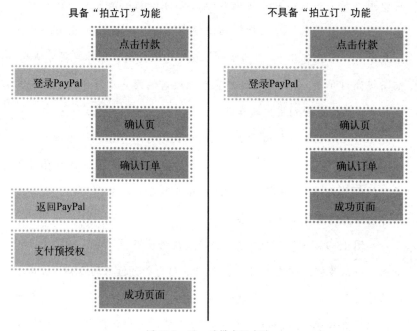

图 15-9  哪一种模式更有效

公司虽然浪费了一些开发时间，但由于注重数据分析，尤其是下单印制的关键指标，最终找到了产品流程中的阻碍，并做出了艰难的决定——删掉此功能（他们原以为该功能是产品的独特价值主张之一），然后对结果进行跟踪。

## 总结

- Static Pixels 原先的购买流程阻碍过多。
- 步骤更少、更轻量级的方法更容易实行且能够提升转化率。

---

**数据分析启示**

　　打造一个更高级的采购系统，以初次购买的便易性为代价以期获得长期重复购买的便易性，这似乎是一个好主意，但时机却并不成熟。公司当时提出的问题是"会有人买印制品吗"，而不是"我们会有忠诚用户吗"。团队开发的功能消除了错误问题的风险。创业者需时刻清楚自己消除的风险是什么，然后设计出最小功能模块以衡量风险是否依然存在。

---

## 移情阶段总结

- 你的目标是找到一个人们愿为之付钱的待解决问题。从初步设想到目标实现，数据分析一直都是方法的衡量工具。
- 一开始，为发现未知机遇，你展开了探索开放式的定性讨论。
- 后来，为找到问题的正确解决方案，你展开的讨论开始变得更为量化与聚合。
- 你可以使用工具来批量获取用户答案，并在确定好要打造的产品时，建立起用户群。

　　如果你清楚地了解待解决问题，并且在知道进军市场方法的前提下，自信能够从大规模市场中切实地获取利益，那么这就说明是时候开发一个能留住用户的产品了。

　　是时候让你的产品具有黏性了。

### 练习：你应该进入下一阶段吗

回答下述问题。

| 所进行的优质客户访谈是否足以使自己确信已找到值得解决的问题 | |
| --- | --- |
| 是 | 否 |
| 列举你认为待解决问题很难解决的原因 | 增加访谈数量。利用土耳其机器人或其他资源以快速找到更多人选 |

| 我是否足够了解我的客户 | |
| --- | --- |
| 是 | 否 |
| 列举原因。你曾为了解客户做过什么 | 试着给出"典型的一天"故事板，以找出理解客户方面的不足 |

| 我是否相信自己的解决方案能够满足客户的需求 | |
| --- | --- |
| 是 | 否 |
| 列举原因。你曾为验证解决方案做过什么 | 将你的解决方案（以任何形式）展示给更多的客户，收集更多的反馈，并进行更深入的挖掘 |

# 第16章 阶段2：黏性

做足市场验证的文章后，是时候进行产品开发了。现阶段最主要的问题是：开发出来的产品是否具有黏性，以保证用户的获取不会是无用功。你希望达到黏性的极致，就像罗温·艾金森在《黑爵士》一剧中说的："如同鼻涕虫被粘在黏糊糊的口香糖上一样。"这才是企业的可持续发展之道。

## 最小可行化产品的黏性

现如今的关注点完全落在了黏性和参与度上。你可以观察日 / 周 / 月活跃用户，看他们花了多长时间转变成非活跃用户，又有多少用户在收到邮件后再次活跃了起来，同时留意有哪些功能最能吸引用户，又有哪些功能他们根本就不在意。基于同期群细分这些指标，进而判断你的产品改动是否引起了其他用户的行为变化。与1月份注册用户相比，2月份注册用户的停留时间是否有所延长？

你需要的不只是用户深度参与的表征，还要有证据表明你的产品正逐步成为用户生活中必不可少且难以替代的一部分。你并不寻求也不应期待快速增长。你往墙上扔东西，为的是检测东西的黏性，而非扔东西的速度。这里的"东西"指的是用户。毕竟，如果你今天不能使100名用户留下来，那么将来也不太可能留下 100 万用户。[①]

你的第一要务是打造一组核心功能，以保证用户的频繁使用与功能的成功应用，即便受用群体只是一小群早期用户。做不到这点，也就没有发展的稳定根基可言。你最初的目标市场可以非常小，只是高度关注于你认为能有良好产出的一小群用户而已。

最终，在步入病毒性阶段以前，你需要证明两件事。

- 人们是否在如你所料地使用着产品？如果没有，也许你应该转型至新的用例或市场，就像 PayPal 从 PalmPilot 转型至网页支付，Autodesk 放弃桌面自动化而专注于设计工具时所做的那样。
- 人们是否从你的产品中得到了足够多的价值？他们也许会喜欢你的产品，但如果他们不愿为此付费、点击广告或邀请好友，你可能还是没有生意可做。

先别想着导流量，除非你有信心把新的流量转化为参与度。在得知用户开始反复使用你的产品后，才可以着手发展用户基数。

## 迭代最小可行化产品

正如上文所述，最小可行化产品不是产品，而是一个过程。不是说把产品放到更多人手里以后，用户就会增长。你需要很多次迭代，才可以把关注点转移到最小可行化产品的用户获取上。

迭代最小可行化产品是一项艰难而又乏味的工作。它是一个系统化的流程，有时会让你觉得自己做的并不是什么有创意的事情。迭代是渐变式的，而转型是突变式的。这也就是为什么创业者总会在沮丧中寻求不断的转型，

---

① 这个规则有一个例外，即需要大量活动才使其行之有效的业务不属于此类情况。如果你的服务只在一定条件下才能吸引用户，例如有 1000 份财产清单、10 000 名潜在伙伴或距离不到 3 分钟车程的车子等，则在重点检测黏性以前，你需要以某种方式自行满足这些条件。这是双边市场的一种常见问题。

以期某种功能可以在不经意间获得用户的喜爱。请抵抗住此种诱惑。

在迭代中，你的目标是改善跟踪中的核心指标。如果新功能无法显著改善第一关键指标，则应删除该项功能。不要迷恋微调和润色，现在还不是打磨的时候，而应去寻找合适的产品和市场。

## 案例分析：qidiq 改变了用户增长方式

qidiq 是一款由创业孵化器 Year One Lab 孵化发布的工具，可通过电子邮件或移动应用实现十分简单的小组调研。在产品的早期版本中，执行调研的人会邀请回答者组成一个小组。回答者在成功注册账号并登录后，即可通过邮件或 iPhone 推送来回答问题。

但只有一小部分受邀者会注册账号并回答问卷。于是创业者设计了这样一个测试，即为何不假设回答者已创建了用户，然后直接发送一个问卷问题，回答者只需点击鼠标或轻触手机屏幕即可作答，最后再看看回答率如何。可把回答问题的行为看作是对注册的默许，如果收信人日后想登录账号，则可通过密码恢复功能来实现此项需求。

qidiq 团队很快重写了程序，如图 16-1 所示，同时向已有的个人用户组发送更多的问卷内容。这些问卷一开始只是通过邮件发送，但结果却令人震惊：回答率从先注册模式下的 10%~25% 上升至了先投票模式下的 70%~90%。这让 qidiq 团队开始重新考虑着手开发移动应用的计划，因为移动应用在跨平台的普遍性和及时性上和邮件根本没法比，也许邮件就足够了，根本不需要再开发一个 iOS 应用，或将其移植到 Android 平台上。

"通过关注回答率这一关键指标，我们得以避免浪费精力去做那些听起来更酷的移动应用。"公司联合创始人乔纳森·艾布拉姆说道，"因为归根究底最重要的还是回答率，在很早的时候我们就清楚地认识到，邮件尽管不怎么酷，却不失为一种更好的创业策略。"

| 初始设计 | 重新设计后的流程 |
|---|---|
| 问卷发放者将回答者添加到小组中 | 问卷发放者将回答者添加到小组中 |
| 发放者提出问题 | 发放者提出问题 |
| 回答者收到邀请 | 回答者阅读问卷问题 |
| 回答者安装移动应用 | 回答者回答问题 |
| 回答者注册账号并填写个人资料 | 回答者查看问卷结果 |

10%~25%的回答率　　　　　70%~90%的回答率

（之后，如果需要的话）

| 初始设计 | 重新设计后的流程 |
|---|---|
| 回答者可编辑个人资料、浏览以往问题等 | 回答者访问网站 |
| 回答者阅读问卷问题 | 回答者没有密码 |
| 回答者回答问题 | 回答者通过邮件恢复密码 |
| 回答者查看问卷结果 | 发送一次性链接至回答者邮箱 |
|  | 回答者创建密码 |
|  | 回答者可编辑个人资料、浏览以往问题等 |

图 16-1　不要让注册账号等细节阻碍核心功能的实现

　　qidiq 跟踪的指标是整个产品的根基，即会对问题做出回答的人数。这是一个正确的指标，当团队发现一项产品改动可以在很大程度上推动产品向正确的方向发展时，就会重新考虑之前对整个服务的设计。

## 总结

- 最小可行化产品应包含用户与你希望为用户创造的惊喜时刻之间最直接且阻碍最小的路径。

- 事情还有的商量。虽然你不应颠覆注册流程等早已为人们所熟
  知与理解的套路，但仍应以测试为目的，向陈规发起挑战。
- 关注单一指标（本例中指问卷的回答率），使团队对注册流程
  和用户平台等业务的各个方面进行调整。

**数据分析启示**

　　最小可行化产品并不等于产品，而只是一款用于判断应开发哪款
产品的工具。通过问一个非惯常的问题，如本例中的"跳过注册会怎
样"，qidiq 团队不仅由此使回答率翻了两番，而且还成功避免了一项
成本高昂且让人分心的开发项目。

## 过早追求病毒性

　　很多创业公司，尤其是消费领域的创业公司，选择将病毒性摆在首位。
在真正理解用户行为以前，它们便用尽各种功能与技巧试图将用户获取最大
化。有两种常见原因可以解释这一现象。

- 消费应用领域成功的门槛一直在上调。几年前，拥有几十万用户即可被
  视作大品牌。如今，判断的基准已提升至 100 万，并很快会增长至 1000
  万。这可不是一个小数字。社交网络和电子商务等特定产品类别目前正
  处于一种巨头割据的状态，市场留给创业新贵的机会已所剩无几。
- 很多消费应用依赖于网络效应。用户越多，应用为每个用户创造的价值也
  就越大。没有人愿意成为唯一的电话用户。基于位置的本地化应用通常需
  要很大的规模，大部分的市场和用户生成内容企业亦是如此，以确保平台
  上有足够的交易和讨论让人值得一来。Facebook 如果失去大量用户，也不
  过是空壳一具。快速获取大量的用户基础是传达产品预期价值的第一步。

结果，消费类创业公司和多人游戏的创建者常称需要重点关注病毒性和用户获取，因为他们认为有了用户就能解决所有问题。但除非用户具有一定的参与度和黏性，否则即便拥有很多用户也不等于产品具有吸引力。

创业公司把所有的时间和金钱都投入到用户获取中，却只换来用户的迅速流失。这种过早追求用户规模的行为，其结果可谓是灾难性的。等到幡然悔悟想要再挽留住这些用户时，早已是覆水难收。你永远不会有第二次机会让用户再注册一次。

## 最终的目标是留存率

用户对产品（以及产品的其他潜在用户）的参与度越高，越有可能长久地使用该款产品。（暂时）忘记病毒式增长可以让你更清楚下一步应往最小可行化产品中添加何种功能。扪心自问："我是否相信这项功能（或改动）会增加产品的黏性？"如果答案是否定的，请把此项功能抛诸脑后。但如果答案是肯定的，则需想办法验证这种假设并着手开发这一功能。

---

### 模式：开发功能前七问

也许你有一长串自认为可以提高留存率的功能创意，但还需按优先级进行排序处理。在新功能开发前，先向自己（以及团队）提出以下七个问题。

#### 1. 这个功能有什么帮助

开发一个功能必须师出有名。黏性阶段重点关注的是留存率。看看你想要开发的功能，再问问自己："我为什么认为这样做会提高留存率？"

人们很容易去模仿他人的行为，如利用游戏化的设计来提升参与度（继而带动留存率）等，而这样做只是因为似乎有助于增强自身的竞争力而已。请不要这么做。qidiq 无视了注册流程方面的老规矩，摒弃了开发者对于移动应用的迷信，并最终使参与度翻了两番。模仿现有的模式没有错，但要知道你为什么这么做。

"为什么这样做会更好？"的疑问促使你（在纸上）写下假设。这自然会为你带来一项不错的试验以用于假设的验证。围绕某一功能展开的试验如与某特定指标（例如留存率）相关，则通常比较简单，你只需相信 X 功能可以将留存率提高 Y 个百分点即可。这里的 Y 和 X 同样重要，你需要有一条底线来评判试验的成功与否。

### 2. 你能衡量这一功能的效果吗

围绕功能展开的试验要求对功能的影响做出衡量，同时这种影响必须是可量化的。不经量化验证就将功能添加到产品上的现象屡屡发生，从而导致产品走上了范围蠕变和功能膨胀的不归路。

如无法量化新功能的影响，就不能对其价值做出评估，也无法随着时间的推移而真正地了解其作用。如果是这样的话，则要么顺其自然，要么对其进行迭代，要么干脆删除该功能。

### 3. 功能开发要多久

时间是一去不复返的珍贵资源。你必须对列表上各项功能的相对开发时间做出比较。如某项功能的开发需数月才能完成，则你必须对该功能最终会带来重大影响一事具有十足的把握。你能将其分解为更小的部分各个击破吗？或是通过精心策划的最小可行化产品或原型来测试内在风险吗？

### 4. 这一功能是否会使产品变得太过复杂

复杂是产品的坟墓。这一点在许多 Web 应用的用户体验方面体现得最为明显：用户会因 Web 应用的复杂与混乱转而使用其他更为简单的竞品。

"还能"是产品成功的一大公敌。在与团队探讨产品的功能时，请注意具体的功能描述是怎样的。"该功能允许你这样做，如果还能那样做就更好了。"这种时候一定要敲响警钟。通常情况下，要想证明某项功能的强大，与其声称该功能可在某种程度上同时满足几种需求，倒不如称其可以史无前例、非凡无比的方式满足某种单一的需求。

一位成人网站的移动数据分析专家称自己遴选新功能的原则十分简单："单手轻按（智能手机屏幕）三次仍无法完成操作的功能都不是好功能。"了解用户的行为和期望意味着一切。功能的复杂性会成为你测试市场与用户获取策略以及提升留存率的阻碍，并使你苦不堪言。

### 5. 这一新功能会带来多大的风险

新功能的开发往往伴随着一定的风险。这其中包括与新功能如何影响代码库有关的技术风险；人们对于新功能如何反馈的用户风险；新功能如何推动产品未来发展的相关风险（此种风险有可能会把你带到一条进退两难的道路）。

你所添加的每一项功能都承载了开发团队的情感投入，有时甚至还包含客户的。数据分析则有助于切断这种联系，从而保证你在掌握大部分可用信息的情况下能够公正地衡量产品功能，并做出最优的决定。

### 6. 这项新功能有多创新

并不是你做的每件事都意味着创新。大多功能都算不上创新，而只是对产品的微调，以期最终产品作为一个整体能比局部功能相加更有价值。

但在为功能开发确定优先级时，需将创新性作为考虑因素之一；通常，最容易做到的事很少会产生巨大的影响。你现在仍处于黏性阶段，还在试图找寻正确的产品。如果把提交按钮由红色改成蓝色，注册转化率也许会有一定的提升（一项经典的 A/B 测试），但这么做可能不会让你的企业扭亏为盈；同时，此项改动也很容易遭到他人的模仿。

最好选择下大赌注，放手一搏，尝试更激进的试验并开发更具颠覆性的产品，尤其是在初期用户期望并不高时更是如此。

### 7. 用户说他们想要什么

用户重要，用户反馈也很重要，但完全相信用户所言又是有风险的。注意不要只根据用户反馈就过度优先某项功能。用户会说谎，因为他们也不想伤害你的感受。

在最小可行化产品阶段为功能开发排优先级并不是一门严谨的科学。用户的行为要比话语更为可靠。为所开发的各项功能做出真正可验证的假设，可以提高快速验证成功或失败的几率。简单跟踪一下应用内不同功能的受欢迎程度，即可得知这些功能哪些有用哪些没用。找出用户在按"撤销"或"后退"按钮之前使用的功能，可以让你明确可能存在的问题。

若提前做好规划，并真正地了解这背后的缘由，功能开发就会变得十分简单。把高层次的愿景和长期的目标落实到具体的功能层面十分重要。如不能将二者很好地联系在一起，就无异于冒险去开发一些无法得到有效测试且不能推动公司发展的功能。

### 案例分析：Rally 如何利用精益方法开发新功能

Rally 软件专门制作敏捷应用生命周期管理软件。公司成立于 2002 年，为许多敏捷开发的最佳实践开拓了道路。我们采访了公司的首席技术专家扎克·尼斯，并从中得知了该公司得以连续打造成功产品的秘诀。

## 树立公司愿景

Rally 的一切事务均以三到五年的公司愿景为出发点，而该愿景每隔 18 个月就会更新一次。全公司都以此愿景为中心，同时此愿景也是提高远大目标达成度的首个路标。这一长期愿景成了每年年度策划时的关键决策因子。扎克称："公司在刚创办不久且规模较小时，我们从未想过三年后的发展状况，但对于目前我们这种规模的企业而言，这种愿景很有必要。"

年度策划最初由一小群管理人员完成，扎克称其为第一次迭代。初次策划的产物是一份企业战略草案，草案清晰简明地给出了 Rally 这一年的绩效差距、目标、反思以及理论依据。管理团队还找到了三四个高层次方面，作为公司实现年度愿景的具体聚焦点。"此次策划得出了一系列创意草案，以供 Rally 推敲，"扎克说道，"还对管理团队认为在接下来的一年里至关重要的内容进行了总结。"

年度策划的第二次迭代以部门年度回顾的形式展开。Rally 在这里采用了一种叫作 ORID（Objective，Reflective，Interpretive，Decisional 的缩写，即见感思行）的方法，该方法取材自《聚焦式对话艺术》（新社会出版社出版）一书。扎克说道：

> 在本过程中，我们欢迎所有员工提出自己的见解，并提供有关公司过去、现在与未来的有价值的描述。从各部门内部的 ORID 中，我们可以了解到已完成工作、当前进行工作、计划中的工作、具体年度指标、对来年的启发以及本年度的总体感受等相关内容。孩童是学习机器，但成人的学习则需系统化的回顾来完成；本过程提供的正是这种回顾。

执行策划过程和 ORID 均为下一步的年度策划做了铺垫：召集 60 名员工参加高级别促进会议，以明确阐明年度公司愿景，并就实现方式达成共识。

## 制定产品规划

产品团队积极参与到公司年度战略的制定当中。这其中很大一部分是以公司和产品的发展方向为导向的。问题的解答成了产品团队最为关注的重点。"对我们做事的缘由以及来自重点关注对象的经常性质疑进行阐明，使所有人的注意力都集中在了一个具有说服力的愿景、公司和产品上，并与客户创建了重要的情感联系。"扎克说，"只有明白了'为什么'，才能得知是'什么'及其'实现方式'。"

Rally 目前已做好深入研究产品的准备。尽管过程看似复杂，但很具迭代性与精益特点。公司在实现功能开发以前，在多个层次上完成了开发–测量–认知的反馈循环。

## 明确构建内容

功能开发以构建内容和构建方式的明确为正式开端。Rally 在做功能决策时采取了开放式且以过程为导向的方法。每个季度，员工都会提出简短的建议，以便公司的产品方向能够做出改变。公司内部的任何人都可以提交建议，但通常会在很大程度上受到与客户互动的影响。

扎克说：

在决策过程中，我们把近乎所有从事产品管理类工作的员工都聚集在一起，共商公司大计，其中包括产品市场、产品负责人、工程经理、销售经理和管理层。这种做法看起来可能有些低效，但考虑到员工各抒己见与密切合作所带来的好处，每季度花 10 小时左右的时间开会还是非常值得的。我们发现紧密的合作可以带来强有力的执行力。

Rally 并不发布软件，而只是"将功能开放给用户和客户"。大部分功能都有一个后台开关，Rally 可向指定客户开启或关闭这些功能。公司继而得以逐步向越来越多的用户开放功能，获取早期试用者的反馈信息，并降低将产品问题暴露给大量客户的风险。

## 衡量

除功能开发的流程外，Rally 公司还十分注重效果的衡量。"我们有一个内部数据库，专门用于记录服务器 / 数据库内核级性能测量，以及源自于浏览器和服务器之间 HTTP 交互的高级用户手势等内容，"扎克说。这样做的目的在于确保团队可以衡量功能的使用情况和表现。"开发功能时，产品团队会定下一个指标，产品的使用量必须达到这一指标才能保证功能的进一步开发。"扎克说，"功能开启后，即可把理论指标与实际数据进行比较。由于这里的数据同时包含使用量和性能两方面信息，因此我们可以快速实时地了解到这一功能对产品环境性能和稳定性的影响。"

## 通过试验学习

即便产品开发有这样一套深入且周全的策划方法，扎克仍称公司必须注意不要"盲目根据内部或客户请求来开发功能"。相反，公司应依靠试验来获取更多的信息。

根据扎克所说，每次试验都从一系列问题开始。

- 我们想要知道什么？为什么想要知道这些？

- 我们想要解决的根本问题是什么？谁会为此感到痛苦？这有助于各相关人士对我们的行为感同身受。

- 我们的假设是什么？这种假设通常以下列句式进行表述："[某特定可重复行为]将带来[某预期结果]。"我们应确保假设是以这种形式写成的，这样就可以通过试验来证否该假设。

- 我们将如何开展试验？试验需要什么开发支持？

- 试验的运行安全吗？

- 我们要如何终止试验？试验结束后，应采取何种手段来规避由此产生的问题？

- 利用数据证否假设需要哪些指标？表明继续试验并不安全的指标又有哪些？

在3个月的时间里，我们开展了20余次试验，只为确切了解用户界面中某关键环节怎样才能满足用户的需求。这是一种富有条理的探索过程，而非单纯的猜测。之所以如此关注用户界面中的某特定环节，是因为用户界面优化是本年度产品愿景的重要一环，并且对Rally这一年的公司目标起着直接作用。

## 总结

- 数据驱动的产品方向是一种自上而下、有序的迭代过程。

- 一切都需要试验，即便在产品成熟且拥有一批忠实客户后。

- 开启和关闭不同的功能，以及衡量其对用户行为产生的影响均
  需付出额外的工程成本，但考虑到产品周期得到了缩短，对产
  品和用户的了解也得到了加强，这种投资还是值得的。

**数据分析启示**

Rally 已将衡量提升到了一个新的水平。从某种意义上来说，我们
可将 Rally 看作是两家公司：一家负责制作生命周期管理软件，一家负
责面向用户展开一场大型的连续试验，以更好地了解自身是如何与产
品进行交互的。这就要求非常强的规范性和专注度，以及大量的工程
工作量，以保证功能的可测性和可衡量性。但是，考虑到无用开发的
减少、产品的改善以及对客户需求的持续满足，这一切还是很值得的。

# 如何处理用户反馈

与创业者相同，客户也会说谎。他们并非故意说谎，但却经常忘记产品
是如何运作的，或自己用产品做了什么。

如图 16-2 所示，许多给个人银行应用 Mint 评一星的用户在评论中写道：
"小心！此产品会试图收集你的银行信息，并连接到你的银行账户！"但这就
是 Mint 的功能所在。

如果你是产品经理，你可能想忽略这条反馈，但这其中的确反映出了一
个问题，即你的市场推广和产品描述并没有起到作用，继而拉低了产品评分，
削减了目标市场。

客户给出的反馈可能并非是你想听到的。只要记住，客户的心智模式与
你的不同，也并不位于你的目标市场之内。他们往往缺乏相关训练，以至于
无法正确地使用你的产品。

图 16-2　警告：银行管理应用可能会获取你的账户信息

　　我们已经见识过了几种可能发生在采访对象身上的认知偏见。产品的现有用户也同样存在类似的偏见。他们的产品期望和使用环境都与你的不同。你在查看用户反馈时，需要考虑到这一点。

　　一方面，用户反馈存在着严重的取样偏差。用户在产品体验顺畅且不温不火的情况下很少会给出反馈，而只有在狂喜或愤怒之时才会给出评价。如果用户感到自己受了委屈，你会听到他们的声音的。

　　另一方面，他们并不知道自己对于你的价值。由于 SaaS 产品的定位策略和自助餐厅老板的定价机制，用户可能觉得自己有权享有免费的产品或面包棍。你知道他们对于公司的价值，但用户自己并不知道。对于每一位不开心的用户而言，自己都是这个世界上最重要的人物。他们也会受到委屈或得到赞美。

　　用户最终仍未意识到所提问题的局限性和微妙性。人们很容易抱怨海外看不到美国的电视节目，但抱怨的人却并没有考虑到外汇、审查以及版权授权的复杂性。他们想要解决问题，但却绝少知道应该如何解决这一问题。

劳拉·克莱恩是一名用户体验（UX）从业者、咨询师，同时也是 *UX for Lean Startups*（O'Reilly 出版）一书的作者。该书与本书同属精益创业系列丛书。她写的博客 Users Know 很不错，你应该通读她发表的《为什么你的客户反馈无用》（Why Your Customer Feedback Is Useless）一文。

要想改善你对用户反馈的解读，劳拉有 3 点建议。

- 提前计划好测试，并在测试前理清自己究竟想要知道些什么。"用户反馈难以解读的一大原因就在于，反馈的内容过多且缺乏良好的组织逻辑性或特定的主题。"劳拉说，"但如果你明确了解自己收集的是关于什么的反馈，同时收集方法也很正规的话，反馈的解读就变得简单多了。"

- 选择特定的交谈对象。"应将相似人群的反馈放在一组，"劳拉说，"比如说，如果我同时询问 F1 车手和我母亲对于自己车子的看法，必然会得到不一样的答案。"由于给出反馈的用户类别相差甚远，因此像这样在反馈中寻找平衡点十分困难。"明确你的用户是谁后，再重点研究这一部分人的心理。"

- 在收集数据的同时快速评审结果。"不要等到测试结束后再开始分析数据，"劳拉指出，"如果你在几天内要连续与 5 个人进行访谈，每次访谈持续一小时，最后要想记起第一个人说了些什么是十分困难的。"劳拉建议每次访谈时再带一个人，这样在访谈结束后就可以与对方互相汇报情况，并提炼出最重要的收获。

事实上，用户永远不会停止抱怨。世事本如此。即便你的产品得到了用户的喜爱，参与度指标不错，同时也具有一定的黏性，用户依然会抱怨。你要聆听他们的抱怨，然后尽快找到问题的根源，同时避免过度反应。

# 最小可行愿景

最小可行愿景一词是由创业者兼 Year One Labs 的合伙人雷蒙德·卢克创造的。他说：“如果你想要创建一家优秀的公司并拉其他人入伙，只有一个最小可行化产品是不够的，你还需要一个最小可行愿景。”

最小可行愿景（minimum viable vision，MVV）极具吸引力。它具有可扩展性，富有潜力，大胆创新且令人信服。作为一名创业者，你必须一手抓住这一巨大、刺激、可改变世界的愿景，一手抓住实用务实、凭借直觉的现实。为获得融资而存在的最小可行愿景，需就你对如何在市场中占据主导、成为颠覆者做出令人信服的解释。

下面这些信号说明你已拥有最小可行愿景。

- 你在打造一个平台。如果你创造的环境内可以创建其他事物，这是一个好现象。与 MapQuest 以及其他同类产品一样，谷歌地图只是众多地图工具中的一种，但谷歌使地图的嵌入与注解变得简单，继而衍生出成千上万种混搭而聪明的应用程序。谷歌很快成了入门级地理信息系统（GIS）实际上的平台，所有这些注解又使得地图变得更加有用。

- 你有经常性收费的机制。收某人一次钱是一回事，但如果你能说服那人每个月都付给你一些钱，就是另一回事了。相较于每月 14.95 美元的游戏订阅费用而言，暴雪公司《魔兽世界》付费桌面客户端的收入只占了公司营收的一小部分。

- 你形成了自然的阶梯定价。如果你能像 37Signals、Wufoo 和 FreshBooks 等公司那样，找到让客户自主追加付费的方法，即可以用基本功能“黏住”用户并吸引他们进行升级以获得更多功能，则意味着你营收的增长将不仅仅来自新用户，还同时来自已有用户。

- 你与一场颠覆性的革命息息相关。如果你正处于一个日渐盛行的趋势之中，人们乐于分享信息、移动设备和云计算盛行，那么你有所成长的机会也就更大。水涨船高，技术领域的新兴也会推高所有同领域企业的估值，扩大其出路。

- 用户自发成为拥护者。看看经典的在线营销案例 Hotmail 就可以知道这一点。在每封邮件的末尾附注一条简单的消息就可以将收信人转化为 Hotmail 用户。这造就了指数式用户增长以及创始人的巨大出路。Expensify 等费用管理系统具有天生的传播特性，因此能够极大地简化将用户添加到审批流程的过程。

- 你能引发一场价格战。如果几家行业巨头都想要你手里的解决方案，那么你就会处于一个非常有利的位置。尽管大公司只要有足够的时间就可以开发出任何东西，但如果你抢走了它们的销售额，或者你的产品可以帮助公司更为容易地大幅提高销售额，其仍会选择收购你。百事、吉百利和可口可乐等饮料巨头经常收购一些发展迅速的新饮料，如 Odwalla、纯果乐、美汁源、RC 可乐等，因为这些巨头知道，凭借其现有的供应链系统，它们可以很快收回自己的投资成本。

- 你正处于一场环境变革之中。此处并非指绿色运动。在战略营销中，环境力包含你所在的商业生态系统中的所有因素，如政府强制的隐私法令或反污染法规。如果你开发的产品是每个人都必须使用的（如符合即将签署的健康隐私或支付隐私法规的产品），则你的出路将十分光明，并且还会有占领这一领域的商机。

- 你拥有一种可持续的压倒性优势。投资者最喜欢的莫过于压倒性优势。如果你可以保持一种压倒性优势，即更低的成本、更高的市场关注度以及更好的合作伙伴和专利配方等，就有机会让投资者对你感兴趣。但要小心，除政府强制性的垄断外，很少有优势能够长期保持可持续发展。

- 你的边际成本逐步降为零。如果新增用户的所需成本逐步减少，直到第 N 位用户的到来几乎不需要任何新增成本，你就会处于一个非常有利的位置。你正在享受健康的规模效应。例如，一家杀毒软件公司固定的软件开发和研究成本最后必须由所有用户分摊，但新增加一位用户的成本相较于总成本而言，则可以忽略不计。公司若可以在增加收入的同时，保证新增成本不变或降低，就有希望在一夜之间获得大幅的增长。

- 公司模式中有固有的网络效应。电话系统是网络效应的经典案例。用电话的人越多，电话就越有用。网络效应虽然不错，但往往是一把双刃剑。拥有 1000 万用户固然很棒，但你在产品或服务的用户获取难度上可能欺骗了自己，其基本价值也会因起初用户市场较小而难以验证。你需要一个计划，以了解网络效应如何开始生效并使其效果明显。

- 你有多种赚钱方式。想让所有支付模式都对你适用是不太可能的，但如果你能找到多种（一种主导的和几种附带的）赚钱方式，就可以实现营收来源的多样化，使迭代变得更简单，并提高成功的几率。注意，仅依靠 AdWords 和出售分析数据可能不够。

- 你因客户的盈利而盈利。人类，究其本质，只会受两件事的驱使：痛与爱。恐惧意味着成本与风险，如果你能降低风险或缩减成本，那很好，但还不够有说服力。客户往往会通过理性来规避风险，给自己攒点儿积蓄。但如果你是通过营业额来盈利的，客户则很可能想与你分一杯羹。能够增加收入的产品更容易受到人们的青睐，比较一下彩票业、一夕致富计划和储值计划、人寿保险之间的不同即可明白。Eventbrite 和 Kickstarter 都知道这一点。

- 你的周围会形成一个生态系统。这类似于平台模式。Salesforce 和 Photoshop 是这方面的典型例子。Salesforce 的应用交换平台拥有上千款第三方应用，从而使得客户关系管理提供商更为有用与灵活；Photoshop 的插件模式将功能添加到应用的速度要远比 Adobe 自己开发快得多。

最后，你还必须大胆创新。你需要了解自己的公司怎样才能成为一家"大公司"，且拥有真正新颖的东西，要么赢得广阔的市场，要么成为富有的利基市场中必不可少的存在。

## 问题－解决方案画布

在 Year One Labs，我们开发了一款名为问题－解决方案画布的工具，以帮助创业公司保持规范，并重点关注每周的例行任务。工具的创作灵感来自阿什·莫瑞亚的精益画布，但重点关注的是创业公司的日常运作。我们就此把全部的注意力都集中在创业公司正面临的一到三个关键问题上，随后就问题达成一致并排出优先级。

创业者为手头的关键问题排错优先级的情况十分常见。这并不奇怪；创业者需同时处理大量事物，戴的帽子摞起来能顶上天，就像疯狂的马戏团表演者一样。同时我们也知道，创业者就是一群"骗子"（不过没关系，我们依然爱他们）。作为导师和顾问，我们知道自己很大一部分工作职责在于指引创业者回归最重要的问题，由于旁观者清的原因，我们可以提供重要的价值。

问题－解决方案画布是一份两页长的文档，并且同精益画布一样，也被分割成几块。我们让创业者每周都准备一份问题－解决方案画布，并在例会上进行展示。画布成了我们每周状态会议的焦点，大大提高了开会的效率。

图 16-3 给出了画布模板的第一页内容。

以学习为目的

| 当前状态 | 上周的习得（与成就） |
| --- | --- |
| ·列出所跟踪的关键指标及其当前水平，并与前几周做对比<br>·发展的趋势如何 | ·你上周学到了什么<br>·完成了什么<br>·一切是否在计划之中：是/否 |
| 首要问题 | |
| ·列举并描述首要问题<br>·划分优先级 | |

图 16-3　想一想如果你每周填一遍该表，可以学到什么

你首先注意到的是标题——以学习为目的。这很重要，因为它提醒了创业者应该去做些什么。这里的"学习"并非指写代码、添加功能、公关或其他什么，而是对成功的衡量。

接下来，创业者可在当前状态一栏填写简要的内容更新，并重点关注自己跟踪的关键（定性或定量）指标。注意该栏与其他栏相比比较小。

习得一栏指对上周主要收获的简要概述。标题中还提到了"成就"，这是因为我们想为创业者提供一个炫耀成果的地方，至少在某种程度上是这样。这其中会包含一些虚荣指标，你不必为此感到惊讶，而且我们也不会在上面花费太多时间。"一切是否在计划之中：是 / 否"一栏用来测试创业者的理智与诚实度。创业者真的可以坦白交代公司的运转情况，而无论状况是好是坏吗？如果能够做到这一点，我们的帮助将会更加有价值。

最后，我们会要求创业者列出目前面临的首要问题。他们最多可以按照重要程度列出三个问题。问题 - 解决方案画布的这一部分经常引起最激烈的争论，但重置每个人的目标与预期于创业而言往往是有益且至关重要的。

在很好地理解了当前问题以及创业公司的现状后，我们来继续完成画布的第二页，如图 16-4 所示。

问题1：[问题的名字]

| 假想的解决方案 | 指标/证据+目标 |
|---|---|
| ·列举你下周会采用的几个可行方案，并为其排序<br>·你为什么相信这些方案可以帮助你解决或彻底解决当前的问题 | ·列举用于衡量解决方案（见左栏）是否奏效的指标（即能否解决问题）<br>·列举你会用到的（定性）证据<br>·确定指标的目标 |

问题2：[问题的名字]

| 假想的解决方案 | 指标/证据+目标 |
|---|---|
| ·列举你下周会采用的几个可行方案，并为其排序<br>·你为什么相信这些方案可以帮助你解决或彻底解决当前的问题 | ·列举用于衡量解决方案（见左栏）是否奏效的指标（即能否解决问题）<br>·列举你会用到的（定性）证据<br>·确定指标的目标 |

图 16-4　我们总有无数多的问题，但你能从中挑出 3 个吗

在本环节中，创业者重新列出了他们的问题以及假想的解决方案。之所以称这些方案是假想的，是因为我们还不知道它们是否管用。在接下来的一周内，创业者会针对这些假设展开试验。我们经常要求他们定义所用指标，以衡量试验的成功与否，并设定底线。如果参与度是最为重要的问题，就必须针对一些相关假设展开试验，以提高参与度、定义指标（如日活跃用户的所占百分比）并设定目标。你有什么问题？你想如何解决问题？你如何断定自己的成功？这些就是问题－解决方案画布的核心内容。

对于作为导师和顾问的我们而言，这是一次非常宝贵的操练。问题－解决方案画布对于内部决策过程也大有裨益。与精益画布相比，问题－解决方案画布要更为具体，重点关注的是某一特定时间段（一到两周）内的具体细节。

---

### 案例分析：VNN 利用问题－解决方案画布解决商业问题

Varsity News Network（VNN）是一家总部位于密歇根的早期创业公司。本书的合作者本曾在 2012 年的一次会议上，与公司创始人之一瑞安·沃恩见过一次面。该公司的平台为体育总监的社会传播工作提供了便利，为其所在高中的体育赛事进行了超本地化的宣传报道。其目的在于通过提高人们的认知为高中体育事业提供财政和精神支持。

本向瑞安介绍了问题－解决方案画布，瑞安回去后立即将其应用于董事会议之中。"我们刚刚融到资，还有许多关键的商业问题亟需解决。"瑞安说，"我们使用问题－解决方案画布，以保证董事会成员达成共识，并重点关注必须完成的任务，从而实现公司的发展进步。"

VNN 一直恪守精益道路，尤其是在公司成立之初，以确定其价值主张以及如何将其与高中体育的内容制作联系起来。公司直至今日仍一直恪守精益之道，对每个新功能或新想法进行测试和迭代，并对其效果和价值创造进行衡量。

但瑞安仍担心董事会不接受问题－解决方案画布。他说："精益创业过程尚未在（美国）中西部得到广泛应用，但董事会在了解相关方法论后缩短了对画布的适应时间。"

VNN 采用画布的数月时间是解决问题的关键时期。结果所有相关人员都得以专注于手头的主要任务。通过问题－解决方案画布，VNN 验证了公司的一些核心假设，并开发出了一套依靠直销的可扩展增长模式。这充分验证了公司创收的可能性，并为下一轮融资做好了准备。

图 16-5 和图 16-6 给出了该公司画布的一个范本。

**5月问题／解决方案对照表**

| 指标 | 上个月的习得（与成就） |
|---|---|
| ·销售成功的学校：1所<br>　◆上个月总计：3所<br>　◆总计：34所<br>·平均每所学校的广告销售额：4750美元<br>·平均每位销售代表的月销售额：6150美元<br>·平均每所学校的访问量：1931.9次<br>　◆在过去3个月里访问量增加了200次<br>　（新主题） | ·上个月你学到了什么<br>　◆一位销售代表每月可完成1万美元以上的销售额<br>　◆独立体育网站的市场是存在的<br>　◆时间表>照片>文章<br>·完成了什么<br>　◆Photogs功能得到支持，可以自行上传图片<br>　◆在印第安纳波利斯占领了第二片试验市场<br>·一切是否在计划之中：是 |

**首要问题**

1. 我们仍不清楚一名全职销售代表可完成的销售额是多少
   - 根据有限的数据判断，我们相信这一限度会是1万美元的销售额外加2所学校
   - 1名兼职销售代表数月内销售成功的学校有5所以上
   - 1名兼职销售代表连续两个月完成了1万美元的销售额
2. 我们对体育类专门网站的市场还并不了解
   - 教练愿意每月为此支付20～30美元。我们应如何将产品卖给他们或支持他们
3. 我们尚未向广告商显示出足够的价值
   - 我们需要50%以上的年更新速率，当前水平为50%

图 16-5　VNN 花了些时间来复盘

问题1：我们仍不清楚一名全职销售代表一个月内可完成的销售额是多少

| 假想的解决方案 | 指标/证据+目标 |
| --- | --- |
| 1. 在安娜堡雇佣全职代表，要求其在东密歇根区域同时销售学校和广告<br>• 表明销售代表的平均销售能力<br>2. 与印第安纳波利斯地区以外的两人签订合同，以启动新的市场<br>• 表明精英销售代表的销售能力 | • 指标：平均每位代表销售的学校和广告数额<br>• 安娜堡：截至七月末，将售出8500美元和3所学校<br>• 印第安纳波利斯：截至七月末，将售出7500美元和4所学校 |

问题2：我们对体育类专门网站的市场还并不了解

| 假想的解决方案 | 指标/证据+目标 |
| --- | --- |
| 1. 采访密歇根以外的教练<br>• 重要的是需求、定价以及功能的存在与否<br>2. 可通过开发并出售最小可行化产品给教练的方式，完成产品推销<br>• 这是市场的终极测试<br>• 问题是怎么销售最好 | • 指标：访谈回答和销售额<br>1. 与教练的访谈<br>• 表明了兴趣和愿意支付的金额<br>预售量 |

图 16-6　对自己的销售能力以及市场规模有所了解，这一点十分重要

## 总结

- 筹集资金后，VNN利用问题－解决方案画布与董事会实现了有效的沟通。

- 画布帮助公司在迭代中获得营收，并找到自身位置以获得额外融资。

## 数据分析启示

永远不要低估将所有人的意见放在同一页面的力量。把一致的信息写在一张纸上可以迫使所有利益相关者言简意赅地表明意见，并就此达成共识，这对问题的明确与定义很有帮助，尤其是在快速变化的环境之中。

# 黏性阶段总结

- 你的目标是证明自己已采用一种吸引回头客的方式解决了问题。

- 本阶段的关键是参与度，它是以用户与你的交互时间以及回访率等作为衡量标准。你还可以跟踪营收或病毒性，但目前这些还不是你关注的重点。

- 即便你开发的是一款最小可行化产品，但仍应以激励客户、员工以及投资人为目标。此外还需通过一种可靠的方式，实现从当前验证到未来愿景的转变。

- 在证明人们确实会如你所愿地使用产品以前，先别加快开发的速度。否则，你就是在费时费财地开发一款毫无用户回头率的产品。

- 在优化产品黏性的同时，利用同期群分析来衡量每一次产品改动所带来的影响。

当参与度合理且流失率相对较低时，你就可以重点发展自己的用户群了。但不要立即去花钱打广告。首先，你需要利用自己最好且最有说服力的营销平台，即当前用户。现在，是时候让产品流行起来了。

---

**练习：你应该进入下一阶段吗**

(1) 人们是否如预期般在使用你的产品？

- 若答案是肯定的，则进入下一阶段。
- 若答案是否定的，那么用户是否仍能以其他方式获得产品的使用价值？还是说产品根本就不存在使用价值？

(2) 对活跃用户进行定义。活跃用户或活跃客户的百分比是多少？把这一比例记录下来。数值还能更高些吗？有什么办法提高参与度吗？

(3) 围绕功能开发前提出的七大问题，审视一下自己的功能规划蓝图。你会因此调整功能开发的优先级吗？

(4) 对用户投诉进行评估。这些投诉将如何影响下一步的功能开发？

### 练习：你是否找到了自己最大的问题

创建一幅问题 - 解决方案画布。整个过程应不超过 15~20 分钟。与其他人（投资者、顾问、员工）分享你的画布，并自问其是否真正指出了你目前面临的关键问题。

# 第17章 阶段3：病毒性

1997 年，风险投资公司 Draper Fisher Jurveson（DFJ）最先使用病毒式营销一词来形容网络辅助的口碑营销。Hotmail 选择在每封邮件内植入一个传染源，即现如今常在邮件末尾附注的链接，以邀请收件人注册 Hotmail 账号。公司最先从 Hotmail 案例中看到了病毒式传播的力量。

早在几十年前，市场营销科学的奠基人之一弗兰克·巴斯，就曾描述过信息是如何传播到市场中的。他在 1969 年发表的论文 "A New Product Growth Model for Consumer Durables" 中，解释了信息是如何通过口口相传流入到市场中的。信息的传播速度起初很缓慢，但随着越来越多的人开始谈论起它，其传播速度会随之加快。然而，当市场中听过这一消息的人开始饱和，传播速度又会再次下降。此种模式可以用典型的 S 型曲线加以表述，即巴斯扩散曲线，如图 17-1 所示。

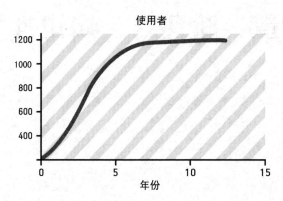

图 17-1　三大必然要素：死亡、税收与市场饱和

　　研究人员若将 Hotmail 的传播与巴斯模式的预测相比较，就会发现二者几乎是完全契合的。

　　进入病毒性阶段后，即可重点关注用户获取与增长，但同时也要留意产品的黏性。

- 病毒式营销和口碑营销可能是以牺牲参与度为代价的。你新带进来的用户可能与早期用户不同，因此产品参与度也不高。又或许你独特的价值定位在市场营销中渐渐模糊了，以至于新用户有了不同以往的产品期待。
- 注意，你离开黏性阶段才没多久。如果你在为用户的添加投入资金，流失率却居高不下，则你的投资回报可能会微乎其微。过早追求用户增长是一种时间与金钱的浪费，并将很快搞垮你的创业公司。

## 三种传播方式

　　病毒性指用户与他人分享你的产品或服务，我们可将其分为三种类型。

- 原生病毒性。根植于产品内部，作为产品的使用功能而存在。

- 人工病毒性。一种迫于外力的存在，往往根植于一套奖励系统。
- 口碑病毒性。源自于满意用户的交谈，与你的产品或服务无关。

三种类型都很重要，但应将其作为不同的增长方式区别对待，并根据导入的流量类型加以分析。例如，你可能会发现人工病毒性带来了大量一次即失的废流量，而原生病毒性带来的用户参与度很高，且最终会为你贡献营收。

## 原生病毒性

很多产品都具有原生病毒性。当你使用 TripIt 时，可以和同事分享自己的旅行计划，同事也可以通过登录来更好地了解你的出行；当你使用 Expensify 时，可将费用报表发送给他人进行审批；当你使用 FreshBooks 时，客户可在网站上查看自己的电子发票。

这是最理想的病毒式传播方式，给人一种真实可靠感，收到邀请的人也会有动力去使用这一产品或服务。就像是传染病一样，它并非自愿，也并非是你选择去做或体验的，但就这样发生了。

## 人工病毒性

尽管不是最理想的病毒式传播方式，但人工病毒性是可以花钱买到的。Dropbox 也具有原生病毒性，比如用户与同事和好友分享文件之时，但除此之外公司也并不吝惜对用户的补偿。若你在 Twitter 上发表了产品相关内容或给产品点了赞，即可获得公司提供的额外存储空间。此外，公司还会奖励那些助其获取新用户的用户。该服务之所以得到了快速发展，是因为现有用户都在试图说服朋友来注册，以获取更多的免费在线存储空间。

人工病毒性源自于以物质刺激鼓励现有用户将产品告知自己的朋友。做得好的话，效果会很不错，如 Dropbox。但如果做得不好，就会让人感到别扭与不自然。从本质上来说，你是在将自筹资金营销活动整合到产品上，但有时却破坏了产品的正常功能。

## 口碑病毒性

最后是自然的口碑病毒性。尽管口碑病毒性更难追踪，却非常有效，因为你的产品被值得信赖的顾问推荐了。你可以通过监控博客和社交平台上与你的创业公司有关的内容，从而窥探到口碑病毒性的传播情况。下次再看到有人做推荐，最好联系上这位推荐人，找出他分享产品或服务的缘由，并试图将其转变为病毒式增长策略中可复制且可持续的一环。

你甚至还需要使用 Klout、PeerReach 等工具来评价那些讨论你的人对你产品或服务认知度的影响，因为影响的等级代表着此人传播信息的能力。

# 病毒性阶段指标

若不想花钱买客户，对病毒式增长的衡量就会变得至关重要。你追踪的数据为病毒式传播系数，风险投资人大卫·斯考克精辟地将其概括为"每位现有用户能够成功转化的新用户数"。[①]

欲计算病毒式传播系数，需：

(1) 首先计算出邀请率，即用发出的邀请数除以现有用户数；

(2) 然后计算出邀请的接受率，即用新注册数或新用户数除以总邀请数；

(3) 最后将二者相乘。

在表 17-1 给出的量化例子中，公司 2000 名现有客户发出了 5000 次邀请，其中有 500 人接受了邀请。

---

① 大卫·斯考克对计算病毒式传播系数的解读。

表 17-1　计算病毒式传播系数的量化例子

| 现有客户 | 2000 | | |
|---|---|---|---|
| 总计发出的邀请数 | 5000 | 邀请率 | 2.5 |
| 邀请的点击次数 | 500 | 接受率 | 10% |
| | | 病毒式传播系数 | 25% |

这看上去可能非常简单，因为理论上来说，每 4 位现有客户可以成功邀请来一位客户，而每 4 位新客户又可以成功邀请来一位客户（即每位现有客户可成功邀请来 0.062 5 位客户），如此这般，无穷无尽。然而事实上，正如大卫指出的那样，随着时间的流逝，用户不可能一直邀请朋友加入。他们在邀请完那些自认为相关的朋友后，便会停止邀请。而受到邀请的朋友中，又有很多人是同一个朋友圈的。因此，受邀人员的名册总有一天会达到饱和。

此外，还应考虑传播周期这一因素。如果从使用网站到邀请他人加入只需一天时间，你的增长速度就会非常快。相反，如果新用户需要几个月的时间才会邀请他人加入，增长速度就会慢很多。

病毒式传播时间有着举足轻重的意义，以至于大卫认为它要比病毒式传播系数更为重要。大卫利用自己在工作表里取得的样本数据，在一个例子中着重指出："一个传播周期为两天的产品，20 天后即可获得 20 470 位用户，但若将传播周期缩减一半，20 天后就可以获得 2000 万以上的用户！"

巴斯方程在试图解释信息是如何传播到市场中的以及客户是如何逐步接纳新产品时，考虑了诸多因素。

最终，我们追求的是一个大于 1 的病毒式传播系数，因为这意味着你的产品可以实现自给自足。若病毒式传播系数大于 1，则每位用户至少可以成功邀请一位新用户，这位新用户又可以成功邀请另一位用户。这样，你在拥有一些早期用户后，即可实现产品的自行增长。上例中，我们可以通过一些努力让病毒式传播系数更接近 1。


- 重点提高接受率。

- 试图延长客户的生命周期，让其有更多的时间来邀请他人。

- 试图缩短邀请的生命周期，以加快增长进程。

- 设法说服客户去邀请更多的人。

## 除病毒式传播系数之外

要区别对待这三种病毒式增长模式。每种模式都有着不同的转化率，用户的参与度水平也不尽相同。你可以从中得知应把重点放在哪里。

病毒性阶段的重要指标与信息的扩散范围和新用户的使用情况有关。虽然其中最为基本的当属病毒式传播系数，但你仍可对用户发出的邀请量或邀请的生命周期进行衡量。

对于向企业级市场销售产品的公司而言，基于邀请机制的病毒式传播并不常见，其他一些指标可能会更有帮助，其中净推介者比例[①]指用户向朋友推荐你产品的可能性有多大，并比较极力推荐者和不愿推荐者的人数。该比例是病毒性的极好体现，因为它表明了有哪些客户会成为你的样板客户、推荐者或在营销宣传品中现身说法。

病毒性并非在每家公司都能起到关键作用。有些产品天生就没有病毒性，很少具有病毒式传播速度。只有病毒式传播系数大于 1 时，病毒性才能发挥出最大的威力。换言之，这时每位用户都会至少成功邀请一位新用户。这也就意味着从理论上来说，你可以永远地增长下去。

很遗憾，要想让病毒式传播系数一直大于 1，于创业公司而言可谓是可遇而不可求的。

但并不是说你应该忽视病毒性，相反，你需视其为能让自己的付费营销活动事半功倍的助推器。这也就是病毒性阶段位于营收和规模化阶段之前的原因：你希望将投入市场营销的每一分钱最大化，为此，就需要先优化好自己的病毒式增长引擎。

---

[①] 简称 NPS，最先由 Enterprise 租车公司提出，曾在弗雷德里克·F. 里奇菲尔德的著作中出现，意为只考虑非常热情的受访者，因为他们"不仅是回头客，还会将 Enterprise 推荐给朋友"。

## 案例分析：Timehop 通过内容分享试验实现病毒性

乔纳森·韦格纳和本尼·王于 2011 年 2 月在一次黑客马拉松中创建了 Timehop。最初的产品名为 4SquareAnd7YearsAgo，开发过程仅耗时一天。产品整合了你在 Foursquare 的签到记录，并以电子邮件的形式每天将一年前的记录发送给你。这是一种回顾自己去年今日都做了什么的有趣方式。该项目得到了很多关注，在任其自由发展了几个月后，二人决定全职投入项目的开发。他们将产品重新命名为 Timehop，并从风投公司和天使投资人处融到了 110 万美金。

起初，二人将主要精力都放在了参与度上。幸好，用户对于产品十分着迷，其核心指标也体现了这一点。"邮件打开率始终保持在 40%~50%，"乔纳森说，"由此可知，我们的产品具有黏性，参与度高，且深受用户喜爱。"

除证明 Timehop 是一款用户参与度高的产品以外，还必须证明高参与度可以带来高留存率。"人们使用 Timehop 已近两年，却仍没有感到厌倦或是离开。"乔纳森说，"起初我们一丝不苟地跟踪邮件打开率、退订情况和邮件密度（每天有多少用户可以收到含有去年今日记录的邮件），这些数据状态都很不错。"是时候更换第一关键指标了。

参与度和留存率给予了乔纳森二人接下来迎接巨大挑战的信心，此处的挑战指的是增长。"我们通过邮件的像素跟踪发现，50% 的邮件是在 iOS 设备中打开的，"乔纳森说道，"这促使我们开始重点关注移动应用：一种可更好地通过分享促进增长的工具。"

尽管人们的确会分享 Timehop 邮件，但邮件本身并不具有社交性。人们接收邮件后，并不会分享它们。由于 Timehop 想要打造乔纳森所说的"关于你过去的社交网络"，因此产品向移动应用的转型正好有助于鼓励社交行为的发生。事实上，移动应用用户的分享次数是纯邮件用户的 20 倍。但这依然不够。

"现在我们的关注点完全放在了分享上，"乔纳森说，"我们正在监测的是日活跃用户中分享者所占比例。我们目前并不关注病毒式传播系数（并知道其数值还不到 1），但想要追踪与应用中用户操作更为接近的数据。"公司迅速展开了试验和测试，以探知其能否显著提高这一数字。产品的开发速度很快，并开始重点关注结果的学习与跟踪。同时，公司还设立了一条底线："我们希望每天至少能有 20%~30% 的日活跃用户分享一些东西。"乔纳森如是说。

Timehop 只关心病毒式增长模式（以及将内容分享作为鼓励病毒式传播的主要机制）。"目前最重要的是病毒性，"乔纳森说，"媒体报道、作秀等其他内容有如推石头上山一般，永远不可能扩大规模，但病毒式传播可以。"

## 总结

- 乔纳森二人在看到持续性的自然增长以及强大的用户参与度后，将一个耗时一天的黑客马拉松项目转变成了一家真正的公司。
- 在发现有 50% 的用户选择在 iOS 设备上打开 Timehop 邮件后，乔纳森二人开发了一款移动应用，并将第一关键指标由参与度和留存率调整为了病毒性。
- 乔纳森二人几乎是一心一意地专注于内容分享，提高日活跃用户中分享者的比例，以实现用户基数的可持续增长。

## 数据分析启示

正确理解他人是如何使用你的产品的，在决定产品路线以及如何进入下一阶段（如从黏性阶段到病毒性阶段）时可以为你提供重要的见解。关注病毒式传播系数等指标可能要求过高，相反，应寻找用户在产品内有助于病毒式传播的行为，并确保指标得到了正确的测量，然后划定自己目标中的底线。

## 打造病毒式传播模式

　　赫特·沙的 ProductPlanner 网站 [①] 是用户获取模式非常有价值的来源。从注册流程到邮件的病毒式传播再到好友邀请，网站收录了数十种客户获取的常用流程，并给出了整个过程各阶段的指标。例如，图 17-2 给出了 Tagged 的邮件邀请周期。

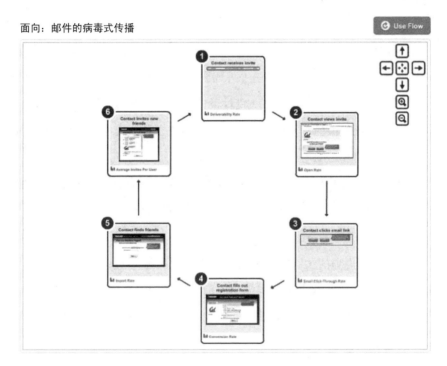

图 17-2　邮件邀请周期的步骤和追踪指标十分简洁明了

　　尽管 ProductPlanner 网站已无法访问（其创始人转而做了 KISSmetrics），但你仍可利用此模式设计自己的增长方式，并快速找出你应在此过程中跟踪哪些指标。随后即可着手实现你的病毒式传播，找到生命周期的断点并做出相应调整，然后逐渐达到病毒式传播系数为 1 的状态。

---

① ProductPlanner 已下线。

# 黑客式营销

大部分创业公司只依靠渐进式增长是无法存活的。此种增长模式速度非常缓慢。若想要增长，你需要压倒性的竞争优势，扭转乾坤，像个黑客一样。

黑客式营销是一种用于形容数据驱动游击式营销的流行说法，并依赖于一定的深入了解，即企业各部分是如何相关联的，以及客户体验的调整所带来的影响。黑客式营销包括：

- 通过试验找到一个可在用户生命周期早期开始测量的指标（如一位用户邀请的朋友数），或利用手头数据分析优秀用户的共同点；
- 了解这一指标是如何与某关键性商业指标相联系的（如长期参与度）；
- 基于今日测得的早期指标，为这一目标建立预测模型（如 90 天内可获得多少高参与度用户）；
- 更改当前用户体验，以达到明天的商业目的（如向用户推荐其可能认识的用户），并假设当前指标会改变明日的目标。

黑客式营销进程的关键在于你的早期指标（又称"先见性指标"，即可预示未来的指标）。尽管看上去相当简单，但要想找到一个好的先见性指标，并通过试验确定其对公司未来的影响实属不易。这也是现如今许多迅速崛起的企业家实现增长的方式。

## 找到先见性指标

Academia 的创始人理查德·普里斯向大家讲述了最近一次黑客式营销大会上几家元老级成功创业公司分享先见性指标的故事。

- Facebook 增长团队前负责人卡马斯·帕里哈比提亚曾说，如果用户在注册账号后的 10 天内至少加了 7 名好友，即可认定其为高参与度用户。

前 Twitter 员工乔希·埃尔曼曾指出 Twitter 公司也有着类似的指标，即新用户关注了一定数量的用户，而这其中又有人关注他，就有可能称其为高参与度用户。事实上，Twitter 上有两种用户：一个月内至少访问一次的活跃用户，以及一个月内至少访问七次的核心用户。

- Zynga 公司的前总经理纳比尔·赫亚特曾运营过一款拥有 4000 万玩家的游戏，并指出 Zynga 公司重点关注的是首日用户留存。如果用户注册游戏后，第二天再次登录游戏，就有可能成为一名高参与度用户（乃至付费用户）。赫亚特还强调了寻找第一关键指标以及在进入下一阶段前对其不断优化的重要性。

- 据 Dropbox 的 ChenLi Wang 所说，若用户至少在某设备的某文件夹中放入一个文件，其成为高参与度用户的几率将大大提升。

- LinkedIn 的埃里奥特·施姆克勒称公司负责跟踪用户在一定天数内建立的联系人个数以预估其长期参与度。

然而，用户增长并非黑客式营销的全部。你可能还会试图关注其他关键性目标，如营收等。乔希·埃尔曼告诉我们，早期的 Twitter 公司把主要精力都放在了新鲜事浏览量的提高上，因为公司知道自己的营收与广告紧密相连，而广告只有在用户浏览新鲜事时才会出现。即便是公司进入营收阶段以前，新鲜事的浏览量也俨然是营收潜力的先见性指标。

## 优秀先见性指标的构成要素

优秀的先见性指标具有一些共同特征。

- 先见性指标往往与社交参与度（发送链接给好友）、内容创作（帖子、分享、赞）或回访频率（上次访问时间、在线时长以及每次访问页数）联系在一起。

- 先见性指标应与商业模式的某部分明显相连（如用户数、每日流量、病毒式传播或营收）。毕竟，这是你最终希望改善的商业模式。你并不只是想要增加每位用户的好友数，而且想要增加忠实用户的数量。

- 该指标应出现在用户生命周期的早期或转化漏斗的上游。这是一个非常简单的数字游戏：如果你观测的是用户注册第一天发生的事，则你将拥有每一位用户的数据点，但若观测时用户已访问了若干次，则数据点就会少很多（因为很多用户已经流失掉了），也就意味着此时的指标并不太精准。

- 先见性指标也应是一种早期推断，这样你就可以尽快做出相关预测。在第 8 章里，凯文·希尔斯特罗姆曾说：要想判断一家电商企业究竟是"忠诚度"类型还是"用户获取"类型，90 天内的重复购买率当属最好的判断依据。与其等上一年时间了解自己的所处模式，不如根据前 3 个月的数据做出相应的推断。

你可以通过市场细分和同期群分析找到先见性指标。你可以分别观察两组用户，一组在应用中逗留，另一组则没有；你可能会发现这两组的共同点。

## 相关性告诉你未来会发生什么

找到一个与某事件相关的先见性指标后，即可对未来做出预测。这非常好。在第 6 章提及的意大利餐厅 Solare 案例中，每天截至 5 点餐厅接到的预订数即是当晚总就餐人数的一个先见性指标，餐厅团队可由此在最后一刻即时做出人员调整或补购食材。

用户生成内容网站 reddit 的流量和用户参与度十分公开透明。毕竟，其营收来自广告，它希望说服广告商自己是个很好的选择。该网站约半数的浏览量来自登录用户，但这些用户产生了远高于 50% 的流量。reddit 的用户参与度很不错。"几乎所有注册用户一个月后都会再次回来，"杰里米·埃德伯格说道，"这种情况可以持续几个月的时间。"

reddit 的网站流量是否存在先见性指标呢？表 17-2 对登录用户（有账号的用户）和匿名访客的每次访问页数做了比较。

表 17-2　reddit 登录用户和未登录用户的网页浏览情况

| 距上次登录时间 | 登录用户 | | | 全部用户 | | |
|---|---|---|---|---|---|---|
| | 访问次数 | 网页浏览数 | 每次访问页数 | 访问次数 | 网页浏览数 | 每次访问页数 |
| 0 | 127 797 781 | 1.925B | 15.06 | 242 650 914 | 3.478B | 14.33 |
| 1 | 5 816 594 | 87 339 766 | 15.02 | 13 021 131 | 187 992 129 | 14.44 |
| 2 | 1 997 585 | 27 970 618 | 14.00 | 4 958 931 | 69 268 831 | 13.97 |
| 3 | 955 029 | 13 257 404 | 13.88 | 2 620 037 | 34 047 741 | 13.00 |
| 4 | 625 976 | 8 905 483 | 14.23 | 1 675 476 | 20 644 331 | 12.32 |
| 5 | 355 643 | 4 256 639 | 11.97 | 1 206 731 | 14 162 572 | 11.74 |

忠诚的注册用户指每天都会访问网站并拥有账号的用户。通过上述数据可知，这些用户的每次访问页数比其他人要更高些。首次访客的页面浏览数很高，这也算是网站参与度的一个先见性指标吗？

## 因果性可扭转乾坤

相关性固然是好的。但如能找到一个可引起某种变化的先见性指标，你就拥有了超能力，因为这意味着你可以改变未来。如首次访问时的高网页浏览数可引起后续的参与度，那么 reddit 能做些什么来提升网页浏览数，继而提高参与度呢？这就是黑客式营销的基本思路。

回忆第 2 章中 Circle of Friends 的创始人麦克·格林菲尔德在比较高参与度用户和低参与度用户时做的准备，以及他有关很多高参与度用户都是妈妈的发现。对于麦克而言，某人是否身为人母，可谓是一个市场导向的先见性指标，能够预见该人未来的参与度。他可以根据今天注册的妈妈人数，决定未来 6 个月内要购买多少服务器。但真正重要的是，他可以在市场营销中锁定妈妈群体，并大幅提高其用户参与度。

麦克的黑客式营销手法是市场导向的，但黑客式营销可以是任何形式的，可能是定价的变动、一次限时优惠或一种个性化形式。关键在于严格的试验。

产品导向的黑客式营销，即卡马斯·帕里哈比提亚口中的"顿悟时刻"，需发生在用户生命周期的早期，以对尽可能多的用户产生影响。这就是社交网站在注册后立即向你推荐好友的原因所在。

你还可以利用推广和试验来确定自己的先见性指标。音乐零售商 Beatport 曾采用"网购星期一"促销策略，以实现总购买量的最大化。在节日（感恩节）的前一周，公司为每位客户发去了 9 折的优惠码。其中使用过优惠码的客户又会得到一个 8 折的优惠码。用户在使用这种 8 折优惠码后，即可最终得到一种限时的一次性 5 折优惠码，以供"网购星期一"那一天使用。该方法成功提高了购买率，同时鼓励客户在每次购物时将购物车装得越满越好。

尽管没有关于这一推广活动效果如何的数据，但我们非常清楚公司目前已掌握大量信息，即哪些人最容易响应推广活动，以及折扣和购买量之间的关系。此外，其忠诚客户还会因此感受到关爱。

黑客式营销结合了书中讨论的诸多方面，即寻找商业模式、确定当前阶段最重要的指标、不断学习并优化该指标，以将公司办得更好。

## 病毒性阶段总结

- 病毒性指信息从现有的"已感染"用户到新用户的传播能力。

- 如果每位用户都能成功邀请一位以上的用户，你的增长几乎是可以保证的。虽然很少有这样的情况，但任何口碑传播都有益于你的客户增长，并降低你的总体客户获取成本。

- 用户与产品交互时，原生病毒性会自然显现出来。人工病毒性是基于奖励的，不太真实。而口碑病毒性虽然难以创建与跟踪，却带来了许多早期用户。你需按照 3 种病毒性来划分用户。

- 除病毒式传播系数外，还需关注病毒传播周期。用户越快邀请其他人，
  你的增长速度就越快。
- 在病毒性阶段和营收阶段增长时，你试图寻找的是未来增长的先见性
  指标，即在用户生命周期早期可预测（甚或控制）未来的可衡量指标。

若你开始享受用户推荐和用户邀请带来的自然增长，即可将客户获取成
本发挥到极致。现在，是时候关注营收最大化了，并投入部分营收用于获取
更多的用户。步入营收阶段的时刻到了。

---

### 练习：你应该步入营收阶段吗

问问自己这些问题。

- 你是否在创业中运用了这三种病毒性（原生病毒性、人工病毒
  性和口碑病毒性）？试描述运用方法。若病毒性是你创业的弱
  项，那么请写下三到五个可提高产品病毒性的想法。
- 你的病毒式传播系数是多少？即使其数值低于 1（这种可能
  性很大），你认为病毒性足以助你维持增长并降低用户获取
  成本吗？
- 你的病毒传播周期要多久？有什么办法缩短周期吗？

哪些细分市场或同期用户正在做符合你商业模式的事？他们有什
么共同点？你要如何改变你的产品、市场、定价或其他方面，从而在
客户的生命周期中尽早步入营收阶段？

# 第18章　阶段4：营收

在某一时刻，你必须开始赚钱了。由于你已经度过了黏性阶段和病毒性阶段，因此指标也会有所改变。若你将部分收益重新投入新用户的获取之中，便会开始跟踪新的数据，找到新的第一关键指标。客户终身价值和客户获取成本推动着你的增长，同时，你还会通过试验试图以更低的成本获取更多的忠诚用户，调整你的定价机制、收费时间以及收费的商品或服务种类。欢迎来到精益数据分析的营收阶段。

营收阶段旨在将工作重心从证明想法的正确转移到证明你能以一种可扩展的、持续的自给方式赚到钱。可以将这一阶段当作"糖罐子"阶段，你以不同方式击打糖罐子，直到有糖倒出来。

有些创业拥护者建议一开始就对产品收费。这一策略的采用与否取决于多种因素，如流失率、用户获取成本和开发的应用种类等。但一开始就收费与重点关注营收和利润并不一样。在创业的早期阶段，亏本运营、免费派发账号、给予全额退款、让高薪程序员接听支持电话均无可厚非。但现在不能再这样了。因为在这一阶段里，你打造的不仅仅是一个产品，而是一家企业。

## 营收阶段的指标

营收的衡量十分简单，但要记住，尽管你的毛营收可能会持续上涨，但每客户平均收入才是企业健康程度的更好指标。毕竟，这是一个比率，比单单一个数字传递的信息量要大得多。例如，如果整体营收在上涨但每客户平均收入却在下降，就意味着为保持当前的增长率，你需要获取更多的客户。这可行吗？现实吗？这一比率能帮你专注于为创业做出真正的决定。

有了这一比率后，你就会开始关注点入率、广告营收、转化率、购物车大小、订阅量、客户终身价值，或是任何赚钱的东西。你会拿这些和获取速度大于流失速度的新用户获取成本作比较，因为你的增长率最终取决于访客、用户和客户的净增长幅度。

你还会不遗余力地寻找一个最优定价，在最大化价格与受众面之间找到平衡。此外还会试验不同的定价机制，如打包出售、分级订阅、折扣等，以找到最优定价。

## 赚钱机器

一位创业者走进了280号公路旁一间铺着枫木地板的董事会会议室，扫视着会议桌旁衣着精致的众投资人。他把手伸进了一个大皮包里，掏出一件奇怪的机器，约两英尺高一英尺宽，并将其小心翼翼地放在桌上，插上了电源。

不出所料地，房间出奇的安静。

"有人身上有一美分吗？"他问。这时普通合伙人翘了一下眉毛，一位基层员工递给了他一枚生锈的铜币。

"现在请看。"

创业者将那枚硬币从机器的顶端投了下去，并拉动了一根手柄。接着机器发出低沉的呼呼声，声音停顿后，一枚崭新、闪亮的5美分硬币滚了出来，落到了机器下方的小盒里。

　　这时屋里只剩下循环系统的声音，为帕洛阿尔托①温热的空气降温。

　　"非常漂亮的戏法，"银发的普通合伙人说道。他坐直了身体，在低致敏性的地毯上摩挲着棕色的 Mephisto 牌皮鞋。"再做一遍。"

　　工作人员又递给他一枚硬币。他把硬币从机器的顶端投了进去，再一次拉动了手柄。又一枚 5 美分硬币滚了出来。

　　"你在机器里藏了一袋子 5 美分硬币吧，"另一位衣着略显凌乱的技术分析师稍带保守地指责道，"现在，打开这个机器。"

　　创业者一句话也不说，松开了机器侧面的一个小扣子，打开了机器。里面只有一连串的管子和线路，但没有地方藏得下 5 美分硬币。分析师看起来有点被冒犯到了，但普通合伙人在他关上机器盖子时，已经挪到了椅子的边缘。

　　"我每小时能往机器里投多少枚硬币？"他问。

　　"机器每次需要 5 秒钟的冷却时间，所以你每小时可以向其投入 720 枚硬币。也就是说你每小时可以得到价值 36 美元的 5 分硬币，其中 28.80 美元是纯利润，利润率达 80%。"

　　普通合伙人靠回 Aeron 牌椅背上，视线穿过窗外的公路，投在了伍德赛德镇的树林上。他停顿了约一分钟，继而问道："我可以向它投入 5 分硬币吗？"

　　"我试过投入 10 美分硬币，同样成功了，机器吐出了折叠整齐的 1 美元纸币。我还没试过面值更大的货币，但我希望它可以处理 5 美元纸币，"创业者回答。

　　"你现在可以造出多少台这样的机器，有多少现成的可以运转？"合伙人问道，似乎忘记了屋里其他人的存在。

　　"我觉得我们可以让 500 台机器日夜不停地运转起来。每台机器的成本是30 000 美元，制造需耗时两个月。"

　　"还有一个问题，"合伙人说道，"我觉得我们成交了。但为什么其他人不能做出同样的机器？"

_____
① 美国旧金山附近的一座城市。——译者注

"我在核心机制上有知识产权的保护，同时我还和 US Mint 公司签署了独家协议，成为法定货币的唯一生产商。"

当然，这不是一场真正的风险投资融资洽谈会。但已几近于融资洽谈的完美范例。我们能从造钱机器的比喻中学到很多东西，很好地帮助创业公司的 CEO 们模拟投资人的思维。

造钱机器有着突出的赚钱能力：你投入一些钱，就会得到更多的钱。人们都知道一美分长什么样子，但是没有任何公司能够像造钱机器这样清晰，每位 CEO 都需将自己的商业模式梳理得越简洁直接越好，尤其是对外人来说，这会让风险投资可以获取利润显而易见。

创业者还就公司能发展到多大规模、利润有多高以及进入壁垒的种类等关键问题给出了非常合理的答案。

演示者很好地抓住了在场观众的注意力，并让其帮他讲述了这样一个故事。他们都是聪明人，问出了演示者希望被问到的问题。他也在回答问题的同时多提供了一些细节，但又不至于太过深入，从而体现了自己对问题是有所准备的。

本阶段不需要详细的技术说明。之后，投资人肯定会仔细梳理一遍所有的技术细节，以确保其不违法、不违背道德、不是一个诡计。但这并非此次洽谈会的重点。打开机器的外壳足以保证屋内所有人都能很好地理解这一创意。

创业者并没有为产品设定价格，而只是向投资人提供了用于估价的所有细节信息，包括营收潜力、利润率以及成本等。他们甚至还可以根据成本和时间，计算出投资机器生产的运营资本，以及投资的回报率。

寻求风险投资的创业 CEO 都应该记住这个造钱机器的故事。这是个确保你像风险投资人一样思考的好方法。以后每次你的融资演说偏离了本例中洽谈会的简洁性时，你就该警告自己重新准备。

## 造钱机器和魔法数字

这不仅仅是一个揶揄融资会议的比喻。试把公司想象成一个可预见性的盈利机器。对投资和盈利的比例进行衡量，即可得知你拥有的机器是好是坏。

2008 年，Ominture 的乔希·詹姆斯提出了一种方法，用以了解 SaaS 公司的运转状况，并决定是该开足马力扩张还是重新考虑商业模式。这种方法很简单，只需查看营销费用的投资回报比即可。在 SaaS 公司中，你会花钱做销售和营销，以期获取新客户。如果一切顺利，在接下来的一个季度里，你的营收会有所提高。

要想衡量机器的健康程度，需用上季度的年经常性收入增长值除以你为此付出的成本。你需要以下三个数字，来计算出这一比值：

- 你第 $x$ 季度的经常性营收（QRR[$x$]）；
- 你第 $x$ 季度前的经常性季度营收（QRR[$x$-1]）；
- 你第 $x$ 季度前的季度性销售和营销支出（QExpSM[$x$-1]）。

若你没有统计季度性销售和营销支出，则可将年度支出除以四作为季度支出。由于并非所有的本季度销售都是上季度的成果，有一些可能得益于之前的几个季度，因此这也有助于你消除营销支出或季节性变化所带来的干扰。

计算公式如下所示：

$$\frac{(QRR[x] - QRR[x-1])}{QExpSM[x-1]}$$

如果计算结果低于 0.75，就说明有问题了。你把钱放进机器里后，得到的数额却比投入的还要少。这是你在这一阶段所不希望看到的，因为这意味着你的商业模式中存在着根本性的纰漏。如果计算结果大于 1，就说明你做得很好，你可以利滚利地把之前赚到的钱用于日后的投资，将营收的增长投入到更多的销售和营销中去，推动机器造出更多的钱。

# 找到你的营收槽

到了这一创业阶段，你已经拥有了一个用户喜爱且愿意向他人推荐的产品。你试图找到把产品换成金钱的最佳方法。试回忆塞尔希奥·齐曼关于市场营销的定义（更频繁地向更多人销售更多的商品，从而更有效地赚到更多的钱）。在营收阶段，你需要找出其中哪种方法"更"能最大限度地提高你的每客户平均收入。

- 如果你脱离不开单笔交易的实际成本（如直销、配送或签约经销商），则"更有效"可为你商业模式的供需方面带来举足轻重的影响。
- 如果病毒式传播系数数值很高，"更多人"则显得尤为重要，因为你在客户获取成本的每一块钱里都注入了强大的力量倍增器。
- 如果你的客户忠诚度非常高，每次都选择在你这里消费，则"更频繁"更为关键，你需重点想办法让客户来得更频繁一点。
- 如果你倾向于大金额的一次性交易，则"更多的钱"将对你大有裨益，因为你只有一次从客户身上捞钱的机会，需尽可能地"榨取"客户的价值。
- 如果你采用的是订阅模式，并且在与客户流失做斗争，则利用追加销售向客户介绍具有更多功能的更高容量套餐当属提高现有营收的最佳方式，这样你就有很多时间去争取"更多的商品"。

## 钱从哪里来

对于许多重复收费的服务而言，你需要决定是对所有人收费，还是只对高级用户收费。免费增值模式也许会奏效，但并非总是一个好方法，尤其是免费用户在消耗你的成本时，或是无法将收费的服务版本与普通用户使用的服务层级自然地区分开时，如可创建的项目数量或可提供的存储空间。

　　"为隐私付费"是免费增值模式的一种变体，即用户创建的内容在默认情况下可向所有人公开，除非用户付费使内容对他人不可见。SlideShare 就采用了此种模式的变种。尽管该网站可通过广告赚钱，但同时也向用户出售一种高级权限，即用户可将自己上传的内容设置为对他人不可见。现在，SlideShare 成为了领英的一部分，故其也会受到领英商业模式的补贴。

　　如果所有用户都要付费，则需考虑是否应采用试用期、折扣或其他激励手段。但归根究底，最好的营收策略仍是打造一款优秀的产品：最好的创业公司应该有着史蒂夫·乔布斯口中的那种"酷毙了"的性质，客户会抢着付钱给你，因为他们在你的产品中看到了真正的价值。

　　如果没有用户愿意付钱，则需依靠广告或其他隐形补贴来支付账单。

　　很多创业公司混合了 6 种商业模式中的几种，形成了自己独特的营收模式。随后，这些公司又想办法将营收投入到由病毒式传播和客户获取组成的混合模式中，并投入部分收入用于增长。

## 客户终身价值 > 客户获取成本

　　要想将营收转化成更多的客户，就离不开这一最基本的定律：客户获取成本应少于最终营收。

　　这已经是最简单的定律了，因为如果想要维持供电、雇用更多人员、花钱研发并产生投资回报，你只会愿意拿出营收的一小部分来获取客户。

　　客户终身价值－客户获取成本的数学关系还需反映出客户获取成本与最终营收间的时间延迟。你所接受的每笔投资或贷款并不只让你在当前达到收支平衡，还在为你的预期营收做铺垫。

　　平衡客户获取成本、营收和现金流是许多商业模式运转的关键，尤其是那些花钱获取客户并依靠订阅获取营收的公司。你每天与数据打交道，努力达到三者间的平衡点，不过实际上你是在和四个变量较劲：

- 银行里的起始资金（如你的投资额）；

- 每月的客户获取成本；

- 用户带来的收入；

- 用户流失率。

弄清楚这一数学关系。拿的投资过多会减弱你对公司的所有权，过少又会现金短缺，因为用户营收周期较长，你必须一开始就花钱去获取用户。

---

### 案例分析：Parse.ly 及其向营收阶段的转型

Parse.ly 开发了一款分析工具，用于帮助大型网络媒体了解能够带来流量的内容有哪些。它起初是一款帮助客户找到自己喜爱读物的阅读工具，最先发布于 2009 年宾夕法尼亚州的 Dreamit Ventures。一年后，公司改变了其赚钱方法：由于工具可得知用户可能喜欢的读物有哪些，因此公司也可以帮助媒体网站提供访客喜欢的内容，从而使访客在网站上停留更长的时间。2011 年，该款工具又进行了一次转型，这次作为向媒体网站提供报表的工具，它能够帮助网站了解到什么内容最受欢迎。如今的产品 Parse.ly Dash，是一款服务于媒体网站的分析工具。

尽管 Dash 现如今已成为一款成功的产品，Parse.ly 公司却不得不放弃其在寻找可持续性商业模式时的一些早期工作。"从客户新闻阅读类产品转型是一个艰难的决定，因为实际上所有指标看上去都很不错。"Parse.ly 的产品带头人麦克·苏克曼欧斯凯如是说。

"我们有成千上万的用户，产品也处于快速发展之中。TechCrunch、ReadWriteWeb、ZDNet 等尖端科技媒体已对我们做过了相关报道。产品已经很不错了，我们还有很多进一步改善产品的方法，但缺少了于成长型企业来说非常重要的指标：营收。我们尝试过测试和问卷，最终发现，尽管用户都很喜爱 Parse.ly 阅读器，但并没有喜欢到愿意为它付费的程度。"

创始人写了许多代码，却没能获得营收，同时成本也在攀升。麦克把部分原因归结于创业加速器对快速原型化的重视，这通常以客户开发为代价。"加速器面临的挑战之一是过于强调产品（推出速度要快）且压力巨大（两个月内要做出演示）造成很多客户开发不得不与产品开发同时进行。事实上，一些特别重要的问题，已在第一个版本推出后得到了解答。"[1]

公司决定改变商业模式后，便完全停止了对阅读器的开发。尽管新的产品需要从头做起，但利用了很多之前采用的技术和后台架构经验。现如今，公司推出的新产品会由一个直销团队以先试用、后付月费的模式销售出去。

同你对分析公司的预期一样，Parse.ly 团队收集并分析了海量数据。除使用自家的 Dash 以外，他们还用 Woopra 监控参与度并武装自己的销售团队，用 Graphite 跟踪时序数据，用 Pingdom 监控正常运行时间和可用性。

在多种商业模式中迭代摸索之时，公司所跟踪的指标也会发生相应的变化。

"对于 Parse.ly 阅读器而言，我们的核心指标是新用户数和用户参与度。我们会根据新闻报道紧密关注每天的新用户数，并根据用户账号判断每天的用户登录数。"麦克说，"在 Parse.ly 媒体平台上，我们的关注点完全放在了工具推荐内容的展示次数和点击率上，我们至今仍对 API 用户的这类指标保持着密切关注。"

---

[1] 麦克很快指出了这一趋势也在变，并越发强调创造营收的重要性。

对于现在的数据分析产品而言，公司跟踪的指标有所增加，其中包括：

- 每日试用账号的注册量；
- 注册流量和账号激活过程的转化率；
- 平均每个账号下的活跃用户（席位）数以及账号邀请的活跃度；
- 用户参与度（基于 Woopra 数据）；
- Graphite 中的 API 调用情况；
- Google Analytics 中的网站活跃度；
- 所能跟踪的平台内所有网站的网页浏览量和独立访客数。

由于许多网站都安装了此软件，因此它还可以跟踪这些网站的数据，如日均发布的帖子数、平均网页浏览量和主要流量来源等。此外，它还可以跟踪基本的商业指标，如总人数、客户数、服务器数量、营收、成本和利润。

最后，尽管其消费者业务获得了毋庸置疑的成功，Parse.ly 不得不做出一些艰难的决定。尽管盈利方式是风险最大的几个方面之一，但 Parse.ly 并没有检测初始产品的这一点。不过在第二次转型以前，公司花时间和企业客户进行了交谈，吸取了关于数据分析平台方面的意见，并得到了明确的答复："我们向客户证实了分析工具的概念，并表示可向其提供此款工具，对方便开始急切地请求我们提出自己的见解。"麦克回忆道，"比起我们提供的推荐信息，他们更关心这款工具的前景。"

**总结**

- 即便你在某重要方面有着健康的增长速率（如用户数量或参与度），如果不能将其转化为金钱并支付成本的话，依然没有太大的意义。
- 商业模式的转型可立即改变你的第一关键指标。
- 每家公司都处于一个生态系统之中，本例中是指阅读者、网站媒体和广告商的生态系统。转型到一个新的市场通常要比创造一个全新的产品容易些，转型成功后，新市场即可帮你认识到应该首先打造什么样的产品。

**数据分析启示**

要认识到，能赚钱是大部分商业模式的固有假设，但为了降低商业模式的风险，你需尽早对营收模式进行检测。在追求营收的过程中，请做好大幅变动乃至关闭部分业务的心理准备。

# 市场–产品相契合

大部分人在产品表现不太好时的第一反应是添加更多的功能。我希望我们已在前文中论证了这种方法的错误性，因为某功能一下子解决客户问题的几率是非常小的。

相反，你可以尝试向一个新市场转型。这里假设你的产品没有问题，问题是没找对目标客户。在理想情况下，你在产品开发前便已验证了市场，但也难免会出现错误，且在某些情况下，你还没开始开发客户，也不愿放弃已经开发的产品。改变市场可能要比改变产品更为容易。

　　很多创业公司的创始人都是在发展中的某一时间点发现精益创业理论的。这时他们已经开发了产品，产品也有了一定的吸引力，但还不够令人兴奋。此时的他们面临着一个艰难的决定，是该在当前道路上继续发展下去，还是做出一些改变？他们需要一个答案。他们在不遗余力地寻找可以带来更多用户使用量的方法，且还没准备好放弃。这种情况在更大型的公司和企业内部也同样常见：它们已在市场中有了一定的立足之地，但尚未达到期望中的规模，同时，它们还在寻找加快增长速率或加大市场占有率的方法。

　　与其开发新功能或从头来过，不如尝试将产品指向一个新的市场。我们称其为"市场－产品相契合"而非"产品－市场相契合"，因为你要找的是一个契合现有产品的市场。这同样适用于商业模式的改变，也是寻求规模化的一个非常可行的手段。再次强调，是市场－产品相契合，因为你是在改变市场变量（商业模式），同时保持产品不变（或相对不变）。

　　以下是一些为现有产品找到契合的新市场方面的建议。

## 重新审视旧有假设

　　回顾一下你对于产品寻找市场的旧有假设。如果你并没有就特定市场的合适缘由做过假设，现在就是事后分析，并充分利用后见之明的时刻。市场为什么不合适？是什么妨碍了产品在市场中的增长？你正着手解决的痛点对于这个市场而言是否算是真正的痛点？

　　现在再来看看与你之前定位的市场相关联的市场。你对这些市场有何了解？这些市场与你之前选择的市场有何相同点或不同点？

　　走出办公大楼并针对新市场做一些问题访谈，这有助于你明确自己的产品能否解决足够让人痛苦的问题。你应该能够对从新市场获得的信息与从现有客户群体得到的事后分析进行比较。

## 开启排除过程

你可以在短时间内排除掉一些市场/商业模式。例如，免费增值模式有对巨大潜在客户基数的要求。林肯·墨菲在其名为"The Reality of Freemium in SaaS"（SaaS 企业的免费增值现状）的演讲中介绍了计算目标市场大小的数学公式。若没有巨大的潜在市场和许多其他因素的支持，免费增值模式是不会奏效的，这就是林肯得出的重要结论之一。

了解各种市场和商业模式机制，可以帮你调制出效果最佳的组合。

## 深入研究

确定新的潜在市场和可能的商业模式后，即可进行深入研究并全面开展客户开发流程。在每个市场选取 10~15 个潜在客户进行访谈，以验证你对他们的问题做出的假设。这一过程可能会让人感到很漫长，毕竟你已经有了一个可以拿去卖的产品，但这些努力都将是值得的，因为你避免了进入不适合你的市场的风险。

与此同时，你还可以采取流传更广的方法，大规模地争取客户，并利用落地页和广告来测量客户的兴趣所在。但注意不要跳过任何步骤，完全忽视了问题访谈的必要性。

## 寻找相似性

到了这一阶段再看市场时，就需要多多细化和寻找利基了。这时再用"公司规模"作为定义市场的指标就不够好了。但是很多创业者仍在这么做，要知道"中小型企业"并不是一个市场，这样分类的确过于宽泛了。

相反，你需要在一个广义定义的市场内寻找公司间重要的相似点。一开始可以先按照行业来归类。此外还可按照地理位置、购置商品的方式、最近购买的商品、预算、行业增长、季节性、法律法规以及决策者来划分。所有这些因素都会有助于定义一个你可以快速进入的真实市场。

向市场中的客户推销你的产品，但不用非按照产品现在的样子做推销。在寻找正确的市场和商业模式的同时，你需要展望一下产品的变化与重新包装。这并非完全的推倒重建，那样做成本太高，但完全可以根据你对新目标市场的了解，用语言描绘出一款有些许微调的产品。

基本上，你的现有产品就是最小可行化产品。产品最好可以在无须做太多改动的情况下，满足一个最小可行化产品的基本要求。你只需做一些微小的改动即可，这样客户就会惊艳于你完成产品的速度。

为已有产品找到新市场十分艰难。事实上，适合你产品的市场可能根本就不存在，为此你不得不进行一次更为实质性的转型或是彻底的推倒重来。但不到万不得已，不要这样做，先停下来，后退一步，寻找一个愿意为你现有产品付费的客户群体。要想做到这一点，你就必须恪守精益创业和客户开发的流程。不过这回你可以从半路开始，而不一定非要回到最初的起点。

## 收支平衡的底线

营收并非唯一重要的财务指标。比起营收，你更在乎收支平衡，即营收要经常大于成本支出。追求盈利能力可能并非正确，因为你可能在关注其他指标，如客户获取等。但完全不考虑收支平衡是不负责任的表现，因为如果无法实现这一点，创业就无异于是在浪费时间与金钱。

这就意味着你需要时刻留心运营成本、边际成本等商业指标。你也许会发现主动放弃某一客户群体是个不错的选择，因为这些客户实际上已拖累了你的业务。这种情况在 B2B 创业公司中尤为常见。记住这点，然后考虑以下几个可能的"关隘"，以决定自己是否准备好进入规模化阶段。

### 可变成本收支平衡

作为创业公司，你在发展上投入的钱可能比营收还要多，尤其是在吸引了投资且不再靠自己的积蓄和资源来维持公司运转的情况下。投资人之所以为你提供资金，为的不是部分占有一家收支平衡的公司，而是希望通过被收购或上市来获得几倍的投资回报。

如果从客户身上获取的收益高于客户获取和提供服务所花费的成本，就说明你做得不错。你可能会把大量的钱花在新功能的开发、招聘或其他事情上，但每位客户都不会让你付出任何成本。

## 客户收支平衡时长

衡量营收增长成功与否的关键在于客户终身价值是否超过了客户获取成本。然而这一基本原理在战略预算方面同样适用。设想有这样一家公司，其客户在为期 11 个月的活跃周期内会消费 27 美元，而客户获取成本是 14 美元，如表 18-1 所示。

表 18-1　计算客户收益回报的周期时长

| | |
|---|---|
| 27 美元 | 客户终身价值 |
| 11 | 客户从激活到离开的时长（按月计算） |
| 2.45 美元 | 每客户月平均收入 |
| 14 美元 | 客户获取成本 |
| 5.7 | 客户收支平衡时长（按月计算） |

若想依靠这样的营收来助力你的发展，你需要准备一些额外的钱。这时最应该做的是打开一个电子表格，并做一些相关运算：现在你知道你需要准备 5.7 个月的经费来保障公司的运转。

## EBITDA 收支平衡

EBITDA（未计利息、税项、折旧及摊销前的利润）是一个已于互联网泡沫破灭后失宠了的会计学术语。当时很多公司都采用了这一模式，因为它可以让人们暂时忘却巨大的资本投入和沉重的债务。但在今天的创业环境中，很多前期投入巨大的支出项目已被云计算等现收现付成本所取代，而 EBITDA 仍算得上是衡量你做得好坏的一项标准。

## 休眠收支平衡

另一种特别保守的收支平衡指标是休眠。如果你把公司的各方面都缩减到最低限度，只维持供电并服务现有客户却很少做其他的业务，你能存活下来吗？这种情况通常被称为"拉面盈利模式"。公司没有新的营销开支。你唯一的增长渠道来自口碑传播或病毒性，客户也不会获得新的功能。但这也是一个收支平衡点，你可以"主宰自己的命运"，因为你可以无限期地生存下去。对于一些创业公司而言，尤其是那些由创业者自行投资的公司，这也许是一个很适用的模式，因为在这种情况下，你融资时的话语权将会强大得多。

# 营收阶段总结

- 营收阶段的核心公式是用客户收益回报减去客户获取成本。这就是可推动你增长的投资回报。

- 你的重心已从证明自己拥有好的产品转移到证明你在做一份真正的生意。为此，你的指标也从使用模式转移到了各种营业比率。

- 把企业想象成一个能把少量钱转化成更多钱的机器。投入与回报的金额比例，以及可以投入的最大数额都决定着企业的价值。

- 你试图找到应该关注的重点，如更高的客单价、更多的客户、更高的效率以及更高的频率等。

- 如果事情进展得不顺利，也许把初始产品转型到新市场要比从头再来更加简单。

- 尽管你的目标是增长，但你仍应时刻留意一下收支平衡状况，因为一旦你的收入能够弥补所有的支出，就能够无限期地存活下去。

若营收和利润都已达到商业模式中的目标值，即可开始企业的整体性扩张。很多之前你亲手做的事现在必须交由你的雇员、销售渠道和第三方合作伙伴来完成了。现在是时候进入规模化阶段了。

# 第 19 章　阶段 5：规模化

你拥有了一个黏性产品，也得到了让你的营销活动事半功倍的病毒性。此外，你每天的现金营收也足以支付那些用户和客户的获取成本了。

规模化是创业的最后一个阶段，这不仅意味着更多的用户群，还意味着向新市场的进发、一定的可预测性和可持续性以及和新伙伴的合作。你的创业公司正逐步融入到一个更大的生态系统之中，成为其中为人熟知且活跃的一员。如果营收阶段证明的是商业模式，那么规模化阶段证明的就是市场的大小。

## 中等规模陷阱

哈佛大学的迈克尔·波特教授就企业竞争的基本策略做了一些论述。公司可重点关注某利基市场（市场细分策略），也可以追求更高的效率（低成本策略），或是试图变得与众不同（差异化策略）。一家本地的无麸咖啡馆关注的重点是特定的利基客户群，Costco 超市则重点关注效率和低成本，而苹果公司则主要依靠自身的品牌设计和独特性。[①]一些公司在供需方面有着不同的侧重，例如，亚马逊上供应端的后台基础设施十分高效，而需求端却十分在乎品牌的差异化。

---

① 最优秀的公司可以做到同时兼顾效率和差异化，这就是可口可乐和红牛愿意在品牌广告中投入大笔资金，Costco 超市有其自营的食品品牌 Kirkland，苹果公司会花时间设计新的流水线生产系统的原因所在。但大部分公司只能重点顾及其中的一个方面。

波特发现市场份额较大的公司（如苹果、Costco、亚马逊）通常是盈利的，但市场份额较小的公司（如咖啡馆）也是盈利的。问题出在那些既不大也不小的公司身上。他把这种现象定义为"中等规模陷阱"。这些公司由于规模过大，无法有效地采取利基策略，但其规模又没有大到可以展开成本或规模竞争的程度。公司必须利用差异化克服中等规模的限制，并最终实现企业的规模化和高效率。

这也是规模化阶段会如此重要的原因。本阶段是你明确创业中一切风险之前的最后一道测试，你也可以由此得知公司成长后的模样。

## 规模化阶段的指标

这是需要眼光放长远的阶段。如果你过早地专注于竞争，就可能被竞争对手的行为所蒙蔽，而忽视客户的真正需求。但现在，你已经有足够的资本去看外面的世界了。你会发现自己所处的市场非常拥挤，每个人都在争相吸引客户的注意力。

我们已经知道，30 年来获取足够多的正确关注一直困扰着各大公司。1981 年，认知科学家兼经济学家赫伯·特西蒙发现，我们生活在信息时代，每一份信息都需要消耗一定的注意力，换言之，注意力是珍贵的商品，其价值也会随着信息的泛滥而水涨船高。在这一阶段，你需要确认分析师、竞争者、经销商是否也如你最初的核心客户那般在乎你。获得大规模的关注意味着你的产品或服务可以单独存在，不需要你时刻的关爱与照顾。

在规模化阶段，你需要比较不同渠道、地域和营销活动内的高阶指标，如 Backupify 的第一关键指标，即客户回本时间。例如，你从某渠道获取来的客户是否要比亲自拉拢来的客户价值更低？通过直销或电话推销获得的客户，回本时间是否更长？海外营收是否会受税务拖累？如果存在这些现象，就说明你无法独立于公司的增长进行规模化扩张。

## 我的商业模式正确吗

在规模化阶段，许多曾用于优化某业务的指标现已成为会计系统的输入信息。销售额、利润率、客户支持成本等数据现可用于预测现金流和所需投资额。

这些事务似乎与"精益"无关，但对于已找到产品／市场契合点且规模较大发展较成熟的企业，以及试图说服企业内不愿承担风险的利益相关者的内部创业者而言则非常重要。尽管从严格意义上来讲，你可能不属于"精益创业"，但也许你仍不得不为规模化运作而转型。

设想一款可通过直销售出的产品。若你试图引入某些销售渠道，就会发现这些渠道可能并没有办法出售和支持你的产品。而你自身的支持成本却增加了，通过渠道销售出去的产品退货率和弃购率也急剧攀升。这时你该怎么做呢？

一种办法是改变渠道负责销售的市场。你可以以直销的方式应对有咨询需求的高接触客户，而通过渠道出售一些更简化、定制性稍差些的产品。你也可以试着改变渠道所针对的市场，重点关注政府销售或是高校买家，这些客户更有能力为自己服务。

这些看起来可能并不像是"精益"转型，但有着同样的方法和试验，以告知你之前的产品和定价决策。

如果你的业务蒸蒸日上，你所处的生态环境很快就会出现形形色色的竞争者、渠道合作伙伴、第三方开发者等。为了蓬勃发展，你需要在市场中占据一席之地，并建立多种进入壁垒，以在竞争面前维持自己的利润率。到这里，你已超出了精益创业模型适用的范围，但这并不是说你就可以停止迭代式的学习了。

若规模化可以带来边际收益则非常好，但你必须提防参与度的下降、前期市场的逐步饱和以及不断上升的客户获取成本。流失率的变化以及按渠道划分可表明你究竟是扩大了自己最重要的资本——客户，还是在规模化的过程中流失了之前获得的客户关注。

## 案例分析：Buffer 从黏性阶段（经由营收阶段）到规模化的历程

　　Buffer 是一家由汤姆·摩尔、利奥·维德里奇和乔尔·加斯科因于 2010 年联合创办的公司。乔尔因自身遇到的问题创建了 Buffer，他发现往往很难把自己觉得很赞的内容定时发布到 Twitter 上。虽说当时市面上已经有了定时发推的解决方案，但还没有一个像乔尔所希望的那样简单和容易操作，因此他和汤姆还有利奥一起创办了 Buffer。

　　与社交软件领域的大多公司不同，他们决定从一开始就向客户收费。乔尔就此提出了两个假设：这个问题对于人们而言足够痛苦；客户愿意为之付钱。坚持着一条非常精益的道路，三人开发并发布了应用，然后在第七周迎来了他们的第一位付费客户。

　　对于 Buffer 而言，其第一关键指标是营收。如乔尔所言："我们受限于自己所处的环境：追踪记录和地理位置（位于新西兰）使得认真考虑融资问题成为一个挑战，我同时也在全职从事其他工作，没有任何资金可以投入这项创业。这意味着我们最重要的指标是营收，因为我需要在业余时间把营收提高上去，直到我可以辞掉现在这份全职工作，从而全身心地投入到创业中去。"

　　乔尔及其团队决定采用免费增值模式（至今仍在使用），所以除最重要的营收指标外，他们也在关注注册量、激活量和转化率等指标。"在早期，最重要的指标是激活量、用户留存率和营收，"乔尔说，"我认为指标漂亮是产品好的一个标志。营收之所以最为重要，是因为我是根据转化率来计算到底需要多少用户才能满足我辞职后的开销。达到这一用户量后，我们的增长就开始加速。就在我们实现'拉面盈利模式'后不久，我们乘上了一班飞往旧金山的飞机，经历了 AngelPad 孵化器的考验，融到了种子资金。"

乔尔和我们分享了一些数据：

- 20% 的访客创建了账号（用户获取）；
- 64% 的注册用户会成为活跃用户（创始人将"活跃"定义为用 Buffer 发过一条状态）；
- 60% 的注册用户会在一个月之内再次登录（参与度 / 黏性）；
- 20% 的注册用户在 6 个月后仍然活跃（参与度 / 黏性）。

从免费到收费的转化率在 1.5%~2.5%。乔尔用同期群分析来衡量这些结果，并称 Buffer 表现出和印象笔记相似的特征，即随着时间的推移，会有越来越多的用户转化为付费客户。"例如，在 2012 年 2 月注册的用户同期群中，有 1.3% 的用户在第一个月升级为了付费客户，"乔尔说，"但在 6 个月后，同样是这一同期群，有 1.9% 的用户成为了付费客户。"

这些数据变得清晰且稳定后，营收也达到了可使 Buffer 盈利的点。乔尔认为做出转变、专注用户获取的时机已经到来。这是从小规模证明产品及其黏性到更快速增长的巨大转变。"首先，我们认识到，就个人而言，如果我们能大力推广 Buffer，使其用户达到数百万之多，那将会是最令人满意的结果，"乔尔说，"然后查看流失率，因为我们知道在关注用户获取以前，流失率至关重要。"乔尔的目标是使流失率保持在 5% 以下。事实上 Buffer 的流失率维持在 2% 左右，因此团队并没有花费太多时间去改善这一点，从而使其将更多的精力放在了用户获取上。

Buffer 处于盈利状态，从而使得他们有余力去推动用户获取、尝试新渠道，而不用烧钱或被迫筹集更多的资金。在最终决定大力开展用户获取工作以前，他们确实还查看了其他指标。乔尔说："当时，如果我们非常努力地去改进别的指标，也许会有机会让付费转化率翻番，但与其他工作一样，这需要极大的专注度。其他指标可以稍后实现，因为我们此刻最急需的还是一个巨大的用户基数。"

公司在此时进入增长模式，开始尝试新的渠道，并重点关注用户的获取，但仍不忘留意转化率和营收。乔尔指出："我们用漏斗模型来评估新渠道，以确保这些渠道导入的用户仍可转化为付费客户。"

### 总结

- Buffer 在早期就使用营收作为衡量黏性的方式；创始人的最终目标并非获得大量的营收并实现规模化，而是用一定的营收来证明自己的商业模式是合理且可扩展的。
- Buffer 持续进行同期群分析，以评估其产品改动和市场营销方案的效果。
- 证明产品的黏性后，Buffer 的关注点就转移到用户获取和低成本获取更多用户的方式上。

### 数据分析启示

现实很重要。从何时起开始关注营收也许取决于行业或经济形势的现状。如果你能证明会有足够多的早期用户愿意为你的初始产品付费，这就意味着你不仅找到了一个绝佳的市场，还可以更为自由地自主增长和发展。把营收和参与度结合起来就可以得知你的产品是否具有规模化的长期价值。做到这一步后，即可开始加大用户获取的力度。

时至今日，你已经成长为了一个更大的组织。现在你需要管理更多的人，采取更多的方法做更多的事。同时也更容易分神。在此我们提出一种简单的方法，用以重点关注那些给予你改变能力的指标，并避免由于内部意见太多而举棋不定。我们称之为"三个3模型"，实际上就是第16章中引入的"问题－解决方案画布"在大公司中的应用。

## 模式：三个 3 模型

在这一阶段，你的管理架构或许已演化出了三个层次。第一层是董事会和创始人，重点关注战略问题和重大转型，每月或每季度开一次例会。第二层是管理层，重点关注战术和监督员工，每周开一次例会。最后一层是基层员工，主要工作是执行，每天开一次例会。

不要误解上段话的意思。对于很多创业公司而言，同一个人可能会同时列席三种例会。我们只是想强调，你在参加董事会议时的心态肯定和写代码、装包裹或销售谈判时截然不同。

同时我们还发现，要想同时兼顾三件以上的事情十分困难。但如果你能将自己的精力限制在三大方面中，就可以使公司里的所有人明确自己在做什么以及这么做的原因。

### 三大假设

在当前的商业模式中，你有着一些基本的假设，如"人们会回答别人的问题""会议组织者对当前的会议组织方式失望至极""我们会从父母那里赚到钱"等。其中可能还会有一些平台性的假设，如"亚马逊网络服务于我们的用户而言十分可靠"。

每种假设都配有一个相关的指标，以及一条事先设定好的底线。这些假设关系到你创业的成败，是董事会最为关心的数据。你可通过这些数字可以得知自己能否发出工资、所需的融资数额、市场营销活动能否盈利以及你的商业模式是否注定失败等。

　　此种假设的更替不应过快，变换频率不要超过每月一次（除非你正处于加速器项目之中，或是有一些人为的时间限制）。尤其是在规模化阶段，就更不应该过于频繁地变动假设。否则就像是丢了棹的轻舟，可能会影响你前进的速度。改变商业模式的基本假设可能需要董事会的批准，除非沟通得极好，否则还可能导致客户的流失和员工的迷茫。在规模化阶段，董事会和顾问都应参与到这些假设的制定中来。

　　如果做法正确，这三大假设应该清晰地呈现在你的精益画布上。当然，如果你完全改变了商业模式，三大假设也会随之改变，因为你的精益画布也变了。

　　在管理层，你需要定义一定的战术以实现重大假设。这些假设应每月传达给公司的每一名员工。管理层还应负责在下次会议上确认或否定这些假设。

## 三大行动

　　在管理层，你需要为实现你假设中的战略而制定具体的战术。这些战术需要传达给公司的每一个人。管理层还需要能够将其中每一个战术都落实为三个可开展的行动供员工在当周执行。

　　对于董事会层面的假设而言，为保证关联指标的方向正确，你准备采取的三大战术行动指的是什么？也许是你认为可优化产品的改进方案或营销策略，也可以是本周的产品功能蓝图和营销活动。行动的具体所指经常发生变化，你需要加快调查、测试以及原型开发的速度以明确内容的去留。这有点像敏捷开发中的 scrum（敏捷开发框架）。

　　虽说管理层在产品的改善方面拥有很高的自由度，但他们也必须在每月月底向创始人和董事会汇报情况。这可以防止他们与既定的商业模式相行甚远，并在创新和公司后期所需的可预测性间取得平衡。

**三大试验**

　　每一天，公司都在为战术行动的完成而执行着各种任务。公司中的任何人都可以做一个试验。无论是客户访谈、功能微调、问卷调查还是定价测试，只要事先有周详的试验计划，事后的结果能够对当周的行动有所帮助即可。这个试验是判断你行为正确与否的唯一指标。这样的试验以天为单位去完成，比较像敏捷开发中的 sprint（冲刺）。

　　对于每一项行动而言，你都在进行哪三项任务？哪三个试验？你要如何选出优胜者？执行层应该每天都与行动负责人进行探讨。同样，这意味着基层的执行有着很大的灵活性，但同时也引入了一层新的管理层级。

# 在规模化阶段形成纪律

　　纪律是处于后期的大型创业公司成功的关键，尤其当所有人都在马不停蹄地忙于执行时。你已不能信马由缰地去寻找灵感，而必须要时刻顾及投资人和员工的利益，以及他人的期待。但同时，你要有选择的自由，让你首先可以保持敏捷，具备适应能力。

　　你要清楚地认识到哪些假设可以证实你的基本商业模式。然后，在利益相关者的同意下改变其中的一个假设，并将其传达给执行层：你认为可改进基本假设的功能有哪些？你要对功能测试的日常操作进行部署，如与客户对话、发放问卷调查、利用一部分用户测试新代码、使用实体模型等。这种将敏捷性和有条不紊的精确性结合在一起的方式是伟大的创业公司脱颖而出的秘诀。

　　现如今，"你的上一次转型是什么？"这种问法在一些技术活动中几乎成了陈词滥调。这是非常可怕的。很多幻想破灭的创业者都声称自己"正在

转型"，但实际上应该说的是"我是一个大脑不清醒的多动症白痴"。不要
"因懒惰而转型"。没有规划就只能飘在空中。只有纪律才能使每个人对其他人
负责。

## 规模化阶段总结

- 在规模化阶段，你对自己的产品和市场已经有了清楚的了解。你的指标
  在这时应侧重于所处生态系统的健康程度以及你进入新市场的能力。

- 你开始关心薪酬、API 流量、渠道关系以及竞争者。然而就在之前，
  这一切还都是干扰信号。

- 你要清楚自己是更注重效率还是差异化。在规模化阶段想要二者兼顾
  十分困难。如果你追求效率，就需节约成本；如果你追求差异化，则
  需扩大利润率。

- 随着公司的发展，你需要在同一时间关注不止一个指标。为不同的指
  标建立一个层级关系，以使策略、战术和执行与公司的长期目标相一
  致。我们称其为"三个 3"。

你永远不会真正离开规模化阶段，即便公司成长得越来越像个"大公司"，
但你可能会发现，创新变得越来越困难了。那么祝贺你，你已经成为一名内
部创业者了，敢于挑战现状，试图从内部改变事物。就如同第 30 章中将要讲
到的，内部创新面临着一些特殊的挑战。但在这之前，还是先将你的商业模
式和所处阶段结合起来以找到目前对你而言至关重要的指标。

# 第 20 章　模式 + 阶段决定你跟踪的指标

精益数据分析的核心思想是：得知自己的商业模式和创业阶段后，即可跟踪并优化当前的创业第一关键指标。通过反复践行这一流程，你可以规避许多公司或项目在早期都会面临的风险，避免过早增长，并最终在真实的需求、明确的方案和满意的客户这一坚定的基础上建立起你的公司。

图 20-1 给出了精益数据分析的几大阶段、进入下一阶段所需明确的"关隘"，以及一些可表明你可以进入下一阶段的指标。

既已得知自己的商业模式和当前阶段，你就可以找到一些可帮助你进入下一增长阶段的指标。表 20-1 给出了几种商业模式的创业公司在不同阶段的关键指标。

图 20-1　现在你处在哪一阶段？还需要做什么才能进入下一阶段

商业模式

**表 20-1　根据商业模式和所处阶段得出的重要指标**

| 公司阶段 | 电子商务 | 双边市场 | SaaS | 免费移动应用 | 媒体网站 | 用户生成内容 |
| --- | --- | --- | --- | --- | --- | --- |
| **真正重要的问题** | **他们会从你这走走等价商品吗** | | **人们会为解决问题付钱吗** | | **他们会反复参与产品吗** | |
| 移情阶段：问题的验证，想市场所想，发现可理解的真正需求。通常叫作定性讨论和开放式问题来完成 | 买家是否有售卖的需要？买家是否有购买的需求？现如今买卖双方如何交易？他们遇到了何种痛点？他们的人口分布和科技背景如何 | 买家是否有售卖的需要？卖家是否有购买的需求？现如今买卖双方如何交易？又是怎样找到所需求的？是什么在阻碍人们通过这些渠道进行交易 | 潜在客户是否明确意识到自己有一个需要解决的痛点？软件能解决问题吗？他们是如何得知这一解决方案的？购买流程是怎样的 | 你的目标市场是什么？成功的先例有哪些？有什么相似的定价或游戏案例吗 | 你能在某一话题上吸引足够的注意力吗？人们是如何消费信息的 | 这样的社区存在吗？其特殊性和独特性是什么？别人是如何加入社区的？其增长速度如何 |
| 移情阶段：解决方案的验证，可通过定性和定量的方法来实现，在某些情况下，还可通过组织开发最小可行产品或区域测试来完成 | 你提出的这个产品有何竞品？该产品或服务的价格弹性如何 | 买家会共享市场销售营收信息吗？抑或选择避开市场交易？你能够让市场上有东西可卖吗？他们会卖东西吗 | 你所提供的功能是否适用于客户的工作流程，并能够足够好地解决他们的问题，从而使人们愿意花钱购买并向朋友推荐 | 你的基本游戏结构起作用了吗？用户测试是否表明人们喜欢你核心游戏体验为核心消费来制作的最小可行化产品 | 用户为何要消费你的内容？今天他们会选择哪种工具、应用和平台来消费内容 | 社区会发现你的产品吗？它如今是从哪里召集人的？其交互方式是怎样的？对保护隐私的需要、对分享和广告的容忍度又是怎样的 |
| **它会增长吗** | **他们会找到你的产品并向他人推荐吗** | | **他们会注册、逗留并告知他人吗** | | **你能将流量提升至可以盈利的状态吗** | |
| 黏性阶段：实现一个最小可行产品，使其可以一种有意义、有价值的方式吸引新用户 | 转化率，购物车大小。对于客户获取型：找到新买家的成本。对于忠诚度型：购买 90 天内再次光顾的客户比例 | 库存生成率、搜索类型和频率、价格弹性型和商品质量以及欺诈率 | 参与度，流失率，访客／用户／客户转化漏斗，容量层级，功能使用情况（或是被忽略的情况） | 新手流程，采用率，"上瘾"，游戏难度；所需时间；日、周、月流失率；开启率；游戏时间；弃玩率；地域测试 | 流量，访问量，回访量；按话题、作者划分商业类，内容分享和人口指标；RSS 订阅，邮件，Twitter 粉丝取向用户途径和点入率 | 内容生成，参与，垃圾内容，门槛，内容分享和病毒传播，主要的获取用户途径 |

（续）

| 商业模式 | | | | | | |
|---|---|---|---|---|---|---|
| 公司阶段 | 电子商务 | 双边市场 | SaaS | 免费移动应用 | 媒体网站 | 用户生成内容 |
| 它会增长吗 | 他们会找到你的产品并向他人推荐吗 | | 他们会注册、逗留并告知他人吗 | | 你能将流量提升至可以盈利的状态吗 | |
| 病毒性阶段：通过人工病毒性原生、和口碑病毒性来增长产品使用量；优化病毒式传播系数和病毒传播周期 | 客户获取模式：客户获取成本、分享率、忠诚度使用量；重新激活客户的能力，回头客数量 | 对买卖双方的获取、生病毒性传播和口碑病毒式传播；毒式传播模式：账号的创建和配置 | 原生病毒性、客户获取成本 | 应用商店评分、分享量、邀请量，排名 | 每次深度用户获取成本、广告联盟人、展示数 | 内容邀请、用户邀请、站内信、站外分享情况 |
| 主要收入来源 | 交易量 | | 活跃用户 | | 广告营收 | |
| 营收增长阶段：说服用户以最优的定价付费，然后将部分营收反过来投入到客户获取中 | 交易额、每个客户的收入、客户获取成本-客户终身价值比值、直销相关指标 | 交易量、佣金、商品平均价格、以及推广、影响营收增值 | 追加销售、客户获取成本、客户终身价值、追加销售流程和蓝图 | 下载量、每用户平均成本、每付费用户均收入、玩家、用户平均收入、获取成本 | 每深度用户获取成本、广告联盟收入、点击率、展示家、数 | 广告（同媒体网站）、捐赠、数据授权 |
| 规模化阶段：通过获取客户扩大组织规模、发展渠道关系，找到高效方式并参与到市场的生态系统之中 | 广告联盟、白标签、产品评分/评价、持有成本、退货授权和退款、渠道冲突 | 其他垂直领域、相关产品；打包销售第三方产品/服务（如在度假租赁网站中打包租车服务、在手工艺品市场中打包邮寄服务等） | 应用编程接口（API）流量、魔法数字、应用生态环境、渠道、经销商、客户支持成本、顺应性、本地/专有版本 | 副产品、媒体和分销交易、国际版 | 企业联合组织、授权、媒体和线下活动合作 | 数据分析、用户数据、私有和第三方广告模式、API |

找到应当关心的指标后，即可明确下面的问题：我应该尝试些什么？这些做法的普遍标准是什么呢？

我们决心找出答案。

# 第三部分
# 底线在哪里

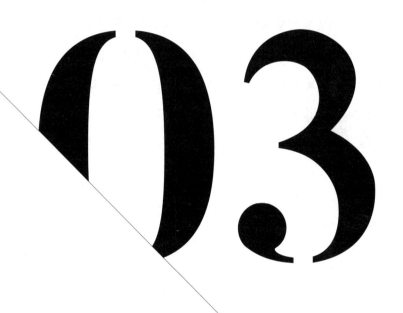

"成功不是终点，失败也不是终结，
只有'勇气'才是永恒。"

——温斯顿·丘吉尔

现在你已经知道了你的商业模式、你所处的阶段，你也知道目前哪些指标对你最重要。但通常的标准是什么呢？除非你有了一条底线，否则你无法知道是你跑赢了底线还是底线跑赢了你。我们从创业公司、分析师和供应商那里收集了数据，试着描绘典型场景是什么样的。你的数据可能与此不同，但是你起码可以知道你的数据是什么样的。

# 第 21 章　我是否足够优秀

在我们希望用精益数据分析解决的问题中，最重要的一个问题就是"一般水平是什么样的"。总有人问我们这些问题："怎样才能知道正在跟踪的指标的理想值或正常值是什么？怎样才能知道我们的进展如何？我应该继续优化这个指标还是转而优化其他指标？"

最初，很多人劝我们不要试图为某个特定指标寻找正常值。毕竟，从定义上看，创业公司就是为打破规则而生的，也就是说规则时刻都在被改写。但是我们认为定义"正常情况"是必要的，我们有两个重要的理由。

首先，你需要知道你的大致表现怎么样。如果你现在的表现与其他人差得太远，就应该意识到这一点了。如果你已经做得足够好，而仍然继续改进的话，因为你已经优化了一个关键指标，所以你的改进所产生的回报会越来越少。

其次，你需要知道你处于什么领域。网站的指标处于不断的变化中，这就导致很难得出一个切实的底线。例如，就在几年前，电子商务转化率通常在 1%~3% 这个范围内。领先的在线零售商可以获得 7%~15% 的转化率，这是因为它们拥有线下的品牌影响力，或者因为它们已经通过努力成为人们购物的"默认"工具。但是这些指标近年来发生了很大改变，因为人们今天在购买许多商品时都会默认在互联网的虚拟店铺中购买。现在，比萨外送公司的转化率极高，因为人们就是那样买比萨的。

换句话说，多数指标都有一个正常值或理想值，且随着某个商业模式从新潮变成主流，这个正常的指标范围会发生巨大改变。

---

### 案例分析：WP Engine 发现 2% 的注销率

WP Engine 是一家增长迅速的网站托管公司，专门从事 WordPress 站点的托管。[①] 杰森·科恩是一名成功的企业家，也是颇受欢迎的博客写手，他于 2010 年 7 月创办了这家公司。在 2011 年 11 月，WP Engine 就募得 120 万美元的投资，用于加速增长和迎接业务扩张的挑战。

WP Engine 是一家服务公司，它的客户依靠 WP Engine 来获得快速、优质、持续可用的托管服务。WP Engine 做得非常好，但是客户仍然会注销。所有公司都会有注销率（或流失率），而且它是最关键的指标之一。追踪和理解这项指标非常重要，不仅是因为在计算像客户终身价值这样的指标时要使用它，而且它也是一项早期预警指标，告诉你某些地方出现了问题，或者是某些竞争性产品已经上市。

仅仅有一个注销率的数字是不够的，你需要理解人们为什么抛弃了你的产品或服务。杰森就是这样做的，他直接打电话给那些注销的客户。"并非所有人都愿意跟我谈话。有些人从没给我回过电话，"他回忆说，"但是很多人即使不再使用 WP Engine 了还是愿意交谈，这样我就对他们为什么离开有了很多了解。"据杰森说，多数人离开 WP Engine 是由于该公司无法掌控的因素（比如需要托管的项目已经终止），但是杰森想更深入地了解原因。

---

① 向你们爆个料，它还托管本书的配套网站。

即使有了指标并了解了人们离开的原因，这仍然不够。杰森走出门去，为注销率找到了一个基准。对于创业公司来说，这是最困难的事情之一：找到一个参考数值（或底线）来与你自己的数值进行对比。杰森通过他的投资人和顾问对托管行业进行了调研，其中，Automattic 是 WP Engine 的投资人之一，该公司也是 WordPress 背后的开发公司，同样拥有一项大型托管业务。

杰森发现，对于已有的托管公司来说，每月注销率有一个"最好情况"的参照标准：2%。也就是说，即使是业内最好和最大的托管公司，每个月也会有 2% 的客户流失率。

表面上看，这似乎是个很大的数字。"当我第一次看到我们的流失率时，当时大约是 2%，我非常担心。"杰森说，"但是当我发现 2% 几乎是托管行业中的最低水平时，我的看法发生了巨大转变。"如果杰森不知道这种情况就是托管行业的现实情况，那么 WP Engine 可能就会在一个不可撼动的指标上投入时间和金钱进行优化，而这些钱本来可以用在其他地方，创造更高的价值。

相反，有了基准，杰森就能将精力放在其他问题和关键绩效指标（KPI）上，同时保持对注销率变动的关注。他没有排除有一天注销率会突破 2% 这种可能性（毕竟，降低流失率意义重大），但他能够考量业务中存在的问题，找出最大的问题出在哪里，据此来确定工作的优先级，并将目光始终放在公司未来的成功上。

## 总结

- WP Engine 建立了一项健康的 WordPress 托管业务，但是它每年会流失 2% 的客户，这使得创始人忧心忡忡。

- 通过四处打听，创始人发现每月 2% 的流失率在业内非常正常，甚至非常不错。

- 当他了解了底线之后，他就可以关注那些更重要的业务目标，而不是在过度优化流失率上白费力气。

**数据分析启示**

你很容易为了优化一个看上去很差的指标投入可观的时间和精力。在弄清你相对于竞争对手和行业平均值的位置之前，这样做都是盲目的。如果你有一个基准，你就能够决定是继续优化某个指标，还是转而解决下一个问题。

## 平均数还不够好

Startup Genome（创业公司基因组）项目通过其 Startup Compass（创业罗盘）网站收集了上千家创业公司的关键指标。联合创始人比约恩·拉斯·赫尔曼分享了他收集的"典型"创业公司的一些指标。它们冷静地提醒人们达到平均值还不够好。现实中有一条底线，一个你达成后就可以向下一个 KPI 迈进的点，而多数公司离它还差得远。

考虑一下：如果你的客户月流失率低于 5%，当然最好低于 2%，那么你的产品就有相当好的黏性了。而比约恩得到的平均数是 12%~19%，前者（12%）针对间接盈利的公司，后者（19%）针对直接从客户处赚钱的公司，两者远远没有好到可以进入下一个阶段的程度。

更过分的是，消费者应用的 CAC（客户获取成本）与 CLV（客户终身价值）的平均比值接近 1 : 1，这意味着公司把赚的钱全部花在获取新客户上了。我们之前看到，如果你花在获取新客户上的钱少于从客户获取的收入的

1/3，那你的进展算是不错。对于高价应用（客户终身价值大于 5 万美元）来说，情况则没那么糟糕，因为多数公司在客户获取上的开销仅为客户终身价值的 0.2%~2%。

Startup Compass 给出了很有洞察力的比较研究结果，而且我们鼓励你用同样的方法来与其他公司做对比。但是你要明白多数创业公司失败的原因是公司远远没有达到平均水平。

## 怎样才算足够好

有一些指标适用于大多数（或全部）的商业模式，比如增长率、访客参与度、定价指标、客户获取成本、病毒性、邮件列表效度、可用性和可靠性以及网站参与度。接下来我们看看这些指标。然后，在接下来的章节中，我们会针对之前所述的 6 种商业模式深入探讨各自特有的指标。但是要记住，尽管你可能会立即去看对应你的商业模式的内容，但是其他商业模式中也会有一些重叠或相关的指标对你可能有借鉴意义。所以我们鼓励你看一看其他商业模式的一般水平是什么样的。

## 增长率

投资人保罗·格雷厄姆说过一句很有道理的话："一家创业公司首先是一家旨在快速成长的公司。"事实上，是这种增长区别了创业公司以及新开张的修鞋铺、餐馆等生意。保罗说，创业公司会经历 3 个不同的增长阶段：慢增长——此时公司在寻找要发力的产品与市场；快增长——此时公司已经知道如何大规模地生产和销售；慢增长——此时它已经成为大公司，面临内部的限制和市场的饱和问题，正在努力跨越迈克尔·波特所说的"中等规模陷阱"[1]。

在保罗运营的创业加速器 Y Combinator（YC）里，在紧张的时间表刺激

---

[1] hole in the middle 指规模很大或很小的公司盈利能力俱佳，而规模中等的公司的盈利能力却较差的现象。

　　　　　　　　　　　　　　　　　　　　　　　　　　　　　——译者注

下，各团队按周来衡量他们的增长速度。"在 YC 里，好的增长率是每周增长
5%~7%，"他说，"每周增长 10% 就是非常优秀的表现。而 1% 的增长率则说明
你还没有想好要干什么。"如果公司在营收阶段，那么增长率就是按照营收来
计算的；如果公司还没有收取费用，那么其增长率则根据活跃用户进行计算。

## 不计代价的增长是好事吗

增长率毫无疑问是非常重要的。但是过早关注增长是一件坏事。我们之
前已经看到，嵌入到产品使用中的内在病毒性比事后加上去的外在病毒性要
好得多。大量新用户到来可能会增加你的用户基数，但也可能损害你的生意。
同样，有些增长是好事，而有些增长则不可持续。过早地扩张，比如在你的
黏性不足时就启动付费引擎可能会激化产品质量、现金流和用户满意度方面
的问题。你刚起步，扩张就可以将你搞垮。

肖恩·埃利斯注意到，增长黑客[①] 会不断地测试和调整他们促进增长的方
式，但是，"在这种细节调整中很容易忽视大局。而一旦丧失了对大局的把握，
增长率会一落千丈"。

他继续说："在狂热的用户看来，你的解决方案价值多少？可持续的增长
计划依赖于对这一点的准确理解。"就像第 5 章介绍的那样，肖恩的创业增长
金字塔告诉我们，只有当你找到了产品与市场的契合点，确立了你的特有优
势之后，才能扩张你的业务规模。换句话说：病毒式增长前要有黏性，而扩
张前要有病毒性。

多数由 Y Combinator 孵化的创业公司在找到产品与市场的契合点之前就
开始追求增长，就这一点来说，多数创业公司都不能免俗。在某些情况下，
这是必要的，特别是对于那些价值依赖于网络效应的创业公司——毕竟，如
果别人都不用，Skype 也没有什么用处。然而，尽管快速增长能够加速创业公

---

[①] 原文 growth hacker，指以 A/B 测试、病毒式营销、发送电子邮件或信息等方式，通过技术获得用户增长的人。

——译者注

司找到产品与市场的契合点，但是如果时机不对，它也同样能够毁掉公司。

保罗的增长策略也源于非常偏向于 B2C 的观察视角。B2B 公司的流程与之不同，一开始，其仅有的少数早期客户把公司人员看成咨询顾问，后面的阶段中，客户则要接受更加标准和通用的产品或服务。过早地扩张一个 B2B 公司会让你疏远帮你起家的、最忠实的客户，阻碍营收，丧失引荐者和客户好评，使你的销售额增长面临釜底抽薪的困境。

这是一个普遍的问题，关于它的最精彩论述出自技术采用生命周期模型，该模型由乔治·比伊尔、埃弗雷特·罗杰斯和乔·博伦最先提出，乔弗瑞·默尔后来对其进行了扩展：当产品变得更加主流，采用的壁垒已被消除时，需要做大量的工作，让技术从早期采用者扩散到还没有采用的人。

## 底线在哪里

当你在验证提出的问题和解决方案时，你要问自己有没有足够多的人对此有足够的兴趣来维持 5% 的增长率；但是不要在真正理解客户、提出有意义的解决方案之前就致力于提高增长率。当你的创业公司遇到或接近了产品与市场的契合点，如果还没有产生收入，就以每周活跃用户增长 5% 为底线；如果你已经产生收入，就以每周收入增长 5% 为底线。

## 访客参与度

弗莱德·威尔森说："在 Union Square Ventures 投资的公司中，参与的用户和同时在线的用户比例十分一致。"他说，对于一个网络服务或移动应用来说，存在以下情况。

- 30% 的注册用户会每月至少使用一次网络服务。对于移动应用来说，下载应用的人中，30% 的人会每月使用一次。
- 10% 的注册用户每天都会使用该网络服务或移动应用。

- 同时在线用户的最高数量是每日用户数的 10%。

尽管这很大程度上是一种概括，但是弗莱德说这个 30/10/10 的比例在很多不同的应用上都是一致的，无论是社交、音乐还是游戏应用。如果进入了定期使用和参与的阶段，这表明你已准备好开始增长，并进入业务的病毒性阶段、营收阶段和扩张阶段。

## 底线在哪里

要致力于让 30% 的注册用户每个月都能访问一次，让 10% 的注册用户每天都来访问。找出有关增长的可靠的第一关键指标，并将这些指标与你对商业模式的预测进行对比。

## 定价指标

想出要收取哪些费用并不容易。创业公司赚钱的方式各不相同，所以也难以比较它们的定价。但是你可以从不同的定价方式中学到一些经验。

定价策略的一个重要元素是灵活性：要价越高，就卖得越少；要价越低，就卖得越多。早在 1890 年，阿尔佛雷德·马歇尔就这样定义需求的价格弹性：

> 市场中需求的弹性（或响应）是大还是小要依据当价格下降一个特定值时，需求增长量是大还是小，以及当价格上升一个特定值时，需求减少量是大还是小。

与马歇尔不同，你拥有一座世界上最大的定价试验室供你支配：互联网。你可以测试你的折扣码、促销优惠，甚至对不同客户采用不同的定价策略，来查看其效果。

比如，你已经在产品定价方面进行了一系列试验，知道了以不同价位销售产品时对应的销量是多少（见表 21-1）。

表 21-1　价格改变对销量的影响

| 价　　格 | 5 美元 | 6 美元 | 7 美元 | 8 美元 | 9 美元 | 10 美元 |
|---|---|---|---|---|---|---|
| 每月购买人数 | 100 | 90 | 80 | 75 | 70 | 65 |
| 收入 | 500 美元 | 540 美元 | 560 美元 | 600 美元 | 630 美元 | 650 美元 |
| 价　　格 | 11 美元 | 12 美元 | 13 美元 | 14 美元 | 15 美元 | |
| 每月购买人数 | 60 | 55 | 50 | 45 | 40 | |
| 收入 | 660 美元 | 660 美元 | 650 美元 | 630 美元 | 600 美元 | |

如果我们在图中画出算得的收入，可以得到一个特性曲线（见图 21-1）。最佳的定价在 11 美元到 12 美元之间，因为该价格使收入最大化。

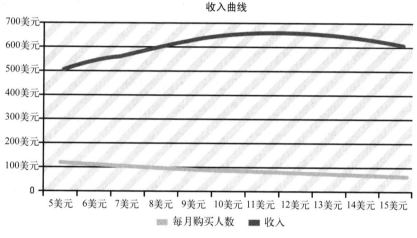

图 21-1　以曲线的最高点为目标

如果我们试图对收入进行优化，那么最高点就是最优的价格点。但是收入不意味着一切。

- 如果把产品价格定得太高，你可能会在竞争中落败。苹果公司的 FireWire 曾经是一项更好的通信技术，但是苹果试图对该专利收取许可费用，于是 USB 技术最终胜出。有时要价太高会失去市场。

- 如果你拿用户做试验，而一些秘密被传扬了出去，可能会事与愿违。
  Orbitz[①] 公司就是这样。该公司曾向使用 Mac 的用户推荐更加昂贵的
  产品。

- 如果你要价太低，可能会引起买家的怀疑，他们可能会觉得你在从事
  不良勾当或经营一个骗局。这会使得他们低估你提供的产品的价值。

- 如果你要价太高，可能会阻碍你需要的病毒式增长，也可能延长达到
  网络效应的时间，从而不能及时地提高产品的功用。

- 有些东西，比如医疗服务，你可以在任意价位销售；而其他商品，比
  如瓶装水，如果提高价格让人感觉质量更好的话，销量反而会提升。
  圣培露（S. Pellegrino）和巴黎水（Perrier）矿泉水会乐于告诉你这个
  诀窍。

- 如果你简化价格层级，那么会得到更好的转化率。定价服务商 Price
  Intelligently 的联合创始人兼首席执行官帕特里克·坎贝尔说，根据他
  的数据，那些价格层级易于理解、有明确路径判定出差异化定价方案
  的公司，相比那些价格层级复杂、功能不总适用、定价路径难以理解
  的公司来说，拥有更高的客户转化率。

- 不那么引人注目且不需要老板批准即可购买的产品会有更高的转化率，
  因为向这些产品收取费用更为容易。

Red Gate 软件有限公司的联合首席执行官和 *Don't Just Roll the Dice*（Red Gate Books 出版）的作者尼尔·戴维森说："关于定价的最大的一个误解是，你为产品或服务所定的价格与你开发和运营的成本直接相关。事实并不是这样。价格取决于你的顾客准备为它付多少钱。"

---

① Orbitz 是一家酒店预订网站，2012 年 6 月因其区别对待 Windows 用户和 Mac 用户，向 Mac 用户展示价格更高
的酒店而陷入舆论漩涡。——译者注

## 案例分析：Socialight 发现定价的潜在指标

Socialight 由丹·麦林格和迈克尔·沙农两人于 2005 年创办，于 2011 年卖给 Group Commerce 公司。它最初的理念源于丹在 2004 年与纽约大学一个团队的合作，这个团队主要研究数字媒体对人类交流方式的影响。

社交网络最初是这样的：Friendster 是当时领先的社交平台。Socialight 的第一个业务形式是为运行 Java 的手机打造的目的地社交网络，这在当时是移动应用的尖端技术。人们可以在世界各地贴上"便利贴"，并与朋友一同协作、组织和分享这些便利贴，或者在社区中分享。

在那时，丹并没有关注定价问题，但是启动 Socialight 后不久，创始人从用户使用产品的方法上发现高级用户想要一些不同的功能。"移动软件市场、基于地理位置的服务以及 iPhone 等智能设备日趋成熟，"丹说，"有些公司找到我们，希望向我们付费，让我们为它们开发和托管移动和社交应用。"

这使得公司的重心开始从 B2C 转向 B2B。它开发了一个应用程序接口（API），其他人可以利用这个 API 开发自己的应用。公司随后又开发了一个更加高级的移动应用制作软件产品。这个方案很有吸引力，超过 1000 家公司在这个软件上开发自己的应用。

随着 Socialight 进入 B2B 市场，它推出了一个有三个价格层级的免费增值商业模式。两个付费层级分别为高级版和专业版，其费用分别是每月 250 美元和每月 1000~5500 美元。高级版和专业版的主要差别是 Socialight 为客户投入的时间：对于每月付费 1000~5500 美元的客户，Socialight 每月会花很多时间投入到客户服务中。

这种增值模式刚刚推出 4 个月，公司就意识到这种做法有问题。

尽管专业版客户贡献了大笔收入，但是他们也让 Socialight 支出了大笔的成本。丹说："我们发现，虽然从专业版用户那里得到的收入很多，但利润率远不如从高级版客户那得到的高。此外，高级版用户使用我们软件的时间会长很多，这一点是我们之前没有预料到的。"

这就是更好地理解和巧妙地分析价格相关指标如此重要的原因。Socialight 从一开始就追踪不同层级的销售收入，这是一个良好的开端。但是其他的基本业务指标可能更加重要。举例来说，Socialight 本可以通过关注客户获取成本和客户终身价值两个指标来发现它在成本收益方面存在的问题。它也可以通过尽早地关注利润率及早发现它的收入问题。最后，为了应对高级版客户对技术支持的高要求，公司将高级版的价位增加到了每月 5500 美元。

Socialight 从没有进行过不同价格策略的试验（毕竟它最终被收购了），但是丹本来是希望这样做的："我觉得我们本来可以在专业版的功能中剔除一小部分，并大幅降低它的定价。"

这提醒我们该如何保持免费增值模式或层级定价模式中的微妙平衡：你怎么能确定你在以合适的价格、合适的打包方式销售你所提供的功能或服务？丹没有将目光局限在定价问题上，而是在其他指标上进行试验。他设法引导使用免费服务的顾客转变为高级版客户（他后来很少关注专业版层级）。专注于提高免费到付费转化率使 Socialight 的生意越做越大，并使它的大部分付费用户转变到可为其带来丰厚利润的层级。

## 总结

- Socialight 从消费者市场转向了企业市场，它的转型需要调整原有的定价方式。

- 创始人不仅分析收入，同时还考虑了提供服务的成本，由此发现贡献高收入的客户并没有贡献那么高的利润。
- 公司故意给一个产品层级设定了过高的价格，用户仍然可以购买，但实际上公司不鼓励客户购买它。

**数据分析启示**

要考虑定价方式对客户行为的影响，吸引和阻碍他们购买这两方面都要考虑。价格是你操纵客户行为达到目的的重要工具，你不但要将它与销售成本进行比较，还要与所售商品或服务的成本以及边际成本进行比较。

研究发现，价格弹性最适用于年轻的、增长中的市场。例如，你没有预约就去理发，你可能不会问理发多少钱，因为你知道它会在某个价格范围内。如果发型师递给你一张 500 美元的账单，你会怒不可遏，因为你对理发的价格有明确的预期。创业公司通常处于年轻的、增长中的市场，在这样的市场中价格没那么确定；相反，较大的、更加稳定的市场则会受物价、规定、大宗购买折扣、长期合同和其他使价格弹性复杂化的外部因素支配。

你的商业模式会影响定价方式在你的业务中扮演的角色。如果你是一个媒体网站，其他人已经通过竞拍广告帮你优化营收了。如果你是一个双边市场，你可能需要帮助卖家更好地进行定价来最大化你的利润。如果你是一个用户生成内容网站，你可能根本不会关心定价，但你可能会使用类似的方法来确定最有效的回报用户和激励用户的方式。

在对 133 个公司的研究中，帕特里克·坎贝尔发现多数回应者在定价时会将自己与竞争者进行对比，如图 21-2 所示。有些人只是依靠猜测，或在成本基础上加上一定比例的利润来得出价格。只有 21% 的回应者声称使用了客户开发方法。

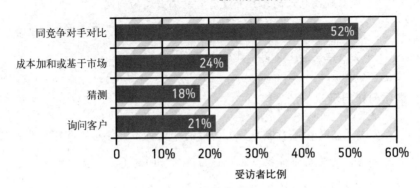

图 21-2   很少有公司足够重视定价

尽管确定合适的价格看起来是团队的共同决策结果，但受访者反映出的普遍事实是，最终定价是由创始人敲定的，如图 21-3 所示。

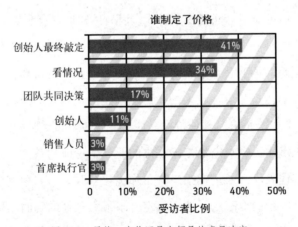

图 21-3   最终，定价还是由领导的意见决定

尽管有那么多测试工具可供想认真对待定价的公司选择，但很少有公司在检查竞争对手价格之外做太多工作。只有 18% 的公司进行了某种形式的客户价格敏感性测试，如图 21-4 所示。

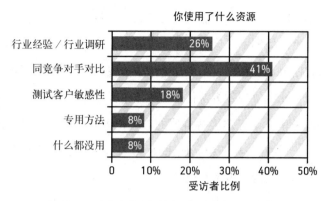

图 21-4　我们多数人还是盲目跟随竞争者的脚步

　　归根结底，帕特里克的研究告诉我们的是，尽管确定合适的价格会带来丰厚的回报，但是多数创业公司没有使用真实数据进行决策，它们不加思考就鲁莽行事。

## 底线在哪里

　　没有什么明确的规则规定应该怎样定价。但是无论你如何选择定价模式，关键都在于测试。如果你要在收入和产品采用之间取得平衡，正确理解所在市场的合适价格层级和价格弹性是非常关键的。如果你找到收入的"最佳击球点"，你会发现应将价格降低 10% 来鼓励用户基数的增长。

## 客户获取成本

　　尽管我们无法告诉你获取一位新用户的成本是多少，但可以用你的客户终身价值的一个比例来定义它。客户终身价值是一位客户与你存在合作关系的这段时间内为你带来的总收入。它随商业模式的不同而不同，所以接下来与商业模式有关的章节会讨论这个问题。但是有一条很好的经验法则可供参考：你的客户获取成本应该少于客户在客户生命周期中贡献的总价值的 1/3。这并不是一成不变的定律，但是为人广泛引述。这里给出一些背后的原因。

- 你计算出的客户终身价值可能是错的。任何商业模式都有不确定因素。在客户生命周期中，你能从他身上获得多少收入实际上是你猜出来的。如果你刚刚起步，那你可能花了过多的钱来获取这位客户，且过了很长时间你才能发现是否低估了流失率或高估了客户收益。"按照我的经验，流失率对于客户终身价值的影响最大。可惜，流失率是一个滞后的指标。"扎克·尼斯说。他建议一开始只提供按月订阅的计划，从而尽早了解真实的流失率状况。

- 客户获取成本可能也是错的。你预先支付了获取客户的成本。新客户会带来预付成本，比如新手培训、增加更多基础设施等。

- 在你花钱获取客户和你收回投资之间的这段时间，你其实是在把钱"借"给用户。你收回投资的用时越久，就需要收回越多的钱。而因为钱或者来自银行贷款，或者来自股权投资者，所以你要面临支付利息，或者由于吸纳投资者而稀释自己的股份。这是一笔结算起来相当复杂的账。不良的现金流管理是创业公司的克星。

- 将客户获取成本限定为不超过客户终身价值的 1/3 会迫使你更早地验证你的客户获取成本，让你更加诚实地面对自己，从而在发现事情无法挽回之前找到错误所在。如果产品或服务交付和运营的成本太高，那么你可能不会有足够的营运利润来支持哪怕只占 1/3 的客户获取成本。那时你可能不得不将客户获取成本降低到更小的比例，以维持财务模式的运作。

你的基础商业模式才真正决定了你的客户获取成本。尽管对于客户获取没有什么行业标准可循，但你应该有一些需要实现的利润率目标，而你从收入中拿出多大比例花在客户获取上会决定这些利润的多少。所以当你考虑要在客户获取上花费多少钱的时候，先从你的商业模式开始考虑吧。

## 底线在哪里

当你获取一位客户时，你的花费不要超过能从他（以及受他邀请加入的客户）身上获得的收入的 1/3，除非你有充分的理由不这样做。

# 病毒性

回想一下，病毒性其实有两个指标：每个现有用户成功邀请了多少新用户（病毒式传播系数）和他花多长时间才会邀请用户（病毒传播周期）。病毒性没有所谓"正常"的标准。两个指标都依赖于产品的性质和市场饱和度。

一个持续高于 1 的病毒式传播系数是强有力的增长信号，它意味着你应该关注用户黏性，这样你能够在增加新用户的同时留住他们。但即使病毒式传播系数较低，它也很有用，因为它可以有效降低你的客户获取成本。想象一下，如果你获取 100 个新用户需要花 1000 美元，你的客户获取成本就是 10美元。但是如果你的病毒式传播系数是 0.4，那么这 100 个用户就会邀请 40个用户，而这些用户又会邀请另外 16 个用户，如此往复。最后，获取的 100个用户实际上会变成 165 个用户。所以你的客户获取成本实际上变成了 6.06美元。换句话说，病毒性是你为了吸引用户所付出努力的力量培增器。只要方法得当，这会成为你的特有优势。

还有一点也很重要：你要区分人工病毒性和原生病毒性。如果你的服务具有原生病毒性，比如使用产品的过程中自然会涉及邀请外部的人注册，就像Skype 或 Uberconf 等产品一样，那么受邀请加入的用户就有正当的理由使用产品。一位由你邀请的 Skype 用户加入 Skype 的原因是为了与你通话。通过这种方式加入的用户会比那些通过人为方式（比如通过口耳相传的方式）加入的用户有更高的参与度。

如果你的病毒性是通过强迫得到的，比如，只有先邀请 5 位好友才能用测试版，或用额外的功能作为奖励以鼓励人们发微博，那么你在这些受邀请的用户中就不会看到与原用户同等的黏性。Dropbox 用一种巧妙的方式解决了这个问题，它赠送给人们有价值的东西（云存储空间）。这看起来是原生病毒性，其实是人为造成的。人们邀请其他人是因为他们自己想要更多的空间，而非因为他们需要分享内容。直到后来，公司才添加了高级分享功能，给产品增加了更多的原生病毒性。

不要忽视通过电子邮件的分享。第 12 章提到过，它占在线分享总数的近80%，对媒体网站或年长的客户更是如此。

## 底线在哪里

对于创业公司来说，病毒性没有"典型值"。如果病毒式传播系数低于 1，它仍然会帮你减少你的客户获取成本；如果它高于 1，你会不断增长。如果你的病毒式传播系数超过 0.75，就是一个好现象。要试着在产品中加入原生病毒性，并根据你的商业模式跟踪这个指标。将人工病毒式传播与客户获取同等看待，并根据它所带来的新客户贡献的价值来对其细分。

## 邮件列表效度

邮件列表提供商 MailChimp 分享了很多展示邮件列表效度的数据。邮件列表打开率在不同行业差异很大。2010 年的一项研究显示，有关建筑业、家居园艺和摄影的邮件有近 30% 的打开率，但是关于医药、政治和音乐的邮件打开率则只有 14%。这还是以收件人名义订阅的邮件，而非垃圾邮件。

你可以在提高邮件打开率方面采取很多措施。通过向不同的订阅者发送定制的邮件信息，可以将点击率和打开率提高近 15%。邮件打开率在一天中的不同时间有很大的变化，就数据来看，下午 3 点是人们最有可能打开邮件的时候。很少有人在周末打开邮件。邮件中链接越多，点击数相应就越多。另外，越是新用户，越有可能点击邮件。

杰森·比林斯利建议试验一下个性化的发邮件时间表，可在每个用户注册的那个时间发送邮件。也就是说，如果一个用户在上午 9 点注册，那么就将给他发邮件的时间设为上午 9 点。"多数邮件工具不是按这样一个策略来设置的，但是这个测试相当有价值，可能会产生显著的效果。"他说。

但是，到目前为止，关系到邮件列表有效性的最重要因素非常简单：写一条合适的邮件主题。主题较好的邮件打开率为 60%~87%，而主题差的邮件的打开率只有可怜的 1%~14%。人们倾向于打开那些主题简单自明、与收件人相关的邮件。有的时候差别就在于一个词：Experian 报告说邮件促销活动中"专享"这个词能将邮件打开率提高 14%。

邮件平台 CakeMail 的首席执行官弗朗索瓦·莱恩另外强调了邮件投递指标是如何互相关联的。

- 你给用户发送邮件越频繁，邮件的跳出率和被用户标记为垃圾邮件的比率就越低（因为这些地址很快就会从邮件列表中删除），但是频繁地发邮件也会降低参与度指标，比如打开率和点击率，因为收件人已经厌倦了你的邮件。
- 被机器标注为垃圾邮件的比例越高，被人标注为垃圾邮件的比例就越低，因为人们不会抱怨他们没有收到的邮件。
- 打开率是一个根本上存在缺陷的指标，因为它依赖于邮件客户端载入一个隐藏的像素图像，而多数现代邮件应用默认不会这样做。这就是订阅邮件设计师重点设计无图片布局的主要原因之一。打开率对于在一个活动中测试不同主题和测试不同的联系人列表很有帮助，但是它仅仅能提供一个样本，而且至多是个有偏样本。

## 底线在哪里

打开率和点入率会在很大范围内变动，但是成功的营销活动应该能达到 20%~30% 的打开率和超过 5% 的点入率。

## 可用性和可靠性

互联网并不完美。在 2012 年的一项研究中，研究者对由 10 家不同云服务提供商托管的很多静态网站进行了测试，发现近3%的测试会发生错误。[①]所以，即使你的网站一直稳定工作，互联网和底层的基础设施也可能会带来麻烦。

获得 99.95% 以上的可用性也是代价高昂的，这意味着每年你只能宕机4.4小时。如果你的用户非常忠诚也非常活跃，他们就可以忍受短时间的宕机。如果你能在社交网络上公开宕机信息，让用户知情，那就更好了。

### 底线在哪里

对于客户所依赖的付费服务，比如电子邮件应用或托管的项目管理应用，你应该有至少 99.5% 的可用性，并让用户及时知晓宕机信息。其他类型的应用对于服务可用性的要求则没这么高。

## 网站参与度

人人关心网站参与度，除非你做的是只有移动端的应用，但是即便如此你可能也要有一个网页来促进应用的下载。在有些情况下，比如以交易为重的电子商务网站，你会希望访客尽快来到网站并尽快活跃起来，而在另一些情况下，比如通过广告盈利的媒体网站，你会希望访问者尽量多花时间待在网站上。

分析公司 Chartbeat 测量了许多网站的页面参与度。它将"参与"用户定义为打开页面后在数秒内滚动页面、打字输入或与页面交互的人。"我们通常会看到网站的着陆页和非着陆页获得的参与度很不相同，着陆页通常流量很高而参与度不高。"该公司的一名数据科学家约书亚·施瓦兹说："在我的网站样本集中，着陆页的平均参与时间是 61 秒，而非着陆页的参与时间则是 76秒。当然，根据网站的不同和网站中页面的不同指标会发生变化，但是这是

---

[①] 来自 Bitcurrent/CloudOps 研究院与 Webmetric 共同开展的针对云服务提供商的研究，该研究从 2011 年 12 月 15 日持续到 2012 年 1 月 15 日。

一个很有意义的参考值。"

## 底线在哪里

页面上的平均参与时间的正常值是 1 分钟，但是不同网站之间以及网站的不同页面之间也会有很大差异。

# 网络性能

接二连三的研究表明，从站内停留时间到购物车转化率，加载快的网站几乎在每一个重要指标上都做得更好。但是很多互联网创业公司都将页面载入时间留作以后考虑。Chartbeat 测量了其数百个客户的数据，这些客户事先已经同意该公司以匿名和聚合的方式分析它们的统计数据。[1] 在查看数据集中那些较小的、流量较低的网站时，该公司发现通常要花费 7~12 秒来载入这些网站的页面。该公司还发现，载入很慢的网页的并发用户量更少，如图 21-5 所示。

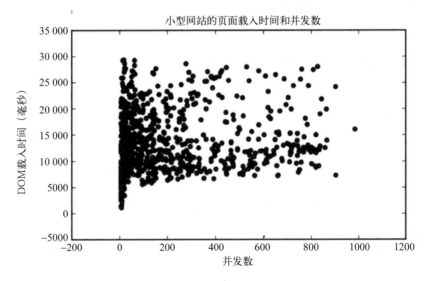

图 21-5　在大约 10 秒的载入时间后，人们就不会再等了

---

① Chartbeat 在统计中排除了那些不愿参与统计分析的客户数据；另外，它也排除了某些流量异常偏高时期的数据，这些高流量可能是美国大选造成的。

"就好像 15~18 秒处有一个很难超越的阈值，到了那个时候用户就不想再等了，于是流量会急剧降低。"约书亚说，"同样很明显的一点是，在我们的数据集中那些最大的、有数千并发用户的网站拥有最快的页面载入速度，载入时间通常在 5 秒以下。"

## 底线在哪里

网站速度是你可以控制的因素，而且改善它会带来实际的好处。要把访客首次访问时的网站载入时间控制在 5 秒以内；如果这个时间多于 10 秒，你就会失去用户。

---

**练习：确定你自己的底线**

本章和接下来的 6 章会分享一些底线或基准值供你参考。你应该已经有一些正在追踪（或想要追踪）的关键指标了。现在可以将你的指标和接下来的几章所提供的底线进行对比。你的比较结果如何？哪个指标最差？它是否是你的第一关键指标？

# 第 22 章　电子商务：底线在哪里

在讨论具体的电子商务指标之前，我们想强调一个重要的维度：店面划分。

人们倾向于认为所有的移动使用方式都是一样的。这种观点是错的。"这些天最令我烦心的问题之一就是如何定义'移动'流量。"投资人兼企业家德里克·司徒说，"它通常被定义为平板电脑加上智能手机，而从商业角度看，它们是非常不同的。如果我要管理一个市场或店面，我会将分析分为三组：桌面电脑、平板电脑和手机。"

这些差异部分源于三种不同的线上交互方式：创造（通常在带有键盘的电脑上）、互动（通常在手机上）、消费（通常在平板电脑上）。将平板电脑和手机等同处理是危险的错误。相比在电脑上，人们在平板电脑上会购买更多的媒体内容，因为平板电脑是内容消费的场所。

换句话说，你需要调整参考标准。这取决于你的电子商务网站是注重客户获取还是注重客户忠诚度，取决于你的买家是在平板电脑上、智能手机上还是桌面电脑上进行购买，还取决于一些其他重要因素。对此，你唯一的应对方式是恰如其分地进行衡量、学习和划分。

# 转化率

在 2010 年 3 月，尼尔森在线发布了关于在线零售商转化率的最佳水平报告，如表 22-1 所示。

表 22-1　排名前几位的电子商务转化率

| 公　　　司 | 转化率 |
|---|---|
| Schwan's | 40.6% |
| Woman Within | 25.3% |
| Blair | 20.4% |
| 1800petmeds | 17.8% |
| vitacost | 16.4% |
| QVC | 16.0% |
| ProFlowers | 15.8% |
| Office Depot | 15.4% |

Amazon、Tickets 和 eBay 等其他大型电子商务网站的转化率要低一些（分别为 9.6%、11.2% 和 11.5%）。

这些公司可以分成三大类：产品目录网站（这类网站通常有很多带来流量的线下产品目录印刷品），零售巨头，如 eBay 和 Amazon，以及与具体购物意向紧密相关的礼品网站，如在线花店（人们闲来无事时不会浏览鲜花，他们去鲜花网站时就是为了买花）。

在尼尔森报告中排名较高的公司多属注重客户忠诚度的在线零售商。可以想见，它们的转化率很高。Schwan's 是一家在线食品杂货店，用户购物时不会挑挑拣拣、四处比价。Amazon 和 eBay 等其他网站在线上和线下都是强大的品牌，在客户心中牢牢占据一席之地。"根据我的经验，不管是卖自己的产品还是零售他人的产品，多数电子商务创业公司最多也只能达到 1%~3% 的转化率。"比尔·达利桑德罗说，"创业公司在考量其业务的可行性时，不应该在商业模式中考虑像 8%~10% 这么高的转化率，那是不可能的。要让转化率从 2% 变成 10%，你需要有非常忠诚的客户、大量的库存单位和回头客。

即使你具备这样的条件，要达到这么高的转化率依然相当不易。"

不同行业之间，典型的转化率也不一样。2007 年 Invesp 的一个帖子援引了 FireClick 的调研数据，展示出不同行业间转化率的差异（见表 22-2）。

表 22-2　不同垂直领域的转化率

| 网站类型 | 转化率 |
| --- | --- |
| 产品目录网站 | 5.8% |
| 软件网站 | 3.9% |
| 服装与时尚网站 | 2.3% |
| 专业网站 | 1.7% |
| 电子产品网站 | 0.5% |
| 户外与运动网站 | 0.4% |

在这些类别之外，人们一般认为正常网站转化率通常为 2%~3%。畅销书作者、演说家和数码营销专家布莱恩·艾森伯格对此给出了一个解释：2008 年，Shop 网声称其会员的转化率在这个范围内，而 FireClick 声称全球转化率为 2.4%。布莱恩认为转化率领先的网站胜在重视访客意向：你要买花的时候，你已经下定决心了，剩下的只是要买哪些的问题。2012 年的一项最新的研究估计在整个互联网范围内平均转化率为 2.13%。

## 底线在哪里

如果你是一个在线零售商，你一开始的转化率会在 2% 左右，这个初始转化率会随垂直行业不同有所差异，但是如果你的转化率能达到 10%，你就已经做得非常好了。如果你的访客带有明确的购买意向，你的业绩会更好。当然，为了让他们建立这样的认知，你需要做另外的投资。

Mine That Data 的凯文·希尔斯特罗姆提醒说，转化率的均值并不安全。很多电子产品的零售商只能达到 0.5% 的转化率，尽管它有很多带有明确意向的访客。另外，转化率也与平均订单金额相关。

## 购物车弃购率

2012 年的一项研究估计有 65% 的访客会遗弃他们的购物车。在这些人中，44% 是由于运费过高，41% 是因为他们还没想好要买，而 25% 是由于价格太高。2012 年 2 月的一项研究则得出了更高的弃购率：77%。将弃购率降低到65% 以下看起来很有挑战，但是这并没有阻挡很多公司努力的步伐。

- Fab 网是一个精细的产品目录网站，它将其购物车放在定时器上，以此向顾客施加压力，促使他们完成交易：快点买，否则别人就买走了。网站的独家品牌形象以及先注册后购买的方式实际上通过计时器得到了增强进一步降低了弃购率。

- 如果你第一次购买 Facebook 的广告，并在购买过程中退出，Facebook就会给你发送一个通知，为广告提供优惠减免，从而促使你继续购买。

价格看起来确实是个因素。Listrak 估算弃购率为 77%，但是这个比率在2011 年 12 月 14 日这天降低到了 67.66%，因为这一天被许多在线零售商定为"免费配送日"。

KP Elements 销售抗毛发角化症（一种影响美观的常见皮肤问题）的皮肤护理产品，它进行了一次定价测试，在购买页面比较"定价 30 美元 + 运费 5美元"和"定价 35 美元 + 免费配送"两种定价方案。这个简单的变化导致转化率从 5% 一跃变为 10%。总价是一样的，都是 35 美元，但是免费配送方案对客户有两倍于另一方案的吸引力。

2012 年，Baymard Institute 在分析了 15 个关于弃购率的不同研究后得出了结论——弃购率的平均值大约是 66%。如图 22-1 所示。

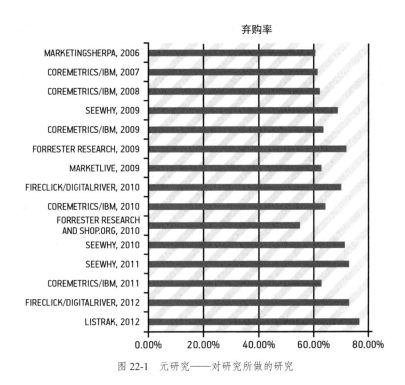

图 22-1　元研究——对研究所做的研究

价格不是导致弃购的唯一原因。杰森·比林斯利说多数对弃购的研究忽略了关键变量，如预计送达时间。"现在，更多对时间敏感的购物行为发生在了线上，预计送达时间就成了关键性的数据，"他说，"零售商必须公开预计送达日期，而非仅仅公开订单执行日期和装运日期。"

## 底线在哪里

在购买漏斗中，65% 的人会在付款前放弃购物。

## 搜索效果

现在，搜索已经成为顾客探索和寻找商品的首要途径。从他们一开始寻找卖主，到在站内进行导航，搜索贯穿始终。这一点适用于电子商务，但是它也同样适用于媒体网站、用户生成内容和双边市场。

具体来说，在电子商务中，79% 的在线购物者会把至少 50% 的购物时间花在调查商品上。44% 的在线购物者会利用搜索引擎开始购物。[①]

移动搜索流量主要集中在购物上。iOS 的网络流量中 54% 是用于搜索的；相比之下，在互联网整体流量中，这个比例是 36%；而 10 次移动搜索中有 9 次会产生用户行为，其中超过半数的用户会进行购买。

## 底线在哪里

不要只想着"移动优先"，要意识到"搜索优先"。要在监测网站和产品的搜索指标上进行投资，看一看用户在找什么以及他们找不到哪些东西。

---

① iOS 上的搜索数据由 Chikita 提供，移动支付数据由 Search Engine Land 提供。

# 第 23 章　SaaS：底线在哪里

## 付费注册率

在许多不同的 SaaS 公司，流失率、参与度和追加销售的指标都是相似的。但是有一个影响因素能够对许多指标产生巨大的影响——在试用期间预先要求支付。

Totango 是一个 SaaS 公司的客户情报和参与度软件提供商，它拥有来自 100 多家 SaaS 公司的数据，能够衡量其试用率、转化率和流失率。它发现，如果在用户注册时要求填写信用卡信息，只有 0.5%~2% 的访问者会注册试用；如果不要求填写该信息，注册率则是 5%~10%。

当然，注册率并非唯一的目标。你通常希望注册试用的用户能够最后成为付费客户。在不提供信用卡信息的试用用户中，大约有 15% 会付费订阅；相比之下，在提供信用卡信息的试用用户中则有 40%~50% 会转变为付费客户。

如果用户没有清楚地设定他们的期望，预先要求填写信用卡信息也会造成第一次付费周期后的流失率偏高。多达 40% 的付费客户会取消他们的订阅——他们忘记了曾同意在试用期结束后收取费用，因而当他们一看到信用卡账单上的收费项目就取消了订阅。如果跨过这个初始障碍，那么多数用户每月还会继续订阅。Pacific Crest 在 2009 年的一项研究中发现，顶尖的 SaaS 公司能够将它们的年度客户流失率保持在 15% 以下。

表 23-1 简要总结了预先要求和不要求填写信用卡信息带来的指标差异。

表 23-1　试用 SaaS 产品时要求提供信用卡信息的影响

|  | 要求信用卡信息 | 不要求信用卡信息 |
| --- | --- | --- |
| 试用产品 | 2% | 10% |
| 付费订阅 | 50% | 15% |
| 第一个付费周期流失率 | 多达 40% | 多达 20% |
| 端到端转化率 | 0.6% | 1.2% |

信用卡信息不是影响转化率的唯一因素。同样是试用 SaaS 产品，有些人只是因为好奇，其他人则对产品进行认真的评估来决定是否购买。这两种人会表现出不同的行为，因而可以根据他们的活动和用于探索产品的时间被划分为不同的群体。

我们先主要讨论 Totango 对这些"认真的评估者"的分析，看一下两个基本的漏斗模型是如何工作的。我们采用表 23-1 中较高的值进行估算，得到表 23-2。

表 23-2　有关客户参与度和流失率的两种漏斗模型

| 5000 位认真的评估者访问了网站 | |
| --- | --- |
| 预先要求信用卡信息 | 预先不要求信用卡信息 |
| 100 个人试用（2%） | 500 个人试用（10%） |
| 50 个人付费订阅（50%） | 75 个人付费订阅（15%） |
| 20 个人迅速流失（40%） | 15 个人迅速流失（20%） |
| 30 个顾客最终留存（0.6%） | 60 个顾客最终留存（1.2%） |

在这个简单的例子中，我们发现如果预先要求填写信用卡信息，5000 个访问者中的 30 人会成为付费客户，而如果不要求填写，付费客户数会倍增至 60 人。付费环节挡住了那些态度不认真的人，但是同时也挡住了那些犹豫不定的人。Totango 的数据显示在大多数 SaaS 提供商的访问者中有 20% 是认真的评估者，另有 20% 是较不认真的评估者，余下的 60% 只是出于好奇。

最优的方案是根据用户的行为，为其调整市场营销方案。你需要让认真的评估者确信你是他们最好的选择，且说服不认真的评估者应该变得更加认真。通过使用情况分析找出那些认真的潜在客户，并将销售资源集中在这些人身上。结合使用情况分析（找到谁是认真的）并敞开试用的大门（没有付费环节）会产生最好的效果。

让我们在前两个漏斗模型的基础上加上第三个——SaaS 提供商利用有针对性的市场营销方案主动地找出认真的评估者并向他们示好。在这种情况下，虽然每个人都可以尝试这种方案，订阅者会更少，但是订阅者更有可能留下来（见表 23-3）。

表 23-3　Totango 针对认真的评估者的第三个漏斗模型数据

| 预先要求信用卡信息 | 预先不要求信用卡信息 | 不要求信用卡，集中营销资源在认真的用户身上 |
| --- | --- | --- |
| 100 个人试用（2%） | 500 个人试用（10%） | 500 个人试用（10%） |
| 50 个人付费订阅（50%） | 75 个人付费订阅（15%） | 125 个人付费订阅（25%） |
| 20 个人迅速流失（40%） | 15 个人迅速流失（20%） | 25 个人迅速流失（20%） |
| 30 个顾客最终留存（0.6%） | 60 个顾客最终留存（1.2%） | 100 个顾客最终留存（2%） |

Totango 的研究表明，最优的方案不是在试用时设立一个信用卡填写环节，而是将用户分成三组——针对那些认真的用户进行营销，培养那些犹豫中的用户，不要在那些仅仅是好奇的人身上浪费时间（或者，最好让他们把产品介绍给朋友，这些朋友可能是你的潜在客户）。

## 底线在哪里

如果你预先要求填写信用卡信息，那么要想到仅有 2% 的访问者试用你的服务，其中的 50% 会真正使用它。如果你不要求提供信用卡信息，那么会有 10% 的访问者试用，其中 25% 购买，但是如果他们被突如其来的付款要求吓到，就会迅速流失。在我们之前的案例中，如果你能根据用户的行为向每一组用户进行有针对性的营销，预先不要求提供信用卡信息可以将转化率增加 40%。

## 免费增值模式和付费模式

创业公司尤其是软件创业公司对定价问题的最大争论在于采用免费增值模式还是付费模式。

免费增值模式的倡导者认为产品获得认可和注意力才是最重要的。Twitter直到拥有数百万活跃用户才开始引入广告，尽管它的广告推文引发了很多不满，它的增长仍然得以持续。《连线》杂志主编兼《长尾理论》一书的作者克里斯·安德森指出，金·吉列首先提出了通过免费赠送一件物品（刀架）来在其他物品（剃须刀片）上获得盈利的理念。但是从许多方面来说，网络用户对互联网的免费具有强烈的期待，因而即便是很有价值的事物也很难进行收费。

免费增值模式的唱衰者则指出，在每一个类似 Dropbox 或 LinkedIn 这样的成功者身后，都有众多企业在慷慨给予中陷入破产的泥潭。在《华尔街日报》援引的一个案例中，计费管理软件公司 Chargify 在 2010 年处于破产的边缘。随后它转向了付费模式，并在 2012 年 7 月开始盈利，拥有 900 位付费客户。

尼尔·戴维森对免费增值模式的流行，尤其对其在初创企业中的流行颇为担忧。"我认为对多数人来说，免费增值模式是不可持续的。"他说，"创造出足够好的、让人们想去用的产品，但是在产品特性上又与付费版本拉开足够的差距使得人们愿意去升级，这太难了。"尼尔认为太多的初创企业要价太少并低估了自己的价值。"如果你创造的产品是客户所看重的，你就不应该羞于要价，否则你就不是在做生意。"

即使免费增值模式能行，用户有时会过很长时间才开始付费。印象笔记公司的首席执行官菲尔·利宾提到了"微笑曲线"，该图形展示了弃购的客户如何最终回归，如图 23-1 所示。

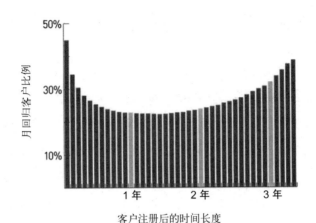

图 23-1　印象笔记称之为"微笑曲线"不仅仅因为其形状

　　菲尔预估虽然只有少于 1% 的用户在第一个月的使用后升级到了付费版，但是两年后这个数字增长到了 12%。实际上，通过在一段足够长时间中积累了一批最终会升级到付费版的用户，这个公司经历了大卫·斯考克所说的负流失，即对当前的用户基础进行的产品扩展、追加销售和交叉销售增长超过了因用户流失而损失的收入。但是很多分析人士认为印象笔记是一个特例：除非你能玩转免费增值模式，否则免费用户就能让你破产。

　　晚期风险投资和成长投资公司 IVP 的儒勒·梅尔兹和丹尼尔·巴尼表示免费增值模式在这样的产品上行得通：

- 向新增客户提供服务的成本很低（低边际成本）；
- 让人们使用产品的营销成本低廉；
- 是不需要长期评估或培训的相对简单的工具；
- 让人们觉得免费提供产品是正常的。有些产品（如房产主保险）如果免费提供可能会引起潜在客户的怀疑；
- 随着使用时间的延长，产品对使用者的价值不断增加，比如，你在 Flickr 里存储的图片越多 Flickr 对你就越重要；

- 具有优秀的病毒式传播系数，使得你的免费用户愿意成为你的营销人员。

　　如果你收费会怎样呢？ Price Intelligently 公司的克里斯托夫·奥唐纳指出初创企业试图在销售收入最大化（尽可能赚更多的钱）、销售量最大化（在生意扩展时促进产品普及）以及价值认知（定价不能过低，以免引起购买者的怀疑）之间找到平衡。[1] 营销人员也需要明白如何将若干特性和服务捆绑并打包销售，以及如何将这些捆绑方案分成层级以出售给有着不同价位的市场。

　　即使你向每一位消费者收费，你仍然能通过促销、折扣和限时优惠的方式进行价格试验，其中每一种假设都适合进行跨群组测试（如果使用限时优惠）和 A/B 测试（如果你对不同的访问者提供不同的价格）。

　　在线约会网站 Zoosk 创始人亚历克斯·梅尔认同"最优销售收入"曲线。但是他主张初创企业宁可少赚钱也要将价格定得低一点："我更喜欢少赚 10% 的钱但多拥有 20% 的客户。[2] 为了这一点，你要把价格定在曲线峰顶左边一点儿的地方，即大约销售收入最大化点的 90% 处。"然而，亚历克斯在他的模型里忽略了定价的灵活性、价值认知和策略性的折扣等问题。

## 追加销售和收入增长

　　业内领先的 SaaS 提供商能够将每位客户的销售额每年提升 20%，而且年年如此。销售增长来源于当应用在组织内扩散时有更多注册订阅的用户，以及一系列分层产品与简单的追加销售路径。如果方法得当，增加的收入几乎可以抵消用户流失所导致的 2% 的月损失。但是这些是最好情况，它们提供了一条清晰的路径：随着客户更多地使用产品，可以从客户身上赚更多的钱。

---

[1] 出自 Christopher O'Donnell 的 *Developing Your Pricing Strategy*。
[2] 出自 *Venture Capitalists at Work: How VCs Identify and Build Billion-Dollar Successes*（Apress），作者 Tarang Shah 和 Sheetal Shah。

帕特里克·坎贝尔分析了一个匿名的数据集来估算一个公司的注册用户中有多少用户会购买更高级的产品。他发现在他的样本中，一个月里有 0.6% 的免费用户升级到一个付费方案，同时有 2.3% 的用户从低价格方案升级到高价格方案。

## 底线在哪里

争取每年获得 20% 的客户销售收入增长，包含新增的授权许可费在内。争取让 2% 的付费用户增加他们的月付费额。

# 流失率

（流失率在移动游戏、双边市场和用户生成内容网站也同样重要。）

最好的 SaaS 网站或应用的月均用户流失率通常在 1.5%~3%。对于其他网站，这个数字会随你如何定义"不再使用"而变化。Real Ventures 合伙人马克·麦克利奥德认为只有将月均流失率降低到 5% 以下，业务才是可以扩展的。记住，如果你用糟糕的方式吓到了你的用户（比如让他们不明不白地订购并付费），在第一个付费周期内流失率会骤增，甚至达到 50%，所以你需要把这些都纳入计算中。

大卫·斯考克认同 5% 的流失率阈值，但是他认为这仅仅适用于早期创业公司。他认为如果你想大幅扩张，就需要有一条明确的路径能够将流失率降到 2% 以下：

"在 SaaS 生意的早期，流失率并不是一件大不了的事。比如说你每个月失去 3% 的客户。你只有 100 个客户时，很容易找到另外 3 个客户来替代流失的客户。但是，如果你的生意规模增长，问题就变得不一样了。想象一下，如果你的公司规模膨胀到拥有一百万客户。那么 3% 的流失意味着每个月你会失去 3 万个客户，弥补这样的空缺要困难得多。"

## 案例分析：OfficeDrop 的关键指标：付费客户流失率

OfficeDrop 帮助小企业在云中管理纸质文件和数字化文件。它提供可以搜索的云存储服务，并结合可下载的应用使得企业可以随时随地同步、扫描、搜索和共享文件。目前，有超过 180 000 位用户在使用这些服务来存储数据，每个月的用户访问和上传文件次数高达数百万次。

该公司以免费增值模式提供解决方案，有一个免费计划和三个付费计划可供选择。我们见到了营销副总裁希利·琼斯，向其详细了解了公司的关键指标和所获得的经验教训。

"我们最重要的数字是付费客户流失率。"希利说。OfficeDrop 将付费客户流失率定义为：每月初降级为免费用户或取消账户的付费客户数除以可能流失的付费客户总数。

对于 OfficeDrop 来说，付费客户流失率是业务总体健康状况的关键指标。"比如，基于付费客户转化率我们能够发现我们的营销诉求是好是坏：如果流失了很多新客户，我们就知道我们的营销诉求并不符合客户开始使用产品时的实际体验。"希利解释说，"我们同样可以判断新功能开发是否在朝着老用户所期望的方向进行：如果他们坚持使用，我们就知道自己做得还不错；但是如果他们快速流失，那就说明我们没有朝着他们希望的方向开发产品。我们也可以知道是否有 bug 引起了用户的不满：如果很多用户在某一天注销了账户，我们就需要检查是否有技术问题让用户恼火。"

该公司将月均流失率的目标定在4%以下。"3%很好，"希利说，"一旦高于5%，我们业务的毛利润就不会产生正增长了。"最近，希利说公司达到了2%的流失率并希望继续保持下去。

流失率的反面通常就是参与度，而这是 OfficeDrop 的第二个关键指标。该公司将活跃用户定义为在过去一个月的时间里使用过产品的用户。创立 OfficeDrop 的时候，创始人觉得人们不会愿意在他们的计算机或设备上安装程序，他们需要的是富浏览器体验。"我们依靠直觉做了所有事情，但这几乎都是错的，"希利说，"我们假设浏览器体验对新用户来说更加容易上手，进入门槛不高，会让用户更容易参与其中；但是我们并没有观察活跃用户的参与度，及其带来的客户增长和低流失率，直到我们开发了可下载的应用。"

图 23-2 展示了在 2011 年 6 月左右的一个经典的曲棍球棒形曲线。这反映了客户群的增长（是用户参与度提升和流失率降低的结果）。

OfficeDrop 云文档的客户群

图 23-2　你能发现 OfficeDrop 在何时推出了一款移动客户端应用吗

"2011 年年中，我们进军移动端市场，开始提供 OfficeDrop 移动端应用。这个举动产生了巨大的影响，"希利说，"当时同样重要的一件事是我们在 2011 年 1 月推出 Mac 桌面扫描应用，但没有怎么引起人们的关注。那是我们第一款主要的可下载应用，它被广泛报道，并进一步提高了用户参与度。"

在看到用户参与度的上扬苗头后，OfficeDrop 投入到了移动端产品的开发中。公司在 2011 年 5 月发布了一款 Android 应用，随即在 6 月发布了 iPhone 应用。"与我们先前的假设不同，我们开发的桌面应用获得了成功。我认为那是我们的关键转折点，它给了我们改变产品提供方式的信心。结果也是显然的，即我们改善了用户参与度并降低了流失率。"希利说。

## 总结

- OfficeDrop 将付费客户流失率，即离开应用或降至免费计划的付费客户比率作为它的第一关键指标。
- 初始的产品是高度集中于浏览器端的；基于直觉，创始人假设用户不会想要桌面或移动客户端。
- 一款扫描应用和随后几款移动客户端应用的推出显著地推动了公司的成长。

## 数据分析启示

要永远怀疑你的假设，即使你非常看好它。客户希望用某种方式使用某个应用，比如手机地图应用。你可以做一个"典型的一天"分析，或者通过引入一个简单的应用来测试一个关键转折点，这样做通常能够快速证明或否定一个重大假设，并从此改变你的命运。

有些产品或服务有很强的用户黏性，部分原因是它们具有锁定的用户体验。例如，照片上传网站和在线备份服务让人难以割舍，因为那里存储了太多的数据；该产品类别的用户流失率会低一些。从另一个角度看，在那些转换成本相对较低的行业中，客户流失率会大幅提升。

社交网站手上也握有一些技巧。如果用户试图离开 Facebook，他们就会收到提醒，被告知一些好友将想念他们，而且他们将再也看不到这些好友的照片了。这种打感情牌的方式后来获得了数据的支撑：功能一经实现，这个让人感觉愧疚的最后一道防线就将注销账户数削减了 7%。也就是说，上百万的用户因此留在了 Facebook。

如果你给要离开的用户提供激励来劝其留下来，比如免费使用一个月或升级为新的手机，那么你就需要衡量这样做带来的损失与获得新客户的成本。当然，如果用户听说心怀不满的用户会得到奖励，那么很多用户可能会以离开作为威胁以获取优惠，毕竟互联网上一传十十传百。

## 底线在哪里

在优化其他方面之前，争取将每个月的用户流失率降低到 5% 以下。如果流失率高于这个值，可能产品的用户黏性还不够强。如果流失率能降到 2%，你就做得非常棒了。

# 第 24 章　免费移动应用：底线在哪里

## 移动应用下载量

移动应用业务受困于人气上的"长尾效应"：极少数应用人气很高，而多数应用则在缺乏关注的困境中挣扎。移动游戏公司 Massive Damage 的创始人兼 CEO 濑户健说："有些独立游戏开发者的应用每天只有一两次下载。下载量完全依赖于你的市场营销、病毒式传播特性以及在应用商店内的排名。"

所有的业务中都存在竞争者；但是对于移动应用而言，应用商店生态系统让竞争的重要性不容忽视。你不能忽视你的应用排名，也不能有一丝松懈。"这非常棘手，"濑户健说，"你很难保持在某一个排名，因为排名附近的每个人都希望超越你。所以除非你的应用具有天然的炒作效果，或者被苹果商店或付费市场推广，否则你在排行榜中的位置就会下滑。在这里没有'经常'这个词。"

## 底线在哪里

你要有被应用商店心血来潮的政策、促销和营销活动所左右的心理准备。

应用商店的战争可能是令人沮丧的，但是聪明的移动开发者会充分了解他们的竞争对手以找到有效的策略，效法他们的成功之处并避免他们所犯的错误。

# 移动应用下载大小

移动应用变得越来越复杂，它们的文件大小也随之增长。然而，这会给开发者带来风险；如果应用下载时间过长，网速较慢的消费者就可能放弃下载。游戏开发加速器公司 Execution Labs 的创始人亚历山大·佩尔蒂 - 诺曼德说：“如果你希望任何人在任何地点都能轻松地下载你的应用，那么它在门户上的大小必须在 50 MB 以下。”

一款 iOS 应用的大小若超过 50 MB，就需要连接上无线局域网才能下载。如果没有无线网连接，用户就无法下载你的应用，也不太可能去尝试下载。

你可以在 Android 设备上下载大于 50 MB 的应用，但是来自 Google Play 应用商店的警告会严重影响下载过程，它会打断用户的下载，造成大量的用户中途放弃。

亚历山大有意使用了“在门户上”来指代从苹果应用商店和 Android 应用商店的初始下载。他说：“有些开发者通过在谷歌和苹果应用商店门户上放一个很小的应用来绕过大小限制，这个应用会在用户使用时在后台‘堂而皇之’地从开发者服务器下载额外的内容。”

### 底线在哪里

使应用的初始下载大小保持很小，努力将其控制在 50 MB 以下以最小化下载流失率。

# 移动应用客户获取成本

有些应用开发者雇用第三方的市场营销服务商，按下载安装量向他们支付费用。对于移动开发者，这是一个道德的灰色地带：你在利用唯利是图者人为地增加下载量，提升你的评分，寄希望于排名的改善会让真实用户下载应用。市场上有正规的市场营销公司为移动应用和游戏开发者提供服务，但是你要小心挑选合作伙伴。虽然我们访谈的人中只有少部分公开提到价格，但是每产生一次安装，服务提供商要收取 0.1 美元到 0.7 美元不等。

由于这样的安装用户很少会真正使用应用，在计算指标时你应该将这些利益驱动的安装用户划分出去，以避免污染你的其他指标。你真正关心的指标应该是逐利的安装者带来了多少正常的用户，以及这些用户中有多少会成为重度用户和付费用户。

更加正规的用户获取方式是在其他应用内挂横幅和打广告。通常来说，这样带来的每个安装成本在 1.5 美元到 4 美元之间；这些安装者更可能成为正常用户，因为他们是自行发现应用并选择安装的。"秘诀在于控制平均安装成本（包括付费推广和正常安装）在 0.5 美元到 0.75 美元之间，"濑户健说，"这些数字是基于免费的游戏（包含游戏内购买）得出的，但是我认为为付费游戏做付费安装的性价比并不高。"

基思·卡茨也警告不要按照上限值来支出，而他恰恰发现很多应用开发者都会这么做。

> 太多移动游戏开发者认为按照客户终身价值来花钱的计算方式是对的。但是他们总是忽视了营收需要向政府缴税，苹果应用商店和 Google Play 应用商店还收取 30% 的"平台费"。如果你花 1 美元来获取 1 美元营收，你实际上近于在花 1 美元来赚 0.6 美元。

## 底线在哪里

应将每个付费安装的成本控制在 0.5 美元左右，将获得每个正常的自然用户的成本控制在 2.5 美元左右，但是要确保总体的获取成本低于每用户 0.75 美元（当然，要低于用户的终身价值）。这些成本在不断上涨，一方面是因为大的工作室和出版商对移动端的投入越来越大；使得成本水涨船高，另一方面是因为应用商店对提供付费安装的营销服务策略开展了打击活动。

## 案例分析：Sincerely 认识到移动应用用户获取的困难

Sincerely Inc. 是开发 Sincerely 礼品网以及包括 Postagram、Ink Cards 和 Sesame Gifts 在内众多应用的公司。公司的第一个应用 Postagram 可以让人们在任何地方制作并寄送自定义的明信片。它的第二个应用 Ink Cards 可以让用户寄送个性化的贺卡。Sesame Gift 可以让用户寄送用漂亮的礼盒包装的主题礼品套装。公司的产品从简单的邮递产品（明信片）逐渐演变到 30 美元至 50 美元的 Sesame 礼品。

在 2010 年公司刚刚创建的时候，创始人马特·布雷齐纳和布赖恩·肯尼迪觉得移动广告会像 Google AdWords 在 2010 年的情形一样，在庞大、不那么高效的用户获取渠道中，早期的使用者（使用移动广告）占有巨大的优势。"我们认为，通过销售世界上最简单的礼物——99 美分的明信片——我们可以轻松地购买用户、得到他们的信用卡信息，并让我们的礼品网开始盈利，"马特说，"这个战略是一种源自本能的直觉。我们也在一个非品牌应用（即并不明显附属于 Sincerely 品牌的应用）上进行了小规模试验。"

结果表明 Sincerely 能够通过移动广告买到用户，但是价格不够便宜。"我们定义成功的指标是用足够便宜的价格买到用户，使得他们在一年内就可以为我们贡献利润。"马特说，"如果不行，我们能否通过交叉推广将他们引入到另一个更加昂贵的礼品应用中去，让他们可以在一年内贡献利润；在回报时间方面，我们的最终目标是 3 个月。"

马特和布赖恩发现，移动广告不仅太贵，而且效果难以跟踪，从用户的初始获取到应用安装再到应用启动的转化率更是糟糕。因此，在发布 Postagram 6 个月后，他们推出了 Ink Cards，并确定了 1.99 美元起的价格。"通过交叉推广，我们将 Postagram 初始用户的终身价值提高了 30%，"马特说，"但是回报时间仍然不符合我们的期望。"

现在，Sincerely 又推出了 Sesame，它在更高的价位销售礼品。马特说："现在，我们希望通过广告的方式使我们的生意可持续地增长。"但是由于移动广告的高成本和其他困难，Sincerely 长时间以来把营销重心放在病毒式传播上。"因为移动广告的算式不起作用，我们迫于无奈学到了很多通过用户将良好的使用体验分享给好友来推动增长的方法。"马特说，"我们让用户给他们没赠过卡片的人发免费明信片，通过这种方式来鼓励传播。"这种集中精力于病毒式增长的做法减轻了移动行业在用户获取方面对广告的依赖，而这个行业中的用户获取渠道既不成熟也不高效。

## 总结

- Sincerely 推出 Postagram 来让用户寄送 99 美分的自定义明信片，并推测移动广告足够便宜和高效，能让公司走向成功。

- 公司能够获取用户，但是成本太高（因为移动广告难以衡量效果、放弃率高），回报不足（因为客户终身价值过低）。

- 公司推出了更高价位的个性化贺卡 Ink Cards。该举动将客户终身价值提高了 30%，但是回报时间仍然太慢，不足以让移动广告这种推广方式有利可图。

- 现在 Sincerely 推出了 Sesame Gifts，这些精心策划的礼物价位在 30 美元到 50 美元之间。两位创始人希望这个新价格能够让他们通过移动广告推广来盈利，与此同时他们可以更多地投入于病毒式传播，来减少对广告渠道的依赖。

---

**数据分析启示**

　　移动广告比你预先设想的要更加复杂和昂贵，你需要仔细地跟踪客户获取成本。你同样要注意客户回报弥补获取成本的速度，以及客户的终身价值。你要尝试不同的渠道并跟踪用户的行为，使用病毒式传播作为降低用户获取成本的手段。

---

# 应用启动率

　　仅仅让用户下载一个应用是不够的，还要让用户启动它，而有些用户下载很长时间之后才会这么做。除了之前提到的大小限制之外，连接到同一个账户的平板和手机可能会在不同的时间下载应用，这将影响你统计分析的准确性。换句话说，这很复杂。

　　对于免费的应用来说，许多用户只是在漫不经心地浏览应用时下载，并没有在某个游戏或应用及其内置购买上投入时间和精力，所以会有较高比例的应用在下载后从来没有被启动过。例如，Massive Damage 发现下载了它的王牌游戏 *Please Stay Calm* 的用户中只有大约 83% 的用户启动了应用。

### 底线在哪里

　　做好心理准备，大量用户下载了你的应用后并不会启动，尤其是对于一款免费应用。

# 活跃用户 / 玩家百分比

　　说到用户不活跃的问题，第一天的情况往往是最糟的。活跃用户比率会随着时间渐渐下降，但是第一天的下降可以高达 80%。在这之后，每天都会平缓地下降：在一组同期群中只有 5% 的用户会在一个月后仍然留存。

移动数据分析公司 Flurry 在 2012 年 10 月的一项研究显示，在超过 20 万个不同的应用中，只有 54% 的用户在第一个月末留下来，只有 43% 的用户会在第二个月留存，到了第三个月末，只有 35% 的用户留存。平均来看，用户每天使用应用 3.7 次，不过这些指标在不同种类的应用间差异很大。

注意到这一点很重要：在 Flurry 公布的数据中，总体参与度随时间上升（从 25% 上升到第三个月的 35%），但是使用频率却下降了（从每周 6.7 次降到每周 3.7 次）。Flurry 同样发现设备的不同会影响用户参与度，智能手机用户每周使用应用 12.9 次，但是每次使用只持续 4.1 分钟；平板电脑用户每周使用应用 9.5 次，但每次使用会持续 8.2 分钟。

## 底线在哪里

假设大量的用户会试用一次你的应用，之后就不会再用；但是在初始的断崖式下降后，你会看到活跃用户比率以更加平缓的趋势下降。尽管这条曲线随着应用、行业和用户群体的不同而有所差异，但是这条曲线总是存在的，所以一旦你有了一些数据点，就可以提前预测用户流失率和退出率。

# 移动应用付费用户百分比

如果你的应用是完全付费的，那么付费用户自然就是全部用户，但是如果你使用免费增值模式，用户为增强功能缴费，那么一个好的经验准则是 2% 的用户确实会为升级到完整版本而付费。

对于具有内置付费项目的免费移动游戏而言，濑户健说，在整个行业中大约有 1.5% 的玩家会在游戏中付费购买物品。

游戏内购买遵从典型的幂定律分布，极少数的"鲸鱼玩家"在游戏内购买上会花费大量的金钱，而大多数人不花钱或花费很少。移动应用成功的一个主要因素是能够在游戏可玩性和游戏内购买之间进行折中：前者增加了游戏的好评和玩家数量，后者则为游戏贡献营收。在多人游戏中，保持付费玩家和免费玩家之间的平衡性永远是一个难题。

## 底线在哪里

对于免费增值模式而言，从免费到付费的转化率要达到 2% 以上。对于一个有应用内购买项目的移动应用或游戏，要假设有大约 1.5% 的用户会付款购买。

# 每活跃用户日平均收入

每活跃用户日平均收入（ARPDAU）是一种用于衡量受欢迎程度和收入的小粒度指标。多数移动游戏开发者关注日活跃用户数，并转而关注这些用户贡献的收入。

SuperData Research 发表了不同题材游戏的 ARPDAU 基准值：

- 0.01~0.05 美元：解谜类、养成类和模拟类游戏；
- 0.03~0.07 美元：寻宝类、竞技类和冒险类游戏；
- 0.05~0.10 美元：角色扮演类、赌博类和纸牌类游戏。

GAMESbrief 从三家游戏公司 DeNA、A Thinking Ape 和 WGT 收集了一些附加信息。

DeNA 和 A Thinking Ape 都声称对于多数移动游戏，ARPDAU 的期望值小于 0.10 美元。但是 WGT 的 CEO YuChiang Cheng 在 Login 2012 大会上说，一款游戏的 ARPDAU 低于 0.05 可以视为业绩不佳，而好的 ARPDAU 的基准值在 0.12~0.15 美元。Cheng 还说，平板电脑上的 ARPDAU 比智能手机上要高 15%~25%。

## 底线在哪里

指标的好坏与游戏种类高度相关，但要以 ARPDAU 高于 0.05 美元为底线目标。

# 每移动用户月平均收入

这个指标无法一概而论，因为它完全依赖于你的商业模式。你应该分析竞争者，看看他们如何制定价格和划分收费层级。但是别怕在产品早期对价格进行大的调整，前提是你能够估量调整后的效果。一些业界人士告诉我们，对于移动游戏来说，比较好的平均值是每位日活跃用户贡献收入 3 美元 / 月，或 0.1 美元 / 日。

## 底线在哪里

像客户获取成本一样，客户营收是从你所设定的商业模式和利润目标得来的。每个垂直市场都有自己的价值。但是在移动应用领域，如果你知道自己的 ARPDAU、用户的留存时间以及每次安装的成本，你就可以快速盘算一下，判断自己的商业模式是否可行。

# 每付费用户平均收入

为每付费用户平均收入（ARPPU）想出一个基准值很困难。这高度依赖于应用类型（我们在这里主要关注的是游戏）和操作系统。

GAMESBrief 的尼古拉斯·罗威尔将付费用户分为三种类别："小鱼用户""海豚用户"和"鲸鱼用户"。

真正的"鲸鱼用户"会花非常多的钱。Social Gold 估计花费最高的一组用户拥有超过 1000 美元的终身价值，而有些人在一款游戏上的花费多达两万美元。但 Flurry 指出，在美国 iOS 和 Android 平台上，应用内购买交易的平均营收是 14 美元，营收的 51% 来自那些超过 20 美元的应用内购买交易。

尼古拉斯建议分开看待"鲸鱼用户""海豚用户"和"小鱼用户"的 ARPPU。

- "鲸鱼用户"：占付费用户的 10%，ARPPU 为 20 美元。
- "海豚用户"：占付费用户的 40%，ARPPU 为 5 美元。
- "小鱼用户"：占付费用户的 50%，ARPPU 为 1 美元。

"这些（平均值）取决于你的游戏，"尼古拉斯说，"不仅仅取决于它在哪个平台上、是何种类型，同时也与游戏设计有关。要想让你的"鲸鱼用户"的 ARPPU 达到 20 美元，他们中的一些人必须得花到 100 美元以上，这是否可以实现？让你的"海豚用户"每个月都花一点钱需要有好的理由，你有没有给他们创造一个理由？你的"小鱼用户"需要从免费用户转化为付费用户，要做些什么才能促使他们有这样的转变？"

## 底线在哪里

要认识到在免费多人游戏中，多数用户只是付费用户的"炮灰"。在客户生命周期的早期就要识别有关行为的第一关键指标，如每天游戏时长、战斗次数或者探索的区域数，这些因素暗示着该用户是一个非玩家、"小鱼用户""海豚用户"还是"鲸鱼用户"。随后，为这四种用户提供不同种类的游戏内收费项目，根据他们的行为调整你的营销方式、定价和促销活动。比如，向"小鱼用户"销售外观，向"海豚用户"销售内容，向"鲸鱼用户"销售升级产品。

## 移动应用评分点击率

优秀的评分和评论对应用的下载量有巨大的促进作用，但是鼓励用户评分是很困难的。在用户使用了几次应用后，多数开发者会让应用弹出一个消息框，请求用户评分；有些开发者为了鼓励用户评分甚至会更换消息的内容。比如，移动开发者在弹出框中会问用户"你喜欢这个应用吗？"或者"你希望看到更多的特性和免费内容吗？"如果用户点击了"是"，就会被带到评分页面。

亚历山大·佩尔蒂-诺曼德警告说，应用中如果有任何以提供物品来换取评分、立场有偏向的信息，应用都可能遭到应用商店的封杀。但是他也说，"要在关键时刻，即难忘的游戏过程后，主动地给用户提供评分的机会。比较理想的时间是游戏早期，因为你会希望快速得到更多的评分。用户评分是应用排序中最重要的因素。"

评分率在不同价位和类型的应用上会有所差别。在一个 Quora 的回答中，一位开发者说，昂贵的付费应用有 1.6% 的评分率，便宜的付费应用有 0.5% 的评分率，而免费的试用应用只有 0.07% 的评分率。这位发帖者观察到，xyologic 等网站对下载数和评分数有详细的资料，使得你可以将自己的应用与同类产品相比较。对于免费游戏，Massive Damage 发现评分与下载的比率约为 0.73%。

## 底线在哪里

我们预计付费应用评分率低于 1.5%，而免费应用评分率会明显少于 1%。

# 移动客户终身价值

关于客户终身价值，没有放之四海而皆准的结论，因为它是由付费额、流失率、参与度和应用设计等因素决定。但是它是任何商业模式的根本，确定了其他要素，如客户获取成本和现金流。

GigaOm 的赖安·金姆观察到，根据最近的数据，免费增值模式的应用（用户在应用内花钱）在营收上已经远远超过了增值模式应用（开发者提供另一个付费版本），图 24-1 展现了这个趋势。

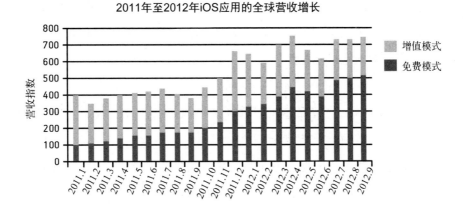

图 24-1　增值模式是 2010 年的过时事物了

客户忠诚度也与客户终身价值有关，而忠诚度严重依赖于应用类型。

Flurry 对使用其分析工具的移动应用做了大量的研究，如图 24-2 所示。

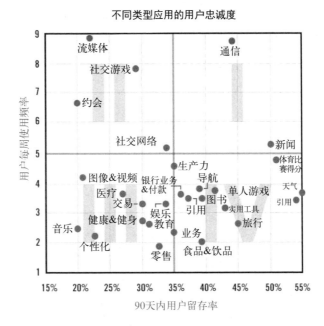

图 24-2　可能不仅仅你的应用是这样，因为参与度会根据应用类型有所不同

就像 TechCrunch 的萨拉·佩雷斯指出的那样，使用的频繁程度和 90 天内用户留存率这两个分类维度表明了不同的忠诚度模式。这些可以转而影响定价策略，从而最大化用户营收。

- 被频繁使用、能留住忠诚用户的应用可以成为广告、经常性收费或精心设计的应用内内容媒介。
- 被频繁使用、但会在一段时间后失去用户的应用可能会满足某个需求（比如买一栋房子或完成游戏），之后就不再受关注。这时，每次交易的手续费，以及当客户需求出现时能够联系客户的能力比客户的长期参与度更加重要。
- 使用频率低、低客户忠诚度的应用需要在早期"抓住钞票"，所以它们更适合作为付费应用或一次性收费应用。
- 使用频率低、高客户忠诚度的应用需要充分利用频率不高的互动机会进行追加销售，鼓励客户邀请其他人使用，并确保应用停留在用户放置实用工具的"万能腰带"上。

# 第 25 章　媒体网站：底线在哪里

## 点击率

（点击率也适用于用户生成内容网站）

一个位置好、相关性高的广告会得到更多的点击，但是无论如何，广告是一个数字游戏：即使最好的广告也很难达到 5% 这么高的点击率。

CPC Strategy 在 2012 年 5 月进行的一项研究列举了排名前 10 的比较购物网站，以及在适用情况下它们的点击率（Bing 和 TheFind 不按照点击数收费），如表 25-1 所示。

表 25-1　排名前 10 的比较购物网站

| 比较购物引擎 | 转化率 | 每次点击费率 |
| --- | --- | --- |
| Google | 2.78% | 尚不可知 |
| Nextag | 2.06% | 0.43 美元 |
| Pronto | 1.97% | 0.45 美元 |
| PriceGrabber | 1.75% | 0.27 美元 |
| Shopping | 1.71% | 0.34 美元 |
| Amazon Product Ads | 1.60% | 0.35 美元 |

（续）

| 比较购物引擎 | 转化率 | 每次点击费率 |
| --- | --- | --- |
| Become | 1.57% | 0.45 美元 |
| Shopzilla | 1.43% | 0.35 美元 |
| Bing | 1.35% | 不可用 |
| TheFind | 0.71% | 不可用 |

全球搜索营销机构 Covario 在 2010 年发表报告称，在世界范围内付费搜索广告的平均点击率为 2%（见表 25-2）。

表 25-2　付费搜索广告平均点击率

| Bing | 2.8% |
| --- | --- |
| Google | 2.5% |
| Yahoo | 1.4% |
| Yandex | 1.3% |

联盟分销商题图斯·霍斯金斯说，他引荐到 Amazon 的访客中有 5%~10% 的人最后购买了商品，这明显高于与之竞争的其他合作平台的营收。相比那些定位较窄的公司，Amazon 和其他多品类零售商给合作分销商以更丰厚的回报，因为分销商会从整个订单中分到一定比例的回报。所以，如果一位作者推荐一位访客去 Amazon 买了一本书，而购买者又买了食品杂货，这位作者也会从食品杂货的购买中分到一定比例的回报。这鼓励了广告合作方给亚马逊的广告更为突出的展示，因为这些广告能赚钱。

德里克·司徒觉得，因为 Amazon 的转化率很高，所以分销商更倾向于向其网站推荐访客。Amazon 用一个相对短的 cookie（网络跟踪器）生存时间来平衡其分销联盟计划的丰厚回报：到 Amazon 购物的人只有在点击分销商链接后的 24 小时内购买物品，分销商才能获得分成。

回想 Advertising Research Foudation 的测试，空白广告也获得了 0.08% 的点击率，所以如果你发现点击率低于这个水平，你一定有什么地方做错了。

### 底线在哪里

多数种类的站内广告会获得 0.5%~2% 的点击率。如果低于 0.08%，你一定犯了可怕的错误。

## 会话－点击率

（会话－点击率也适用于用户生成内容、电子商务和双边市场网站）

预计 4%~6% 来自搜索引擎或广告的点击从不在你的网站上出现。你可以通过对性能和正常运行时间进行优化来改善该指标，但是这么做需要时刻警惕，同时也会伴随一定的代价，比如需要添加新的功能或进行试验。在你找到产品与市场的契合点之前，你可能不应该在这个指标上花大量的时间。

### 底线在哪里

在访客访问你的网站之前，你就会失去 5% 的点击数。你要处理这个问题。如果你的网站足够有吸引力，访客总会再试一次。

## 引荐者

媒体网站依赖于其他网站的引荐来获取流量。但不是所有引荐者都生而平等。Chartbeat 将一组大体上被分为技术类和政治类的网站与 Facebook 和 Twitter 上的社交网络引荐者进行了对比分析。平均来说，所分析的任意一个网站的点击数上升会导致峰值时 70 位用户的并发访问，在两周的时间里来自引荐网站的访客在网站上一共花了 9510 分钟。

来自社交网站的引荐流量参与度更低。平均来说，Facebook 的引荐流量会导致峰值时 51 位用户的并发访问，用户总参与时间共计 2670 分钟。而 Twitter 的引荐流量导致峰值时 28 位用户的并发访问，用户总参与时间共计

917 分钟。Chartbeat 的约书亚·施瓦兹说："与标准的引荐网站相比，社交网站的引荐流量参与时间更少，这体现了社交网络点击量上升的稍纵即逝的本性；与引荐网站的点击量上升可以带来持续数日的流量相比，社交网站的点击量上升更可能是短暂的。"

### 底线在哪里

要知道对你最有利的流量是从哪里来的，以及它在跟踪什么话题，并花时间了解这些信息源和话题。当你进行试验的时候，要按照平台划分试验：Facebook 上的粉丝想要的内容与 Twitter 上的追随者不一样。

## 用户参与时间

通过衡量访问量和页面浏览量可以知道你的网站有多少流量，但是它没有告诉你访客花多长时间来实际查看网站内容（也被称为"页面停留时间"）。浏览器可以利用页面上的脚本来捕捉这些数据，只要访客还在使用页面就可以得到这些数据。

我们要求 Chartbeat 将它对于"参与时间"这个指标的衡量结果按照网站类别分开。当然，这一指标对于媒体、电子商务、SaaS 网站有着显著的不同，它显示了每种网站不同的使用模式。Chartbeat 的研究如图 25-1 所示，其数据来源于同意其数据被匿名分析的用户。

Chartbeat 发现，在媒体网站上，在着陆页的平均参与时间只有 47 秒，但非着陆页的参与时间是 90 秒。这些数字与之前谈论过的显著不同（着陆页 61 秒而非着陆页 76 秒）。特别是 SaaS 网站，它的页面停留时间较短，如果网站的目的就是让用户完成任务并提高效率，那么这是理所当然的。

约书亚说："我们做越多的分析，就越意识到用户参与时间对于媒体网站尤为重要。尽管吸引大量的眼球是很重要的，但是如果流量马上跳出了网站，那就没有起太大作用。所以用户参与时间作为指标可以从本质上衡量媒体网站的内容质量。"

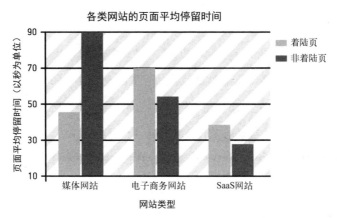

图 25-1　媒体网站希望你尽量停留，而 SaaS 网站希望你快点离开

## 底线在哪里

媒体网站应该以此为目标：在内容页面上用户参与时间是 90 秒或更长。但是不要期望（或计划）着陆页会有较长的用户参与时间；你会想让人们快速找到他们想要的内容，并尽情浏览。

---

**模式：关于目标和行为，站内参与度能告诉你什么**

平均来说，人们在阅读一个页面时会在页面上花费约一分钟。对于不同类型的网站，或是同一网站中的不同页面来说，这个数字差异很大。所以，你要怎样利用这项信息呢？

- 查看异常点。"如果一个页面有大量用户访问，却只有很短的参与时间，想一想为什么人们快速离开。他们是为了其他的东西来的吗？页面布局是否合理？或者页面不是根据让用户长期停留的目的设计的？"约书亚问了上述问题。

- 展示精彩的内容。如果一个页面有高参与度但是只有少量的访问者，应该考虑向更广泛的读者进行推广。
- 确保页面的目的与参与度匹配。"如果你运营的是一个电子商务网站，你可能希望你的着陆页有尽量少的参与时间，"约书亚说，"但是如果你运营的网站是生产编辑内容的，你就应该让内容页得到尽量多的参与时间。"

## 与他人分享

（与他人分享同样适用于用户生成内容网站）

分享是口口相传式的病毒式传播。Buzzfeed 的乔恩·斯泰恩伯格和 StumbleUpon 的杰克·克拉夫奇克在 2012 年 3 月发表于 Adage 的文章审视了热门新闻被分享的次数。[1] 像许多其他的指标一样，它也服从一个确切的幂律分布。大多数新闻只在一个小群组内分享，只有很小一部分新闻被广泛分享。在 Facebook 上，过去的 5 年内被分享最多的 50 篇新闻的浏览量达到数十万甚至数百万。

但是尽管有这些异常点，浏览数与分享数的比率的中位数只有 9。这说明通常来说，一篇新闻每分享一次，只有 9 个人浏览它。换句话说，多数的分享都是私人性质的，只在相似用户组成的关系亲密的群组之间传播。在 Twitter 上，这个比率是 5∶1；在 reddit 上，这个比率是 36∶1，reddit 会将热门链接在首页上推荐。

StumbleUpon 查看了 45 天内的 550 万次分享行为，得出结论说，用户"私密地"进行分享（给另一个 StumbleUpon 用户，或通过邮件分享）的频率是

---

[1] Buzzfeed 总裁乔恩·斯泰恩伯格和 StumbleUpon 的杰克·克拉夫奇克研究了不同社交平台上的分享行为。

他们使用网站向更广大用户传播消息的频率的两倍。

## 底线在哪里

除了一些比较显眼的例外，斯泰恩伯格和克拉夫奇克得出结论：分享是通过同事和朋友间微小互动的激增而发生的，而并非通过一个人与一群下属的大规模行动。

---

### 案例分析："轻松一笑"恶作剧让 YouTube 网站崩溃

自从 1983 年以来，全世界的喜剧演员每年夏季都会到蒙特利尔出席"轻松一笑"喜剧节。今天，这是世界上最大的国际喜剧节。

在 2000 年，"轻松一笑"恶作剧 Gags——一个"隐蔽拍摄恶作剧"形式的无声表演——开始在电视上播送。你可能看过这些短片，形式简短和无台词的特点使它们非常适合机场等公共场所以及全球市场。

我们采访了"轻松一笑"的数码总监卡洛斯·帕切科，话题是他的工作——商业化恶作剧节目 Gags TV 的 YouTube 渠道。

#### 现有渠道的衰落

"直到最近，Gags TV 系列剧的主要资金（和利润）来源都是传统的电视方式，"卡洛斯解释说，"新一季节目的电视和数字媒体版权都会卖给本地和国际电视网络，这使得该节目能从 12 年前维持至今。"但是，制片人最近发现版权许可价格出现了下降，主要是因为电视网络不再愿意支付他们过去支付的价格了。

该节目从 2007 年开始就有了一个 YouTube 渠道，但是没有太多内容，也没有定期维护。原来的计划是专门设立网站，使用 Adobe Flash 技术，以"轻松一笑"的节目包括独角戏和恶作剧为主要内容。

"那个计划流产后，Gags 节目团队决定将资源都投放到 YouTube 上。"卡洛斯说，"尽管这个频道在 2009 年成了 YouTube 的合作伙伴，但是直到 2011 年年初，制片人才注意到有些收入来自我们放在那里的少数视频。"抱着更多的视频会带来更多营收的猜想，团队向网站上传了超过 2000 段恶作剧剪辑。

从诞生开始，Gags 就被处理成适合电视播放的格式，即由 12~14 段恶作剧组成的时长半小时的节目（中间会插播广告）。在 YouTube 上，半小时的时间限制没有了。从很多方面来看，单个恶作剧的简短格式与其说适合电视播放，不如说更加适合网络播放。"我们大量上传节目时并没有什么策略，"卡洛斯说，"但是在 2000 段视频中，有一些得到了关注并疯狂传播，让渠道得到了发展，在 2012 年年初广告营收已经变得很可观了。"

## 保持合适的广告平衡性

在 YouTube 上，内容拥有者可以通过多种方式投放广告。他们可以在视频上创建带有可点击链接的遮盖层，可以在内容播放前、播放中和播放后呈现广告。内容提供者也可以决定广告能否被跳过。合适的广告策略是非常关键的；更多的展示次数和更多的广告意味着更高的营收［用指标每次参与费用（CPE）——一次广告展示获得的营收——来衡量］，但是那些广告可能会让观看者走掉。

一开始团队只查看日观看次数和营收两个指标。现在他们关注的指标要复杂得多，要查看每个视频的观看时长、流量来源、回放位置、观众群体分布、标注和观众留存率等。关键目标是分析人们在观看时是在哪里离开的，这有助于卡洛斯对视频进行合适的编排。

"比如，几个月前我们开始制作专门供网络播放的'Gags 最佳视频'，"卡洛斯说，"第一批视频有 10~15 秒的介绍动画，但是从观众留存率来看，我们发现头 15 秒有 30% 的用户流失了。随后，我们修改了一开始上传的视频以及之后上传的视频，全部去掉了介绍部分，让观众一点播放按钮就能看到他们真正想看的内容。"

在早期，Gags 只在内容上使用覆盖层广告。后来，团队添加了一种可跳过的 YouTube 广告，也就是 TrueView 映前广告，这增加了总体的 CPE，但同时并没有拖慢增长速度。"我们不想用除了 TrueView 之外的广告形式，因为内容很短。我们知道，观众不会为了看一个一两分钟的恶作剧视频就干坐着看一分钟的映前广告。"卡洛斯说。团队也在 YouTube 电视频道 Revision3 等上面进行了试验，取得了很好的效果。

在 2012 年年初，YouTube 宣布会在它给观众做的推荐中优先考虑更长的视频内容。由于 Gags 团队看过其他内容制作商将整集电视剧上传到网上，他们觉得这是一种对未剪辑的剧集进行试验的好方法，这些剧集还带有强制性的映前、映中和映后广告。

结果显示尽管更长的形式也有效果，但还是简短的视频效果更好。

- 在长视频上传后的 24 小时内，观看次数几乎与那些两分钟的视频剪辑差不多，平均有 3 万~4 万次观看。
- 每段长视频的广告营收比两分钟的视频剪辑高 5 倍。看上去像是一件好事，但每段长视频包括约 12 段独立的剪辑，所以它的利润没有短视频高。
- 长视频剧集有一个观看次数的长尾效应：它们保持较高的日播放量的时间比短视频要长一些。

- 观众留存率差异很大。因为长剧集有介绍部分且时间更长，所以有 40% 的用户中途放弃观看。相比之下，单个短视频只有 15% 的放弃率。

## 通过渠道进行销售

直到现在，他们也没有尝试通过该渠道销售产品。Gags 团队常收到想购买视频，甚至视频背景音乐的请求。"这是我们没有利用的巨大机会，想一想我们每天有 400 万播放量呢，"卡洛斯说，"每天有 400~500 万人走进我们的商店，但是没有可以购买的东西。我已经把改变这种状况作为我的任务，利用 YouTube 认可的零售商（允许我们从注释链接进去）来销售我们的商品，同时与数字内容发行商合作。"

## 撤下还是放任

Gags 拥有它上传内容的所有权利。由于内容具有病毒性和广泛的吸引力，对其素材进行复制和修改的行为变得很多，但是团队从未要求网站根据数字千年版权法（DMCA）撤下侵权内容。部分原因是为了让内容传播到新的市场中。"多数时候，粉丝制作并上传到 YouTube 个人账户的视频集锦可以在上传者的特定市场大量传播，"卡洛斯说，"这帮助我们将自己的品牌和观众群扩展到我们从未想到过的市场。"

但是这种不撤下这些视频的做法背后也有另一层原因——更加有利可图的原因。"每次一个粉丝'修改'了我们的内容并发布在他个人的 YouTube 频道上，我们就会在自己的内容管理系统中看到，我们有选择的权利：或者将其撤下并进行索赔，或者要求恢复视频原样并在上传的内容上赚钱。"卡洛斯说，"几乎在所有的个例中，我们都要求恢复视频原样并在用户产生的视频上赚钱。"

由于重点放在 YouTube 上的决策，该渠道获得了引人注目的增长。"去年，我们每月总播放量的 40%~50% 来自用户产生的 100 000 部 Gags 视频。"卡洛斯说，"我看到过用我们的内容做成的长达 2 小时的视频集锦被观看了数百万次，而我们却从来没有想到要这样做。"

尽管每位粉丝制作的视频带来的平均参与收入比 Gags 自己原创的内容带来的少，巨大的观看量还是意味着大量的广告收入。卡洛斯说："由于我们经常会看到用户产生视频的播放量超过我们自己的播放量，我也会注意粉丝如何编辑视频，以期能够从他们的成功中学到经验并效仿他们的做法。"

## 重大新机遇

卡洛斯指出，Gags 在 YouTube 上的增长完全没有依靠任何营销网络的支持，无论是"轻松一笑"喜剧节还是社交网络渠道。在 2012 年 2 月之前，Gags 都没有官方的 Facebook 页面、Twitter 账户或任何网络主页。"当然，帮助 Gags 成长的一个关键成功因素是它已经在 100 多个国家播出了 10 多年。但是直到最近，我们几乎没有任何线上版本。"卡洛斯说。

原创内容制作商认为将他们的全部内容上传到网上可能会冲击电视网络的销售收入。事实并非如此。随着 Gags 的内容被之前未开发的市场接受，他们在电视网络上的销售收入实际上得到了增长，而其他的在线内容提供商经常会联系 Gags 以提供新的商业化机会。

"过去 12 个月我们在 YouTube 频道取得的成功为 Gags 扭转了局势，"卡洛斯说，"制片商在电视网络和有线电视网络面前不再任人摆布。不仅如此，由于得到了 YouTube 等原创频道的资金支持，我们这样的创作者将有机会创造全新的线上资产，我们正在认真考虑这种可能性。"

Gags 内容几乎无声的性质使得它可以跨越国界、文化和语言进行传播。卡洛斯觉得这一点帮助该品牌获得了惊人的扩张："虽然我们的主频道会在几个月内达到 10 亿次播放量，但在这背后，我们总频道和用户生成内容的播放量已经超过了 21 亿。"

## 总结

- "轻松一笑"恶作剧节目 Gags 创作简短、流行的搞笑视频，这些短片非常适合于网络播放。
- Gags 的 YouTube 频道既可以从自己的内容中获得收入，也可以从终端用户生成的内容中获得营收。
- 没有片头的短视频被证明比长视频更容易获利。

## 数据分析启示

在别人平台上创建产品有时比从零开始更好。对媒体网站来说，利用用户生成内容有时可以带来丰厚的收入。如果你能从用户做的事情中学到经验并加以效仿就更好了。关键是要针对媒介来衡量用户参与度并优化你的内容。

# 第26章 用户生成内容：底线在哪里

## 内容上传成功率

（内容上传成功率同样适用于双边市场）

如果你希望用户在你的网站上执行某个操作，因为它对于你取得成功来说至关重要，那么你可以利用它的漏斗模型进行检测和优化。例如，在 Facebook 上，分享照片是用户最常做的事情。2010 年，Facebook 的亚当·莫瑟里公开了一些数据，说明了 Facebook 的图片上传漏斗模型是如何工作的。

- 57% 的用户成功地找到并选取了他们的照片文件。
- 52% 的用户找到了上传按钮。
- 42% 的用户成功上传了一张照片。

成功是一个难以定义的概念。比如，85% 的用户为一个相册只选取一张照片，这对于 Facebook 组织照片的方式很不利。所以开发者添加了一个步骤，允许用户轻松地一次选择多张照片。在做出这项更改之后，只包含单张照片的相册比例下降到了 40%。

## 底线在哪里

　　如果没有明确的数字，但是某个生成内容的功能（如上传照片）是你的应用的核心功能，那就一直优化它，直到所有用户都能使用它，同时仔细监测出错情况，找到产生问题的原因。

# 平均每日网站停留时间

　　（平均每日网站停留时间同样适用于媒体网站）

　　社交网站和用户生成内容网站的经验法则出奇地一致。我们调查的很多公司的平均每日网站停留时间都是 17 分钟。在最近一次 TechStars 加速器项目的演示日上，这个数字被前来参会的公司提到了多次；这也是 reddit 上一个典型用户的停留时间。一项研究表明，Pinterest 用户在网站上每天花费 14 分钟，Tumblr 用户每天花 21 分钟，而 Facebook 用户每天花 1 小时。

## 底线在哪里

　　如果访客在你的网站上每天平均花费 17 分钟，就说明网站用户黏性较好。

---

### 案例分析：reddit 第一部分之从链接分享到社区

　　从保罗·格雷厄姆的 Y Combinator 孵化器的第一批入孵企业中一个不起眼的创业公司开始，reddit 已然成长为流量最高的网站之一。

　　reddit 开始时是一个简单的链接分享网站，但是经过这么多年，它已经发生了巨大的改变。"很多特性是我们坐下来想着'什么功能会比较酷'而做出来的。"reddit 的第一位员工、基础设施运维人员杰里米·埃德伯格说，"网站刚刚上线时，它只是为了分享链接和对链接进行投票。加上评论功能主要是因为（reddit 的共同创始人）史蒂夫·霍夫曼觉得他想评论一些链接。"

　　即使在评论功能生效后，在 reddit 内也没有办法发起讨论，于是用户就自己找到了讨论的办法。评论的信息流自然地成为了讨论的工具。看到这一点后，reddit 团队添加了一个功能——发帖，这项功能让用户能发起一个讨论但不必链接到网上的其他页面。"当我们第一次开发发帖功能时，它基本上只是一个对用户行为的回应，而之前大家已经通过一些修改技巧在使用了，所以我们决定把它做得容易些。"杰里米说。这是马克·安德里森所说的"在一个巨大的市场中（市场上有很多潜在客户），是市场牵着创业公司做出产品"一个很好的例证。发帖从此变成了网站的一项最重要的功能，使相互沟通的用户结成了社区。"现在，用户提交的内容中多数都是发帖。"

　　reddit 有一个参与度强、热情高涨的社区，它在收集用户反馈方面设计得很完美。"整个网站是为给出反馈而布局的，用户很容易给出直接的反馈，公司也会明白哪个反馈意见是比较重要的。"杰里米说。但是他提醒说，仅仅听取用户的反馈是不够的，你也要看用户行为。"即使在 reddit 上，直接的反馈也常常没有准确描述用户的实际感受。'行胜于言'这个说法在业务上同样适用。用户的行为才应该驱动你的业务。"

## 总结

- 从简单的链接分享转向评论平台，再转为有主持的站内讨论平台，reddit 是通过观察用户如何使用现有功能做出决策的。
- 尽管会收集到大量的用户反馈，真正要看的是用户实际在做什么。

> **数据分析启示**
>
> 　　尽管我们应该避免超出一开始的功能集合或核心功能进行过度开发——在 reddit 的案例中，初始的核心功能是链接分享，但是如果你懂得倾听，一个繁荣的社区会促使你开发出新功能。reddit 仅包括了基础功能，但是它让用户可以轻松拓展出新的用法，于是它从用户行为中找到那些不错的特性，将它们添加到了平台中。

## 参与度漏斗模型在变化

网络可用性顾问雅各布·尼尔森曾发现，在一个网络群体中，90% 的人在潜水，9% 的人偶尔会贡献一些内容，1% 的人则是大量内容的贡献者。[①] 他的数字表明，在参与度漏斗模型中有幂律分布在发挥作用。这些模式的出现早于万维网——它们出现在像 CompuServe、AOL 和 Usenet 那样的在线论坛中。表 26-1 列出了他的一些估计值。

表 26-1　雅各布·尼尔森的参与度估计

| 平　　台 | 潜水者 | 偶尔贡献 | 经常贡献 |
| --- | --- | --- | --- |
| Usenet | ? | 580 000 | 19 000 |
| 博客 | 95% | 5% | 0.1% |
| 维基百科 | 99.8% | 0.2% | 0.003% |
| Amazon 的评论 | 99% | 1% | 很少 |
| Facebook 捐赠应用 | 99.3% | 0.7% | ? |

尼尔森有很多方法可以让潜水者参与进来，包括让参与变得更容易，以及让参与成为使用产品的一个必然结果。例如，你有一个链接分享网站，你可以测量用户在浏览一个链接后多长时间返回网站，用这个指标作为链接质量的衡量标准。用户不需要去评价这个链接。这样，任何对贡献和参与进行

---

① 这里有一些很好的建议可以帮助改善参与度的不均衡状况。

优化的努力都可以作为待测试验证的假设。

随着使用互联网成为我们日常生活的一部分，尼尔森的数字也在发生变化。2012 年 BBC 的一项对在线参与度的研究发现，77% 的英国在线用户都会进行参与，部分原因是互联网作为一个社交平台已经无孔不入，通过上传照片或更新状态，再懒的人也可以毫不费力地参与其中。

Altimeter 集团的沙琳·李做过很多关于用户参与的研究。她的参与度金字塔详细描述了多种用户参与。在她的书《开放：社会化媒体如何影响领导方式》（Jossey-Bass 出版）中，她引用了来自 2010 年全球互联网指数的数据，该机构调研了不同国家的互联网用户在上网时参与的活动种类。[①] 回应者中，80% 的人被动地消费内容，62% 分享内容，43% 进行评论，36% 会生成内容（见表 26-2）。

表 26-2  不同国家的用户参与情况

|  | 中国 | 法国 | 日本 | 英国 | 美国 |
| --- | --- | --- | --- | --- | --- |
| 观看者：看视频，听播客，读博客，访问论坛或用户评论网站 | 86.0% | 75.4% | 70.4% | 78.9% | 78.1% |
| 分享者：分享视频或照片，更新社交网络或博客 | 74.2% | 48.9% | 29.2% | 61.8% | 63.0% |
| 评论者：评论一篇新闻故事、博客或在线商店 | 62.1% | 35.6% | 21.7% | 31.9% | 34.4% |
| 生产者：写博客或新闻故事，上传视频 | 59.1% | 20.2% | 28.0% | 21.1% | 26.1% |

不同国家的情况差异很明显：一半以上的中国用户生成自己的内容，但是在法国和英国只有 20% 的受访者会这么做。显然，"正常"的参与度标准与用户所处的文化背景有关。

这样，用户参与就与文化期望和平台用途关联到了一起。Facebook 的用户参与度高是因为他们之间的关系是非常私人化的；用户向 Flickr 上传内容，是因为他们的照片存放在那里。但对于许多初创公司来说，高度的直接参与（如撰写维基百科词条或发布产品评估）并不是平台存在的核心原因，因为这仍然很难实现。

---

① 数据来源 Global Web Index Wave 2（2010 年 1 月）。

BBC 的模型将用户划分成 4 组。

- 23% 的互联网用户是被动的，只选择他们用得到的内容。
- 16% 的用户会对事物做出反应（如投票、评论或标记）。
- 44% 的用户会主动生成一些内容（如发表内容、发起讨论等）。
- 17% 的用户会热情地贡献内容，即使做的事情费时费力甚至不是平台的核心功能也会参与，比如在电子商务网站上评价一本书。

reddit 上有一串关于用户参与的讨论帖，其中有一些有趣的数字。一个用户发帖说，他曾在 Imgur 上发过一张图片，在 24 小时内就被浏览了 75 000 次。而话题本身获得了 1347 张赞成票，640 张反对票，以及 108 条评论。这说明有 2.5% 的"简单"参与度和 0.14% 的"困难"参与度。

杰里米·埃德伯格说在 2009 年，reddit 的用户贡献遵循在很多用户生成内容网站常见的 80/20 定律，即 20% 的用户登录并投票，而这些用户中的 20% 会评论。随着这个网站朝着社交网站和社区的方向发展，尽管用户行为已经发生了明显的变化，但是访客中进行评论的比例还是很少。

就算访客在潜水或没有参与，他们也可能在做某些事情。MIT 斯隆管理学院在 2011 年进行的研究表明，很多这样的用户被动地进行分享，他们分享的渠道在你的视线之外，比如电子邮件或口头谈话。Yammer 说它的用户中超过 60% 的人订阅了活动摘要，这说明这些用户同意公司联系他们。

## 底线在哪里

根据我们的估计，预期 25% 的访问者会潜水，60%~70% 的用户做那些很容易且与你的产品和服务目标相一致的活动，5%~15% 的用户参与并为你贡献内容。在这些参与的用户中，预期有 80% 的内容来自一小部分极度活跃的用户，2.5% 的用户时不时地与内容进行交互，少于 1% 的用户在交互中投入精力。

## 案例研究：reddit 第二部分之用户当中有金矿

reddit 从链接分享转向社区网站后就立即拥有了活跃参与的用户，但是它仍然赚不到钱。在增长的流量压力下，它有时甚至难以支付基础设施费用。尽管广告是一个可能的收入来源，但是它是以牺牲用户满意度为代价的。太多 reddit 用户在浏览器上使用广告屏蔽软件，reddit 甚至偶尔会投放一个感谢用户没有用屏蔽软件的广告。

随后，公司找到了另一个收入来源：捐赠。"用户经常开玩笑说某某功能只对 reddit 金账户开放。"杰里米·埃德伯格说，"有一次，母公司要求我们考虑如何增加营收（值得赞扬的是，他们忍了整整 3 年才提出来）。我们就想到，'好，那我们就把 reddit 金账户做出来吧'。"

于是团队添加了购买"金账户"的功能，该功能除了能够让订阅者炫耀一下之外，没什么真正的作用。"当它刚推出的时候，你能得到的唯一好处就是可以进入一个秘密的论坛以及获得一个（电子形式的）奖杯。我们甚至都没有定价格，而是让人们支付他们认为值得的价钱。有一个人为一个月的 reddit 金账户支付了 1000 美元，有些人只付了 1 美分，"杰里米说，"但是平均来看大约在 4 美元左右，于是我们就这样确定了价格。"

久而久之，reddit 金账户用户可以预先体验新功能。作为投入了金钱的用户，这些人更可能提出有价值的反馈，而对新功能限定使用人数也保护了服务器免受沉重的负载影响。

最后，reddit 添加了给他人赠送金账户和向优质帖子赠送金账户的功能。尽管该公司没有公布它从金账户上获得的营收，但这已经成为了其营收中重要的一部分，它也设法将金账户融入到网站中。"我们也发现人们因为精彩的内容而赠送别人金账户作为'小费'，所以我们就让这样做更容易一些。"杰里米说。

**总结**

- 尽管有健康的用户增长，但是 reddit 还是无法承担开支，经常不舍得为新的基础设施投入太多资金。
- 在网站的良好声誉和用户反馈的基础上，团队尝试了一种捐赠模式，这与社区的文化气氛是吻合的。
- 他们通过分析"按意愿付款"活动的结果来设定价格。
- 他们看到了成功迹象后，就努力让捐赠变得更容易，并扩展它的用途。

**数据分析启示**

记住商业模式手翻书所说：用户生成内容网站并不意味着非得靠广告获得营收。维基百科和 reddit 都从他们的社区来获得营收，这使它们既保持了自己的文化又留住了用户。

## 垃圾帖和低质内容

用户生成内容网站会因优秀的内容而繁荣兴旺。对于我们访谈过的很多用户生成内容公司，比如 Community Connect 和 reddit，虚假内容是一个非常实际的问题，需要持续分析和大量的工程投入。除了算法和机器规则之外，谷歌和 Facebook 等公司雇用全职人员来过滤那些违法内容和可能引起不适的内容，这是一项繁重的工作。杰里米·埃德伯格估计 reddit 的开发中有 50% 的时间花在阻击垃圾帖和反投票作弊中，尽管在网站最初的 18 个月中，用户投票足以阻止所有垃圾帖，且当时并没有一个反垃圾保护机制。

垃圾信息发送者经常创建一次性账户，这是很容易侦测的。虽然被劫持的账户更加难以检测，但是大部分用户生成内容网站允许用户标记出垃圾内容，这使得审查变得相对容易一些。即使自我管理的社区看起来可以获得成功，依赖用户并不是找出劣质内容的好手段。reddit 上许多帖子被标记为垃圾帖，这其实是垃圾发送者故意为之，以期通过标记所有人来提升他们自己的内容。杰里米说："在 reddit，我们不得不构建一个系统，来分析每个用户针对垃圾帖的报告的有效性（多少报告最后被查实确是垃圾帖）。"

在 reddit，自动的过滤器与人工的仲裁者配合能够找出大部分垃圾帖。2011 年，其数量大约占用户总体提交内容的一半。"这 50% 的内容来自远远少于 50% 的用户。"杰里米说，"所有的反欺骗方法基本上都是这样开发出来的：先找到一个成功骗过系统的垃圾发送者，分析他为什么成功了，接着寻找语料库里类似的其他样例，然后建立一个模型来找到这种欺骗者。"

最后，垃圾帖也能反映网站的广告收入模型。"我们认为垃圾帖发送者试图通过欺骗让人看到他们的链接。为什么不让他们就此付费，然后让他们的链接明显看起来是付过费的？"杰里米回忆说，"如果你仔细看现在的赞助商链接，会看到它们的样式和执行方式几乎与 2008 年左右谷歌的高亮赞助链接一样。"

## 底线在哪里

做好心理准备。随着网站的人气上涨，你需要为阻击垃圾帖花费大量的时间和金钱。要尽早开始判断内容的好坏，以及哪些用户对于标示垃圾内容很在行。有效算法的关键是有大量数据可供训练。内容质量是用户满意度的一个主要指标，所以要密切注意内容质量的下降，在它还没有影响你的社区氛围时就要进行处理。

# 第 27 章　双边市场：底线在哪里

双边市场实际上是两个模型的结合：电子商务（因为它们是基于买家和卖家之间的交易而建立的）和用户生成内容（因为它们依赖于卖家来创建和管理商品名目，而它们的质量影响着市场的收入和健康发展）。这意味着你在进行分析时需要结合两者进行考虑。

数据分析之所以对市场比较重要还有另外一个原因。卖家很少会有那么多的知识来分析定价、商品图片的效果，以及用什么文案卖得最好。作为市场平台拥有者，你能帮助他们分析。实际上，你可以做得比他们更好，因为你可以获取网站上所有卖家的全部数据。

个体商人可能并不知道应该要价多少。即使他可以分析也没有足够的数据点。但是你可以接触所有交易，所以可能可以帮他优化定价（并因此增加你的营收）。Airbnb 为它的卖家做了这种试验性优化，测试了付费拍摄服务对租金的影响，然后将这项服务向房主推广。

在其他章节中，我们已经了解了电子商务和用户生成内容两个模型，但这里会简要地分析双边市场所面临的独特挑战。

## 交易规模

有些市场是为非易耗的高价物品（比如房子）准备的，而另一些则面向易耗、价钱便宜的小物品（比如 eBay 上罗列的商品）。这意味着在不同的平台上，每个卖家的商品数量和交易价格存在较大差异，因此不太可能有一个有意义的参考基线。

然而，交易规模和转化率通常是相关的。交易规模越大，购买时就会有越多的考虑和比较。相比大额交易，小额购买风险更小，用户更可能一时冲动、心血来潮购买小额商品。

### 底线在哪里

我们无法告诉你通常的交易规模有多大，但是可以告诉你的是，你应该对它和转化率一同进行测量，从而理解买家的行为，并将这些信息传递给卖家。

---

**案例分析：Etsy 都看些什么**

Etsy 是一个让创意家分享作品和销售作品的在线商店。2005 年，一位画家、一位摄影师和一位木匠因为没有地方在线销售他们的作品，所以创立了 Etsy。在它的共享交易市场上，该公司每年销售额超过 5 亿美元。

这家公司查看了很多指标。它追踪购物车（客单价）、销售量、月销售总额和从销售中收取的手续费总额。它也会通过清点新增账户数、新增卖家数和已确认账户总数来跟踪买家和卖家的增长。随着时间的推移，公司开始监测这些核心指标的同比增长。

除了这些重要的指标外，Etsy 还监测每个单独产品门类的增长、用户从开始到做成第一笔生意所花的时间、平均客单价、访问转化为销售的比例、回头客的比例以及某一产品门类下的不同卖家数。它也会将达成首次销售的时间和平均客单价按照产品门类进行划分。

最近，公司开始更加关注销售毛利润总额、移动端和桌面用户的访问到销售转化率，以及每个区域内的活跃卖家数量等。它也使用平滑过的历史平均值作为一个基准线，来识别数据中的任何异常点。

Etsy 负责工程技术的副总裁凯南·埃里奥特 - 麦克雷说，对于任何产品，Etsy 都会计算一系列指标，尤其是在站内搜索中。公司像任何其他的广告网络公司一样运营它的搜索系统，并"不断监测由关键字搜出来的所有产品的需求（搜索）和供给（物品）状况，让人能够买到它们，并在需求和供给同时存在时进行定价"。

当 Etsy 在工程中开始使用连续部署方法时，它的初始业务仪表盘包括每秒注册数、每秒登录数（对比每秒登录错误）、每秒结账数（对比每秒结账错误）、新增和更新的商品清单和"搞砸了的用户"（看到出错信息的不同用户）。"重要的是，这些都是基于排名的指标，用来快速提示我们可能做错了事情。"凯南说，"后来我们加上了页面加载时间的平均值和第 95 百分位值等指标，用来监测性能回归。"

最近一段时间，Etsy 正在试图弄清不同的特征对销售的贡献。"比如，我们可以将直接从搜索得到的销售比例作为一个指标，但是我们发现那些先浏览后搜索的访问者有更高的转化率。"凯南说，"当然，你很难为转化率获得统计意义，因为购买发生得太少，所以当你把它和全站的点击流进行对比分析时，会得到异常的结果。"

凯南指出，Etsy 的帮助页面有最好的站内购买转化率（因为人们只有在试图完成操作时才会去那里），但是他开玩笑说，公司并没有坚持合理的产品决策让帮助页面成为网站的核心体验。"要让数据有意义，你就要确定你的试验范围。"

虽然网站产生了巨大的销量，但公司并没有追求快速增长。"我们在非常低的利润下开展业务，所以我们历来非常小心，不追求过快地达成目标，而是紧密监测我们的健康指标，可持续地增长。"他解释说。

因为预测需求有助于推动销售，所以公司每月向卖家发送一期简讯，论述统计数据、市场研究和历史趋势。公司也有一个面向卖家的市场调研工具。"如果卖家搜索'桌子'，"凯南解释说，"他们可以查阅市场调研工具来看到这些统计数据：桌面日历通常在 20~24 美元的价格区间销售，可下载的桌面日历的 PDF 版本售价是 4 美元以内，桌面台灯的售价在 50 美元以内，以及每天只会卖出屈指可数的几张桌子。"

Etsy 是一个共享的交易市场，但是它通过一项意外发现解决了双边市场都会面临的"先有鸡还是先有蛋"的问题。"最开始我们的买家和卖家都是同一批人。我们通过同时鼓励手工艺品和手工艺原料的销售来明确这一点。"凯南说，"Etsy 深深地植根于一个制作者的互助社区中，最开始我们是在帮助他们找到彼此。"

## 总结

- Etsy 是指标驱动的企业，但是在它越过产品 / 市场契合点后这些指标变得越来越以业务为中心。
- 该公司避开了多数市场会遇到的"先有鸡还是先有蛋"的问题，因为一开始网站上的买家同时也是卖家。
- 数据分析结果被分享给卖家，帮助他们成功地销售商品，并反过来帮助 Etsy 获得商业成功。

---

**数据分析启示**

　　共享交易市场中的买家 / 卖家模型很像广告网络中的广告库存。知道买家的需求以及自己对该需求的满足程度是帮助你预知营收规模的早期指标。如果你想帮助卖家，就应该选择性地与他们分享一些数据分析结果，帮助他们更好地组织销售。

---

# 前 10 名列表

　　前 10 名列表是开始了解你的市场运转情况的好方法。按照产品划分，查询你的收入和交易数量等关键绩效指标并得出：

- 你的前 10 名买家是谁？
- 你的前 10 名卖家是谁？
- 哪些产品和类别盈利最大？
- 哪个价格区段、一天中哪个时间、一周中哪一天是销量高峰？

　　这看起来可能很简单，但是做一个前 10 名的产品划分或类别列表并监测它的变化可以让你定性地洞察市场的健康程度，之后你可以将这些定性的见解转变成定量测试，最后转变为创新。

## 底线在哪里

　　与传统的电子商务公司不同，你对存货清单和商品列表没有太多控制权。但是你拥有洞察什么商品热销的能力，而且会越来越喜欢这种洞察力。当你发现某一个特定类别、地理区域、店面规模的产品或者某种颜色的产品卖得很好时，就可以鼓动这样的卖家组织销售，并寻找更多类似的卖家。

# 第 28 章　没有基准时怎么办

我们之前描述了一些实用的基线指标。但是如果你通读了第 21~27 章，就会知道这些数字是相当初步的：你应该让流失率低于 2.5%；如果你经营的是媒体网站或用户生成内容网站，那么应该让用户每天在你的网站上花 17 分钟；只有少于 2.5% 的人会与内容互动；有 65% 的用户会在安装 90 天内停止使用你的移动应用。**对于很多指标，根本没有什么"正常值"。**

现实情况是，你会根据你的特定产品和市场快速调整底线。这没什么不对的，只是要记住，不要改变底线去适应你的能力，而要提高能力来满足底线。

任何优化工作的回报几乎都会逐渐减小。让网站加载时间从 10 秒降为 1 秒相当容易，但是再把它从 1 秒降到 100 毫秒就难得多了，而降到 10 毫秒几乎是不可能的。最终，改进会得不偿失，很多改进事物的努力都是这样。

不要气馁，这个发现其实很有用，因为这意味着当你接近局部最优点时，可以按时间绘出结果来找出一条渐近线。换句话说，如果你优化一个指标的努力获得的成效越来越小，就意味着你达到了一个基准点，应该去优化下一个重要指标了。

让我们看一个希望访客注册的网站进行为期 30 天的优化的例子，如图 28-1 所示。一开始，在 1200 名访客中，只有 4 人注册，也就是 0.3% 的转化率，这很糟糕。但是，该公司每天都会进行微调并对注册率进行检测，即使网站流量有小幅上涨时也这样做。当月月末，网站已经能把其1462名访客中的8.2%转化为注册用户了。

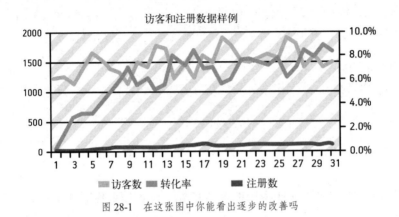

图 28-1　在这张图中你能看出逐步的改善吗

问题是，这个公司是应当继续优化注册率，还是回报已经开始减少了？通过在转化率曲线上加上一条趋势线，我们可以马上看到回报在减少（见图28-2）。

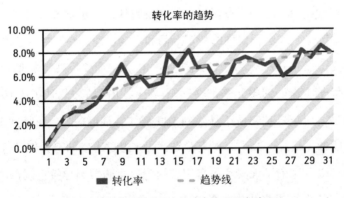

图 28-2　可能不需要重大的改变就可以达到9%

最后，如果其他条件相同，这个公司最高可以实现约9%的转化率。所以，一方面这是一个很好的基准线，让人知道指标处于什么水平。另一方面，其他条件是很难保持相同的。在用户获取方面推出一个新策略就会极大地改变指标。

这让我们想起之前对局部最大点的讨论。迭代并改善现状会带来逐渐减小的回报，但是现状可能已经足够好，可以满足商业模式的部分要求，让你可以继续前进。在这个案例中，如果公司的商业模式假设 7% 的访客会注册，那么这时它就可以继续做点别的工作，比如增加访客数量。

如果你对某个领域的正常值没有什么了解，就可以使用这种方法。起码你会知道对于你现在的业务，怎样算是正常的，而你能做到什么程度。

到现在为止，你已经知道了你的商业模式、所处的阶段，以及你应该对照的基准线。现在我们可以向下进行，越过创业公司的范畴，看一看精益数据分析仍能发挥重要作用的领域，即向企业和内部创业者销售。

# 第四部分
# 应用精益数据分析

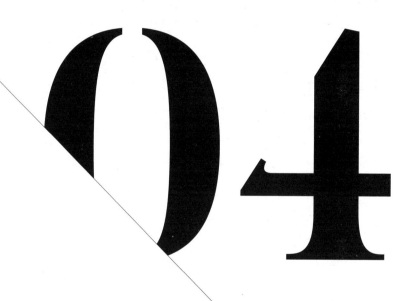

"拒绝改变的人只会走向腐朽，唯一拒绝进步的人类机构是墓地。"

——哈罗德·威尔逊

现在你对数据已经很了解了，是时候卷起袖管大干一场了。在本书的这一部分，我们将探讨精益数据分析对于面向企业的创业公司和试图变革的内部创业者来说与一般情况有什么不同。我们还将讨论如何改变组织文化，使整个团队做出更加明智、更加敏捷、更具迭代性的决策。

# 第 29 章　进入企业市场

觉得精益数据分析只能应用于面向消费者的业务？换换思维吧！

当然，用消费者来做试验更容易：市场上有太多的消费者了，而且他们的决策方式是非理性的，所以你可以操纵他们的感情。毫无疑问，云计算和社会化媒体使得我们不需要很多前期投入就可以推出并宣传产品，而且消费者创业公司是媒体追捧的对象，甚至是好莱坞的素材。[①] 即使 B2B 创业公司，像 SaaS 提供商，也通常以中小企业为目标客户。

但是通过数据获得信息（data-informed）的商业方法对任何类型的组织都是有利的。许多杰出的创始人追求解决大企业的问题，并因此发家致富。就像 TechCrunch 的记者亚历克斯·威廉姆斯说的那样："尽管跟企业做生意可能极其无聊，但是这条道路几乎是金砖铺成的。"[②] 面向企业的创业公司在这个过程中确实需要面对很多独特的挑战，这会改变他们关注的指标和收集数据的方式，但是这是值得的。

---

[①] 2012 年 2 月，The Next Web 的艾伦·甘尼特将云计算的兴起、技术消费化以及 SaaS 的交付方式盛行并列为促使企业软件高歌猛进的三大催化剂。

[②] 这句话是威廉姆斯在参加 Acceleprise 的一个体验日活动时所说的。Acceleprise 是一个面向企业市场的创业加速器。

# 为什么企业客户不一样

让我们先听听好消息：找到企业谈一谈相对更容易。你可以在电话号码本里找到他们。他们可能有喝杯咖啡的时间；他们也有预算。而且，对这些组织中的许多人来说，评估新的解决方案、会见供应商、分享他们的需求以求别人能更明确地解决这些问题，是他们工作的一部分。只需有适当的咖啡津贴，你就可以马上与真实的潜在客户谈一谈。

即便如此，在很多重要的方面，向企业销售不同于向草根阶层销售，而且会更加困难。风险投资人本·霍罗威茨第一个戳破了这个希望的泡沫。

每天我都会听到企业家、天使投资人和风险投资人谈论令人激动的新潮流——"企业消费者化"。他们告诉我，老式、报酬丰厚、手上戴着劳力士的销售队伍已经过时了；在未来，公司会像消费者选择Twitter一样主动"消费"企业产品。

但是当我与最成功的 B2B 创业公司（如 WorkDay、Apptio、Jive、Zuora 和 Cloudera）交谈时发现，他们都雇用了大量的正式销售力量，通常会有一些阔绰之人，他们中有人还真的戴着劳力士。

## 高额订单，紧密接触

如果有一件事让 B2B 创业公司显得不一样，那就是：B2C 的客户开发工作像投票，而 B2B 的客户开发工作像人口普查。

多数情况下，企业销售卖的是金额更高的商品，但卖给数量更少的客户。这意味着更多的钱从更少的来源取得。如果你卖价格昂贵的商品，游戏规则就大不一样。对于起步者来说，你可以与每个客户交谈。高额销售价格会抵消直接销售方式的成本，而在销售的早期阶段尤为如此。

初始用户较少可以带来非常大的不同。你交谈的对象不是作为整个市场的代表样本的 30 个人。相反，你交谈的对象是 30 个公司，而他们很可能就是你的前 30 个客户。

很多分析都是关于如何理解大量的信息以使你能够掌握潜在的模式并照此行事。但是在 B2B 创业公司的早期阶段，没有什么模式，有的只是客户。

- 你可以立即拿起电话联系他们。
- 他们会联系你并告诉你他们的需求。
- 你可以与他们面谈。
- 你无法在一个有统计意义的样本上测试假设，也不能当测试失败时就把它划掉，因为这样做，你会丢掉客户。

## 例行公事

企业买主一般受到严格的约束。他们不能按照直觉和情绪来做出决策，或者说，他们可以这么做，但是决策需要有基于商业考虑的正当理由。大公司通常是上市公司，内部彼此间有制约和平衡。为产品付钱的人（财务部门）不是真正使用产品的人（经营部门）。理解这两部分的巨大差别对产品开发和销售非常重要。最初，你可能会以早期采用者作为目标客户，这些买主相对要离用户近得多（甚至他们自己可能就是用户）；但是当你超越了早期采用者的阶段后，买主和用户之间的差异就会变大。

公司有充分的理由拥有正规的架构。它防止公司发生腐败，让审计可以正常进行。但是这种结构会妨碍你了解某些情况。在一个公司里，你接触的人可能会支持你，但内部的其他人可能会贬低你，或者对某些你没有意识到的问题心存顾虑。这就是为什么在早期阶段直接销售是很普遍的做法：它让你能够设法获得官僚机构的认可，并了解那些局外人无法得知的销售流程。

# 遗留产品

消费者可以一时心血来潮就放弃旧的产品。小公司也可以比较容易地迁移到新产品，它们最近大量转向云计算软件证实了这一点。相反，大公司以前有大量的资本投入，必须适当折旧。同样，在过去的决策中他们在人员上的成本投入巨大，而这往往是变革的最大阻力。

任何有一定规模的公司都开发了自己的软件和流程，他们希望你能适应他们。他们不会改变工作方式，因为改变太难了，而且再度培训又是一笔开支。这会增加你的部署成本，因为你不得不与已有的部分进行整合。这同样意味着你的产品必须更加可配置和可适应，这使得它更加复杂难用。

# 现任者

这些遗留问题是"现任者"问题的一部分。如果你试图打破或取代现有事物，你就需要让该组织确信，就算目前的解决方案已经有了一定成效，但你的产品更好。组织不愿意改变，它们喜欢维持现状。如果你试图向他们销售，而你的产品还处于技术采用周期的早期阶段，那么局面对你不利，这仅仅是因为你是新生事物。**消费者欢迎新生事物，而企业则称之为"风险"。**这也意味着现任供应商可以严重阻碍你的销售进程：如果他们听到了风声，知道你准备做什么，就可以声称他们也准备这样做。他们可以用这样的承诺把你干掉，在你垮掉之后再收回承诺。

当然，体量庞大、动作迟缓的现任供应商有许多弱点。新入市者可以让产品更容易采用，从而瓦解他们的市场，因为使用你的产品不需要培训。10 年前，只有连接到彭博社资讯终端的股票交易员们知道什么是信息流；而今，所有使用 Facebook 和 Twitter 的人都熟悉信息流，他们不需要接受培训就能使用。

简单不仅仅是企业市场中破坏式创新的一个属性，它是入市的通行证。前 LinkedIn 产品主管，现任职于 Greylock 的数据科学家 DJ. 帕蒂尔把它叫作零开销原则。

新一轮创新的中心话题是在企业市场中应用消费者市场的核心产品原则。具体地说，我一直与那些为企业开发产品的创业者分享一个普适性经验，那就是零开销原则：不要有任何可能增加用户学习成本的功能。

## 更慢的周期

精益创业模式可行的原因是，它们让你能够快速和迭代式地学习。如果你的客户行动迟缓、行事小心，你就很难加快速度，所以目标市场更慢的周期使得快速迭代相当困难。许多早期精益创业成功故事均来自面向消费者的行业，这是一个关键原因。

SaaS 市场的崛起改变了这种现状，因为在这里不经市场同意就更改功能相对容易一些。但是如果你销售传统企业软件、运货卡车或碎纸机的话，就不会像面向消费者市场时那么快地学习和迭代。当然，你的竞争对手也不会。所以你不需要跑得快——只要比其他人快就行了。

## 理性（和缺乏想象力）

不是所有公司都符合同一个模式化的形象：体量庞大、行动迟缓和较晚采用创新方式的客户，但是它们对风险的排斥却是实际存在的。因为企业买主无法承担那些消费者能承担的风险，所以他们限制自己的思维。他们在试用前就需要看到这东西确实有效的证据，这意味着伟大的创意可能会在商业策划、投资回报分析和总体拥有成本的繁复报表中陷入困境。

这种理性是有理由的。2005 年，电子电气工程师学会（IEEE）委员会主席罗伯特·N.查瑞特估计每年在软件上投入的一万亿美元中，5%~15% 会在交付前或交付后的很短时间内被弃用，而其余的很大一部分会遇到延期和严重超支的问题。PM Solution 进行的一项相似的研究估计 37% 的 IT 项目正面临风险。

　　因为公司是由人组成的，而对很多人来说，他们的工作只是为了谋生，他们首先考虑的问题是尽量不要犯错，即使从长期来看整个公司会因此蒙受损失。当一个组织的雇员忙着想知道你所承诺带来的改变是否会害得他们丢掉工作时，你很难调动他们的积极性。

　　这是一种过于惨淡的世界观。

　　出于上述所有原因，多数 B2B 创业公司由两个人组成：一个领域专家和一个破坏式创新专家。

- 领域专家了解产业以及问题领域。他拥有一个名片盒，可以在产品定义的早期阶段充当客户的代理人。这个人通常是业内人士并具有营销、销售或业务拓展的角色。
- 破坏式创新专家了解能产生变革从而让公司获利的技术。他能透过现有的模式预见到变革之后产业的发展，能向现有的市场引入新方法。这个人通常是技术专家。

## 企业市场创业公司的生命周期

　　创业公司起步的方式多种多样。然而这些年来，我们看到 B2B 创业公司在成长中有个模式会不断重复。通常它有三种形式。

- **向企业转型**

  在这种模式中，创业公司推出一款受欢迎的消费者产品，然后转型解决企业问题。Dropbox 就是这样做的，某种程度上这也是黑莓的处理方式：通过服务于商务销售人员来绕过企业 IT 部门。这并非微不足道，因为企业的期望和顾虑与消费者非常不同。

- **复制并重建**

  另一种方法是将消费者市场的概念应用到企业市场中去。Yammer 就

是这样做的，它重塑了 Facebook 的状态更新模型并照搬了 Facebook
的信息流界面。

- **"破坏"现有的问题**

  一个产业会迎来许多破坏式创新，从移动数据的出现，到物联网，再到
  传真机的采用，以及感知地理位置的应用都是这样的例子。其中每一项
  技术都带来足够大的好处，让人觉得抛弃旧做法、采用新技术是值得
  的。Taleo 就在传统的人力资源管理行业中引入了这样的破坏式创新。

## 灵感

许多我们访谈过的 B2B 创业公司都是从一个基础的想法开始的，这些想
法通常形成于他们要打破的生态系统内部。这是因为领域知识是必不可少的。
外界往往无法得知影响业务运行的重要因素，尤其是在办公室里的活动。只
有业内人士才能体会到那些瓶颈所带来的痛苦。

以 Taleo 的创始人为例，他们离开了企业资源计划（ERP）软件行业举足
轻重的 BAAN 后，推出了面向企业市场的人才管理工具。他们看到 ERP 软件
面临的一大挑战就是系统集成和部署，他们还意识到许多企业通过互联网与
求职者沟通。他们也观察到，无论是聘用前还是聘用后，人才管理正在变得
日益受数据驱动。

他们受到的启发大多来自对技术趋势的观察。但是创始人对 HR 行业的根
本了解来自他们在 BAAN 的经历。他们的进展显然很顺利：在 2012 年 2 月，
Oracle 作价 19 亿美元收购了 Taleo。

这并不是说，创始团队中必须有一位业内人士，但是如果有会很有帮助。
但是要记住，业内人士也需要"走出大楼"并验证他们的假设；如果因为有
了领域专家就不这样做，结果会是灾难性的。

让我们看看精益数据分析框架中的五个阶段如何应用在 B2B 公司中。图 29-1
展示了一个 B2B 公司在每一个阶段需要做什么，以及应该担心哪些风险。

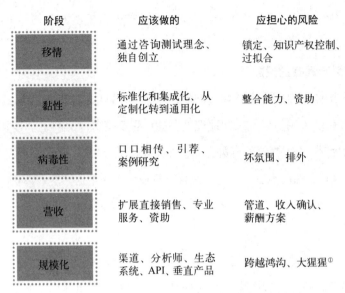

图 29-1　当你面向企业市场时的精益数据分析阶段

## 移情：咨询和细分

许多白手起家的创业公司起初都是咨询组织。咨询是一个发现客户需求的好途径，也让公司能够支付账单。它也给你一个能测试早期想法的好机会，因为虽然每个客户都有需求，但是只有那些在相当大的可获取市场中都普遍一致的需求才能支撑你创办一家公司。

尽管这样，咨询公司很难从服务提供商转型为产品公司，因为他们需要在某个时间点抛弃服务的营收并以产品为重心。从现金流的角度看，这种转型是痛苦的，所以多数服务公司干脆不去跨越这个障碍。

如果你要确保自己会致力于产品，就需要"把咨询生意的船烧掉"。毕竟为了交付一个通用市场想要的产品，你会忽略你最喜欢的客户，而满足客户的需要会诱使你做定制化的工作。你不能同时既做产品又运营咨询服务。IBM 为了这样做都不得不将自己拆成两半，像你这样羽翼未丰的创业公司又怎能做到呢？

① 杰弗瑞·摩尔在《大猩猩游戏》一书中提出"大猩猩"一词，用以指代市场中的领导者，它们通过改进方法的效力扩大市场份额。——编者注

## 案例分析：Coradiant 是如何发现市场的

Coradiant[①] 是一家网络性能设备制造商，创办于 1997 年，当时名为 Networkshop，于 2011 年 4 月被 BMC 软件收购。起初，它是一家 IT 基础设施咨询公司，为性能、可用性以及像 SSL 这样的网络技术撰写研究报告。然而，不久后一些企业和创业公司联系到它，希望它能帮助它们进行设备部署。这些客户需要很多昂贵的网络基础设施：一对负载均衡器、防火墙、密码加速器、交换机、路由器以及相关的监测工具，这些设备的总价超过 500 000 美元，可以处理超过 100 兆比特每秒（Mbps）的网络流量。但是这些公司只需要其处理能力中的一小部分。

Networkshop 就开发了一个虚拟化的前端基础设施，客户每次可以购买一个 Mbps 的处理能力。它将其部署在一个城市的一个数据中心，给数据中心的客户提供零星的处理能力。此举的经济指标很好：客户对基础设施的利用率一超过 35%，额外的每一分钱收入都会源源不断地贡献利润。

有了这样的好开端后，Networkshop 将它的名字改成 Coradiant，并完成了 A 轮融资，将融来的钱用于在全北美的数据中心里部署同样的基础设施"豌豆荚"[②]。把这项业务打包进技术支持服务后，该公司跟随 LoudCloud 和 SiteSmith 等公司的脚步进入了增长中的管理服务提供商行业。

然而，代管 Coradiant 的数据中心所有者不出几年就意识到他们应该从设备中赚到更多的钱。为了增加每单位面积的营收，他们开始提供竞争性的服务。Coradiant 的创始人需要做出一个决策：或者与托管着他们客户机器的数据中心正面竞争——这是个坏主意；或者转型

---

① 悄悄告诉你：Coradiant 是本书作者阿利斯泰尔·克罗尔与埃里克·帕克曼在 1997 年共同创建的。当时它的名字是 Networkshop，在 2000 年年中改名为 Coradiant。
② 形容它把所有系统运行所需的基础设施包含在内。——译者注

到一个新的商业模式，一个不需要数据中心拥有者批准的模式。

Coradiant 曾经建立起一个监测服务（称为"OutSight"）来帮助客户管理基础设施并测量性能。在 2003 年夏天，公司进行了大幅缩减，裁撤了大部分运营职位，雇用了开发和设计人员，专注于开发实现这种技术的设备。新产品代号为 TrueSight，在 2004 年上市。这次，Coradiant 不需要数据中心拥有者的批准就可以部署了。

Coradiant 的 MSP 业务中的部分客户成为了 TrueSight 的用户，迅速让 Coradiant 拥有了一批具有参考价值的家喻户晓的客户。TrueSight 的初始版本只包含基础功能，比如，几乎所有的报告都是通过导出到 Excel 完成的。但是 Coradiant 拥有一批具备实际经验的售前和售后工程师团队，他们与早期客户进行了紧密合作。每当公司发现客户在使用哪种报告以及他们使用的方式，它就把这些反馈整合进以后的版本里。

直到产品相对成熟，Coradiant 才开始利用渠道销售。直接联系客户有助于从实地工作中频繁地获得反馈。此外，公司一年会召开两次用户会议来了解人们如何使用产品，得到的反馈会将它引入新的发展方向，如实时数据可视化和漏洞监测数据输出。

最终，咨询的传统让 Coradiant 洞察到目标市场的需求。最初它提供的产品是基于 IT 基础设施共享来为客户平摊网络设备成本的。这项服务反过来让公司了解到在监测产品中用户需要哪些功能，最终指引公司开发出了这款后来被收购的产品。

## 总结

- 开始时 Coradiant 销售管理服务，但是一项重大的市场变化极大改变了市场的动态。

- 公司发现它的独特价值在于管理服务提供的一部分功能：了解
  网站的用户体验。
- 客户希望这项功能是一个设备，而非一项服务。

### 数据分析启示

有时，法律环境和竞争环境等外界环境的改变意味着之前验证过
的商业假设不再正确。出现这种情况时，审视你的核心价值主张，看
看你能否进入其他市场，或是否能以一种不同的方式来削弱这种改变
带来的影响。在这个案例中，Coradiant 的应对方式是只保留原有服务
的一部分，将其作为一个设备来提供给客户。

创业公司从咨询公司起步有它的风险。你很容易陷入咨询业务中出不来。
随着业务的成长，你希望让客户满意，就不会有周期来开发你想做的产品或
服务。许多创业公司都淡忘了它们最初的计划，成为了咨询公司，其中有些
公司还对现况相当满意。但是它们没有经历保罗·格雷厄姆的可扩张、可复
制、快增长的考验。它们并不是创业公司。

另外，为了从咨询公司转变为创业公司，你首先要做的是测试你已有客
户的需求是否适用于更广大的客户群。这样做可能会违反你与客户订立的隐
私协议，所以你要巧妙地处理客户开发工作。已有的客户可能会觉得你计划
提供的标准化产品不是那么贴合他们的需求；你需要说明他们标准化产品实
际上对他们更有好处，因为未来版本的开发成本将由许多买家分担。

当你发现了将要解决的问题，并验证了解决方案确实适用于你的已有和潜
在的客户，你就需要对它们进行细分。并非所有的客户都是一样的，所以聪明
的做法是选择一个地理区域、一个特定的垂直领域或属于你的某个销售团队的
客户。通过这种方式，你可以更好地关注那些早期采用者并降低失败的影响。

比如，假设你在开发一个招聘管理工具。法律公司寻找和聘请求职者的方式与快餐馆的方式非常不同。为它们开发一款单独的工具不是个好主意，尤其一开始就这么做的话。从面试的数量到需要的资质，再到工作年限等所有的需求都会很不一样。差异就意味着定制化和参数化，增加了工具的复杂性，并违反了 DJ·帕蒂尔的零开销原则。

## 黏性：标准化和集成化

一旦你得知了需求并确定了你首先瞄准的细分市场，就需要把产品标准化。有了一些产品后，就可以在开发前销售。不需要一个最小可行化产品，你可能只需一个原型或一个功能列表，让客户承诺在交付使用时付款。这种有条件的购买降低了筹资的成本，因为它增加了胜算。

在 B2C 领域中，创业公司很少担心"我能做成吗"，而更多地担心"有人想要吗"。在企业市场，还有更多的风险——"它能集成吗？"与现有的工具、流程和环境进行集成的过程最可能出现问题，而你会最终沦落到为客户进行定制，这会威胁你之前努力为之奋斗的标准化目标。

协调定制化和标准化之间的矛盾对于早期的面向企业市场的创业公司来说是最大的一个挑战。如果你不能让客户的用户来试用这个产品，你就注定会失败。就算你的技术能起作用，如果它无法正常地集成进旧系统，那么这会被视为你的错误，而非他们的错误。

## 病毒性：口碑、推荐和参考

如果你已经成功地向初始细分市场销售了标准化的产品，你就需要增长。因为企业不相信新生事物，你会严重依赖于顾客推荐和口碑营销方式。你要研究早期的成功案例，让满意的客户接听潜在客户的电话。

引荐和参考对这一阶段的增长是非常关键的。作为客户，一些家喻户晓的公司是无价的。面向企业的供应商通常都会以提供折扣的方式换取案例研究。

## 营收：直接销售和支持

随着流水线的增长和营收进账，你要担心现金流和直接销售团队的佣金结构。为了知道你的生意是否可持续，你也要查看支持成本、流失率、故障工单以及其他反映持续业务开销的指标来了解每个特定的用户贡献的净收益是多少。如果你的运营毛利率太低，盈利能力就会受到严重的拖累。

在这个阶段，销售团队和支持团队的反馈是非常关键的，因为反馈会反映你一开始的成功是实实在在的，还是仅仅因为潜在客户听信了你的宣传（这不会持续很长时间）。Rally Software 的首席技术官扎克·尼斯说："这对于创业公司是绝对重要的，因为它们在这方面有巨大的优势。在多数现任供应商公司里，产品开发团队离消费者和实际环境太远，以至于他们不了解市场的动向。通常创业公司比现任供应商更加了解它的客户。"

### 规模化：渠道销售、效率和生态系统

在 B2B 创业公司的最后阶段，你要重视规模化。你可能会通过加价经销商和分销商进行渠道销售。你也可以建立一个由分析师、开发者、API 和平台、合作伙伴和竞争者组成的生态系统，它会界定和重塑市场。这些都表明那些公司会一直使用你的产品，因为他们在流程、供应商关系和技术中投入了资金，使得他们更加难以离开你。规模化一个企业软件公司需要数年时间。扎克估计一个 B2B 公司要花 5 到 10 年才能建立和验证渠道，并掌握它的销售流程。

## 最重要的指标是什么

正因为在 B2C 和 B2B 创业公司的发展方式有许多共通之处，所以我们在 B2C 创业公司中使用的指标也大多能很好地适用于 B2B 创业公司。但是有些指标更适用于 B2B 创业公司，你需要考虑使用它们。

## 客户参与和反馈的容易程度

当你与客户谈话时，与他们见面有多容易？如果你希望在日后采用直销组织，这会是销售产品的容易程度的一个早期指标。

## 初始发布、测试版和概念验证试用版的流水线

当你开始与潜在客户签订合同时，就需要跟踪销售指标。与在 B2C 平台上关注注册率和参与度不同，如果销售的是高额且长期的商品，你需要关注合同。尽管可能没有可以确认的收入，但会有销售线索总量和预订量可供分析，这些将帮助你了解产品发布后的销售成本。

从一开始就一直清楚标明销售漏斗的各个阶段以及每个阶段的转化率非常重要。在完成最初的几个订单后，你就需要对销售周期进行详细的记载、衡量和理解，看看是否能够建立一套可复制的方法。到那时，你就可以雇用额外的销售人员来增加销量。

## 黏性和可用性

我们之前已经看到，可用性是一个颠覆性解决方案在今天进入市场的"筹码"。公司希望产品易于使用，因为他们上谷歌和 Facebook 不需要培训，所以在用你的产品时也不应该接受培训。DJ·帕蒂尔建议使用数据以找到在产品使用和采用中何处存在不满。"如果你没法测量它，就没法修复它，"他说，"给产品配备监测用户流动的装置，你就能在产品的迭代改进中测试新的想法。"

## 集成成本

在关键时刻你很难做记录，但是集成在面向企业的销售中有太重要的角色，以至于你必须自觉对它进行估算。售前和售后支持的真实成本是多少？

需要做多少定制化工作？为了向客户成功交付产品，你需要做多少培训、解释和故障处理的工作？

你需要尽早地得到这个数据，如果晚了，它就只能用来衡量你是创立了一个创业公司还是只是办了个高度标准化的咨询业务。如果你以为自己是前者而实际上是后者，并贸然地加快速度，支撑一个扩展的市场和销售渠道的成本会压垮你。这个数据同样也可以用在总体拥有成本的分析中，与现任供应商进行对比。

## 用户参与度

无论你开发什么，最重要的指标是人们有没有在用它。然而，企业买主可能很少是用户。这意味着你的联系人可能是一位 IT 项目经理、采购人员或者管理人员，而实际的用户可能是你没有接触过的普通雇员。

你也需要避免与用户交谈：在客户的网站上弹出一个调查很容易，但是雇主可能会为你占用他们雇员的宝贵时间来回答你的问题而感到不悦。

简单地衡量像"距上次使用时间"也可能误导你，因为用户使用你的工具是有报酬的。他们每天登录可能是因为这就是他们的工作；这并不意味着他们享受这个过程。真正的问题是他们是否喜欢登录，以及它是否让他们的工作变得更高效。用户有任务要完成，你的产品如果能帮助用户完美地完成任务，就会获得成功。有些市场营销人员主张通过客户要完成的工作（称为"待完成工作"方法）而非市场细分来分析客户需求。

在你部署之前就要从客户那里拿到他们实际业务的底线数据。他们每天输入多少订单？雇员获得一份工资单信息需要花多少时间？他们的库房每天能处理多少辆卡车送货？通常的通话接通时间是多长？你一旦部署，就要使用这些信息来衡量你取得的进步，帮助拥护你的客户提高他们的 ROI（投资回报率），并将其写成可以分享给其他客户的成功案例。

## 摆脱纠结

当你从频繁接触客户的咨询生意转型为较少与客户互动的标准化公司时，需要集中精力摆脱纠结。你的目标是不要有贡献收入或占用支持电话比例过大的"支柱"用户，因为你需要扩张。

把你之前获取的高接触的客户划分为一组，把他们与你的其余客户比较。他们有什么不同？他们是否消耗了你的技术支持资源中相当大的部分？他们提出的功能要求与其他客户和潜在客户一样吗？不要忽略那些让你走到今天的公司，但是要知道你跟他们不再是"一夫一妻制"的合作关系了。

扎克·尼斯建议走得再远一些，将客户划分为 3 组。"'A 类客户'是你的超级大客户，要求你给予它很高的折扣，想从你这里得到几乎所有资源。'B 类客户'是那些维护成本较低的客户，不会得到高额折扣，视自己为你的合作伙伴，并提供有用的建议。'C 类客户'招惹是非，难以打交道，你会觉得他们的要求会损害你的生意。"他说，"不要花太多时间在 A 类客户身上，他们虽然听上去不错，但是对你的生意并非最好。发展尽可能多的 B 类客户。尽量让 C 类客户都变成你的竞争对手的客户。"

## 支持成本

扎克的建议是根据一些基本事实得出的。在许多 B2B 公司中，利润率最高的 20% 的客户贡献了利润的 150%~300%，中间 70% 的客户只能做到盈亏平衡，利润率最低的 10% 的客户减少了利润的 50%~200%。[①]

你要追踪技术支持的指标包括客户要求最多的功能、未完成的保修工单数、售后支持数、呼叫中心接通时间，等等。这会指示你是否在损失财富，以及产品是否足够稳定和足够标准化来支持增长和扩张。

---

① Robert S. Kaplan and V.G. Naranyanan, "Measuring and Managing Customer Profitability," *Journal of Cost Management* (2001), 15, 5–15, cited in Shin, Sudhir, and Yoon, "When to 'Fire' Customers: Customer Cost-Based Pricing".

　　把这些数据也进行细分。找出哪些客户让你损失了最多的钱，然后考虑"开除"他们[①]。将每个客户的成本单独分开曾经很难做到，但利用现在的电子系统你可以把支持电话、邮件、额外存储、上门服务这样的任务归因于单独的客户。

　　当然，你不是真的需要开除客户，只需通过修改价格的方式来使他们贡献利润或者鼓励他们离开。这是在你扩展业务到一定规模之前就该做好的定价工作，以防无利可图的客户给你带来大规模的损失。

## 用户群组和反馈

　　如果你的生意涉及大额销售，你的客户可能少到一个屋子就能装得下。与已有用户的非正式交流对 B2B 创业公司大有益处，而且它与精益创业过程中的问题和解决方案阶段很类似，只是相比于验证一个解决方案，你是在验证一个路线图。就算有大量用户，扎克说："找到那些真正拥护你的人，邀请他们过来，给他们一个大大的拥抱。"他建议帮助你的拥护者在互相之间建立人脉，Rally 就是这样做的。

　　成功的用户群组会见需要进行大量准备。用户可能会迫不及待地要讨好，或很快就开始抱怨，所以结果可能会两极分化。他们也会赞同你提出的每一项功能。但是要迫使他们选择，他们不能什么都要，而你需要提出困难的二选一问题（也被称为离散选择）。

　　很多研究试图理解人们是如何做出选择的。"离散选择，"加州伯克利大学教授丹尼尔·麦克法登说，"是一项'是或不是'的决策，或者是从一个可选择的事物集合中选择一个的过程。"他将离散决策建模应用于对当时还在建设中的旧金山湾快速运输系统的采用的研究中，这使他揽获了 2000 年的诺贝尔经济学奖。他的研究工作得出的一个重要结论是，人们觉得放弃自己不想

① Jiwoong Shin, K. Sudhir, and Dae-Hee Yoon, "When to 'Fire' Customers: Customer Cost-Based Pricing," *Management Science*, December 2012.

要的东西比选择自己想要的东西（感觉像承担责任）更加容易，所以问一系列要求客户放弃一两个选择的问题会有较好的效果。

选择模型的计算方式很复杂。有很多专门的学术会议致力于讨论这个主题，它也被广泛应用于从衣物洗涤剂到汽车等的新产品开发过程中。但是其中使用的一些方法比较有意义。比如，重复要求客户比较两个可能的功能改进然后选择那个他们用不着的功能，这相比简单地让他们为可能的功能从 1 到 10 打分，你能得到更好的结果。如果你在每次比较中混入多个属性，不管特定的属性组合是否有意义，得到的结果甚至更好。

想象你在试图寻找并推出新型减肥食品。你知道，可能影响买主的属性包括味道、卡路里、面筋含量以及可持续营养成分。简单地问潜在客户味道是否比卡路里更重要，可以提供有用的信息。但是让他们在两个离散选项之间选择——即使这些选项理论上不可能——效果会更好。你会更喜欢"一种美味、无面筋成分、高卡路里、用人造营养成分制造的糖"还是"一种清淡、高面筋含量、低卡路里的有机糖？"

要求用户在不同的参数组合之间进行一遍又一遍的权衡，可以显著改善预测的准确性。实际上，这等同于我们之前讨论过的可以应用于调查和访谈中的多变量测试。

当你设计用户活动的时候，要想好你希望了解什么，然后投资于可以使你获得真实反馈的对话和试验设计中，你可以从这些反馈中勾勒出正确的产品路线图。

## 推销成功率

你已经在创业阶段早期的用户会议中检验了你的效果，这对于日后你发展销售渠道非常重要。你的渠道合作伙伴不如你聪明，所以你需要为他们提供推广品和营销信息，以便他们不需要你从旁协助就可以达成交易。如果他们在销售你的产品或服务时遇到了阻力，他们就会转而销售别的东西。跟渠道合作，你不会有第二次机会重新建立你的第一印象。

要为你的渠道创造营销工具，并亲自进行测验。用这些脚本对潜在用户做一些主动的电话推销。用统一的电子信函来测试应答率。

以上做了两件事：首先，它可以告诉你应该使用哪个脚本、推销说辞或电子信函（因为毕竟一切都是试验，对吗？）；第二，它给出了一个基线指标，你可以与该指标做比较来衡量渠道的有效性。如果一个渠道合作伙伴没有满足你的基线指标，那么一定出了什么问题，你就可以在你的合作伙伴对你的产品感到失望之前解决问题。

如果你制作渠道推广品，就给每个推广品做个标签来识别它所在的渠道。你可以在创建的 PDF 文件中包含一个带有合作伙伴识别码的短 URL，以此来找出哪些合作伙伴为你的网站带来了流量。

## 退出门槛

随着客户的大规模发展，你会希望留住他们。充满人气的开发者生态系统和健康的 API 可以让客户将自己与你的产品进行集成，使你成为现任供应商，帮助你抵御来自竞争对手和新加入者的威胁。

西蒙·沃德利为 Leading Edge Forum 研究组织的竞争和演变，他指出，公司必须对列有客户所需功能的过长列表划分优先级顺序。开发得太多，它们不会都产生利润；开发得太少，就相当于为竞争者敞开大门。他说，API 可以解决这个问题。

所有的创新都是一场赌博，尽管我们可以削减成本，但永远无法消除它。事物未来的价值与我们对其了解的程度成反比；只要我们无法可靠地预测未来，就无法避免这种信息障碍。然而，确实有一种方法可以最大化我们的利益。

通过用 API 的方式开放这些通用服务，我们不仅自己从中获益，而且可以将这些组件开放给了整个生态系统。如果我们能在更广大的生态系统中鼓励创新，那么就不需要承担赌博的成本以及这些新生事物失败的代价。可惜的是，我们也不会享受他们的成功所带来的回报。

幸好，生态系统提供了一个对成功（即创新的采用）的早期预警机制。通过创建一个足够大的生态系统，我们不仅可以鼓励快速的创新，而且可以利用生态系统的优势来识别成功者，然后复制他们（弱生态系统做法）或者收购他们（强生态系统做法）。这样做，我们就能最大化我们的利益。

如果你有一个 API，要跟踪客户的使用情况。那些使用 API 较多的客户在扩展与你的关系上投入更多；那些不活跃的客户可能轻易就会更换供应商。如果你有一个开发者计划，就可以通过查看搜索历史和功能要求来找出你的客户想要什么工具，然后让开发者帮助你开发那些你自己不去做的功能。

## 底线：创业公司就是创业公司

尽管 B2B 创业公司在创业中必须面临一些重大的差异，但是基本的精益创业模式是不变的：确定商业计划中风险最高的部分，通过做试验、衡量结果并总结经验，找到快速量化和降低风险的方法。

# 第 30 章 企业内部的精益之道：内部创业者

随着第二次世界大战的战火燃遍欧洲大陆，美国意识到它不能让德国人在航空工业，尤其是喷气式飞机技术上继续领先。美国军方要求洛克希德·马丁公司（当时称为洛克希德航空器制造公司）研发一种喷气式战斗机。非常时期需要非常手段：一个月内，工程师团队就拿出了提案。在一个受到严密看守的"马戏团帐篷"①里工作了不到 6 个月后，他们造出了第一架飞机。

该项目组后来被称为"臭鼬工厂"，这个名字后来成为在大而慢的组织中，独立和高度自治的创新项目组的代名词。这样的组织通常免受其他部门要遵守的条条框框和预算监督的束缚，有着自己具体的目标：用富有创造力的工作抵御大公司的惰性。谷歌和苹果这样的公司同样采取了这种做法，创建了自己的前沿研究"臭鼬工厂"，典型的例子是 Google X Lab。

快速改变现状非常困难，如果你打算这么做的话，你需要有与所担负的责任匹配的权力。要是你试图从内部发起破坏式创新，那你还有很长的路要走。从创业公司中拿来的很多经验都适用于大公司，但是你得略施调整才能在大公司中推行。

---

① 最初的场地是由工作人员自行搭建的，其屋顶是从马戏团租来的帐篷。——译者注

## 控制跨度和铁路

如果你在一个小有规模的公司里工作，那你的组织结构图应该归功于铁路大发展时期的一位雄心勃勃的总裁丹尼尔·C.麦卡伦。在19世纪50年代，铁路建设处于高速发展时期。对投资者不利的是，铁路生意很难规模化：小的铁路公司能够盈利，而大的却不能。

麦卡伦注意到了这一点，就开始将他的铁路分段，每一段由一位下属运营，每名下属根据他定下的规范上报信息。麦卡伦运营的铁路线大获成功，复制了这种运营模式的其他铁路线的生意也都跟着兴旺起来。麦卡伦的模式灵感来源于他在军旅生活中学到的严格的等级制度。这一模式随后被应用到各行各业。

麦卡伦是第一位管理科学家，他引入了控制、结构和规章的概念来减少规模化中的风险和不确定性。很遗憾，安全和可预见性不是内部创业者要解决的问题。去冒险、在不可知和不清楚的情况下探索才是他们要做的事情。如果你想激起改变、打破现状，麦卡伦引入的那种组织就是你的"氪星"[①]。你需要像几十年前"臭鼬工厂"的工程师们那样保护自己，但你也要与组织保持共存，因为与独立的创业公司不同，你的劳动成果最终还是要整合进你的公司中。

- 你要做的事情可能会**危害到现存的业务**，或威胁到一些雇员的工作。人们对此会失去理智。马克·安德里森有句非常有名的话："软件正在吞噬世界。"而它最喜欢的食物就是工作岗位。当软件公司开始推出其软件应用的 SaaS 版本时，靠卖软件许可证混碗饭吃的销售人员会大为光火。

---

① kryptonite，氪，是超人故事中的一种化学元素，超人接近该元素时会失去超能力。——译者注

- **惰性是真实存在的。**如果你要求人们改变他们的工作方式，至少要告诉他们为什么。想象这样一家苹果专卖店：那里没有中央收银机，你买东西后会通过电子邮件收到收据。这样做可以让人花更短的时间购物，让店内面积利用率更高；但是现实中要说服一个零售商转移到这种模式，需要重新培训员工，还得修改店内布局。

- 如果做得好，你还会**破坏生态系统**。一家传统的唱片公司与分销商和零售店有合作的关系。这使其很难进入在线音乐分销市场，一旦 MP3 和高速宽带这样的颠覆性技术出现，在线零售商就有了机会。

- 你的创新会**由别人来决定生死**。尽管你很容易只看到自己的工作，对他人的工作不屑一顾，你们毕竟都还在一条船上荣辱与共。"当问题突然冒出来时，你很容易从自己的角度看事情。"理查德·泰普勒在《极简工作法则》[1]中半开玩笑地说，"但是一旦你转而使用公司用语思考，你就能比较容易地放下你的成见并从公司的角度看问题。"

拉里·博西迪和拉姆·查兰在他们的《转型》一书[2]中列举了不靠谱领导的 6 个习惯：过滤信息、选择性听取、一厢情愿、恐惧、过度投入感情以及对资本市场有不切实际的期待。

内部创业者要想事业有成需要具备相反的素质，这些素质大多受数据和迭代的影响。你需要获取真实的信息，你要跟着数据指引的方向走，要避免确认偏误。将你自己的假设和先入为主的观念扔到一边去吧，做最好的努力，做最坏的打算。

---

① Richard Templar, *The Rules of Work* (Upper Saddle River, New Jersey: Pearson Education, 2003), 142.
② Larry Bossidy and Ram Charan, *Confronting Reality* (New York: Crown Business, 2004), 22–24.

## 模式：内部创业者的臭鼬工厂

臭鼬工厂的快速行动需要授权和成果。它设立了 14 条指导原则（也被称为 **Kelly 的 14 条实战法则**，得名于工程师团队负责人克拉伦斯·约翰逊的代号 "Kelly"），这些原则适用于任何想从内部改变一个公司的人。向约翰逊说声抱歉，因为我们也要分享一下我们给内部精益创业者的 14 条原则。

(1) 如果准备打破常规，你需要有能够改变的职责以及权力，而这种权力只能从公司高层获得。找一位执行发起人支持你，而且要让每个人知道你有个靠山。

(2) 要坚持获得所在公司的资源和接触真实客户的机会。你可能要获得支持团队和销售团队的准许才行。他们不会喜欢你的做法，因为接触客户会带来改变和不确定性，但是无论如何要坚持这么做。

(3) 要建立一支由不畏风险、执行力强的高手组成的精干、敏捷的团队。如果你无法组起这样一个团队来，说明你并没有真正获得高层的支持。

(4) 要使用适应于快速改变的工具。要用租用来代替购买。尽量使用按需购买的技术，如云计算。尽量产生运营成本而非资本性支出。

(5) 不要陷入无休止的会议，要简短连贯地做报告，但是要自觉记录进展以供日后分析。

(6) 保持数据的更新，不要试图向组织隐瞒实情。要考虑你在推动的改革的总成本，不要仅考虑短期成本。

(7) 如果有更好的供应商，不用畏首畏尾，你可以选择他们。必要的时候，你也可以利用所在组织的规模和已有合同产生的优势。

(8) 简化测试流程，确保新产品的组件本身是可靠的。不要重复制造轮子。尤其在早期，尽量用现有的模块搭建产品。

(9) 亲自使用自己做的产品，面见终端用户，不要把测试和市场调研推给别人。

(10) 在项目启动前，要对目标和成功标准达成一致意见。对于争取高层支持，这一点至关重要。同时，它也可以消除大家的困惑，避免发生需求膨胀和目标漂移。

(11) 确保你不需要烦琐的审批流程就能获得资助和运营资金，也要有在项目进行中"开除"某个人的权力。

(12) 经常与客户沟通，或者至少在支持部门或售后部门找个代理人来与客户沟通，以避免发生误解和混淆。

(13) 尽量不要让外部人接触你的团队。不要让唱反调的人影响你的团队。在充分测试好之前，不要向公司透露不成熟的想法。

(14) 打破正常的薪酬方案，论功行赏。毕竟你想让这些创业者留在公司里，而那些能干的人本来是可以自己出去做一番事业的。

## 改变还是以创新来对抗改变

一个公司要改变，要么是被迫，要么是受高层自上而下的推动。如果同时具备两个条件，即使是大公司也会迅速行动。在 20 世纪 90 年代末期，由于网络浏览器越来越重要，分析家预言微软即将衰落，但是他们错误地估计了比尔·盖茨调整公司方向的能力。仅仅几个月内，微软就开发出了 IE 浏览器，将其嵌入在 Windows 操作系统的各个角落中：输入一个 URL，系统就会将其转换为超链接。你要保存文件的时候，就会有一个 HTML 版本的选项。即便是饱受诟病的大眼睛回形针都知道互联网是怎么回事。

尽管微软日后不得不处理针对自己的反垄断起诉，但是这种快速反应避开了无关紧要的枝节问题，直击 Netscape 的要害，终结了它的领先地位。Netscape 的首席执行官吉姆·克拉克斥责盖茨的手段"残酷无情"，但是他也指出，盖茨的冷酷来自微软公司在桌面领域的统治地位。"要行事狠辣，你得拥有控制力。多数情况下我都在与微软正面交锋，所以我从来没有控制力。"

从那以后，微软在 Office 套装软件方面也不得不做出同样的决策。2005 年，盖茨和雷·奥兹宣布从许可软件包的销售转向托管在网站上的 SaaS 产品。这次的威胁来自谷歌刚刚推出的办公产品，这些产品的费用会由谷歌如印钞机一般的广告平台进行补贴。尽管谷歌当时的产品只是创始人的一些远未成形的想法，但是像 Write.ly 这样的公司明确表示桌面效率软件已经困难重重。

微软的批评者抱怨该公司没有什么改变；相反，它努力保持不变，运用它的优势来避免或者说减缓市场的变化。"我意识到微软根本没有转变方向，"戴夫·温纳在 1999 年这样说道，"实际上微软只是在用尽全力地原地踏步。"

作为内部创业者，你可能会发现这种"通过创新停在原地"的做法对你来说行不通。你是一个颠覆式创新者，不是吗？然而，如果你所在的公司是一个拥有巨大份额的市场领导者，有时创新对公司的意义在于保持公司的统治地位，以及通过抑制市场的变化来继续用传统的方式赚钱。如果你不喜欢这种做法，你可能应该出去干点自己的事业。

## 明星、瘦狗、现金牛和问号

你为什么会不希望做颠覆式的创新呢？为了理解这一点，你需要看看大企业是如何规划它们的产品和市场战略的。

图 30-1 展示了波士顿咨询公司的矩阵法（BCG box，下称"波士顿矩阵"），这是一种考虑公司产品序列的简易方法。它根据两个维度对产品和附属产品进行分类：市场的增长速度和公司在市场中所占有的份额。

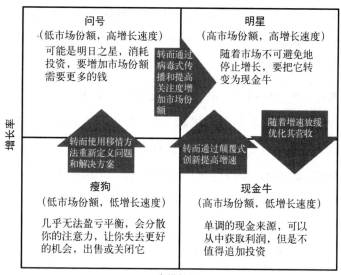

图 30-1　波士顿矩阵：你想过"现金牛"是怎么来的吗

高市场份额、低增长速度的产品称为"现金牛"（cash cow）。它们产生营收，但是不值得进行大量投资。相反，高增长速度、低市场份额的产品称为"问号"（question mark），在投资和开发时应该重点考虑它们。那些份额和增速俱佳的产品称为"明星"（star）。那些两者都不好的产品则称为"瘦狗"（dog），应该出售或关闭这样的业务。

波士顿矩阵能够概括一个公司的产品序列。在考虑创新时它也很有用。当你想改变一个公司时，你可以试图创造一个全新的产品（最好还处于一个增长的市场中），或者试图通过在新功能、市场或服务方面的创新来重振已有的产品。

从精益创业的角度来看，波士顿矩阵向我们展示了我们的创业处于什么阶段，需要应用哪些指标。如果你在创造新产品或创立新公司（"问号"产品），那么你应该重视移情。如果你要拯救一个"瘦狗"产品，你仍然需要移情，你还能接触现有用户。你要么改变产品（进入高增长领域），要么改变市场（增加市场份额）。

如果你有一个"问号"产品（高增长但是只有初步的市场份额），就要集中精力增加市场份额，你可以使用自然的方式（病毒式传播），也可以用非自然的方式（客户获取）。

如果你有一个"明星"产品，而市场的增速面临停滞，你就需要优化营收、降低成本，使产品交付的边际成本处于健康的范围内。这样才能在未来的商业化和价格战中存活下来。另外，如果产业中发生了一个破坏性事件扩大了市场规模，比如移动互联网技术兴起或国际市场需求增长，你就要专注于提高增长率，把"现金牛"产品变回"明星"产品。

公司更愿意在现有的业务上进行改进，这就是市场领导者总是被颠覆式创新打败的原因。乔纳·莱勒在他的书《想象》[①]中谈论了 Swiffer 拖布的创造过程。这就是公司寻找一个局部最优方案而非寻找解决方案的绝佳案例。

### 案例分析：Swiffer 放弃使用化学的解决方案

宝洁（P&G）公司研发了很多清洁产品。它总是在试图改进和重塑它的"现金牛"产品，但是无论它高薪雇用的一众专家工作多努力，始终无法发明出一种更好的清洁液。

公司的高层意识到是时候引入一些颠覆式创新了，但他们无法从内部产生这样的成果，所以他们聘请了外部机构 Continuum 帮忙。Continuum 团队没有立即混合化学品来制造清洁剂，他们决定观察人们是怎么拖地的。在调研阶段他们注重记录、测试和快速迭代。

有一次，他们观察一位试验对象清理溅有咖啡的地板。试验对象没有立即拿起拖布，而是用扫帚清扫了地面，然后用一块湿布把余下的细小粉尘擦干净。

没有用拖布。

---

① 由 Canongate Books 出版。此书英文名为 *Imagine: How Creativity Works*。——译者注

设计团队真是大开眼界，他们再度看待问题时就有了不同的视角。他们发现清洁液不是关键，拖布才是关键。他们研究了地板上的污垢的成分（部分是灰尘，所以擦除时最好不要用水），在清洁工具上进行了创新，最终给宝洁贡献了一个价值 5 亿美元的发明——更加人性化的拖布 Swiffer，而清洁行业的发展在此之前犹如一潭死水。

现有的组织在运营中有一些固定的参考框架，你需要能够跳出这样的框架，不拘泥于现有的解决方案，而是观察实际的需求，这是任何内部创业者都应该具有的基本能力。

### 总结

- 通过使用基础的客户开发方法，宝洁创造了一个全新的产品类别。
- 想象你是一家创业公司，在移情阶段专心于颠覆式创新，你就可以重新发现那些潜在的解决方案，拿掉企业的"有色眼镜"。
- 克制做调查问卷和量化研究的冲动；一对一的观察中所得到的灵感可以让你重新发现一整块市场。

### 数据分析启示

内部创业者有时可以从头开始，重新考虑你想试图解决的根本问题。如果你想把赚钱但不增长的"现金牛"产品移到一个高增长的领域中，这可能是最好的办法。毕竟，如果你没有通过纯净的视角来看懂你的客户，别人就会这样做。

你可以在创新的同时，让客户亲自参与到创新中来，甚至可以把测试和分析变成一场营销活动。当 Frito-Lay 公司[①]决定开发一种新口味的薯片时，它就是这样做的。

---

① 美国百事公司旗下的子公司，是一家受大众欢迎的休闲食品公司。——编者注

## 案例分析：Doritos 让客户选择新口味

如果你是一个大公司，实时获取用户反馈是相当困难的。在向新产品开发投入大量资金之前，你通常要依靠焦点小组和产品测试来获取反馈。Frito-Lay 公司找到了一种能够解决这种情况的方法。不仅如此，在此过程中它还可以促进客户开发。它也可以变成一场有趣的营销活动。

2009 年，Dachis 公司帮助 Doritos 引入了一个不知名的口味，并邀请顾客们给它取名。后来一连许多年，Doritos 都会问用户希望在产品线中添加什么口味，然后将两种新口味明文标记为 A 和 B，测试它们的市场表现。Doritos 还邀请用户来帮助它编写电视广告的结局，而该广告会在"超级碗"比赛中播出。Doritos 还让用户有机会接触它的广告代理商创意团队。

这项工作需要对分销渠道做出很多改变，涉及从商品摆在零售店货架的什么位置到收录临时存货清单的各个环节。但是这项活动很有效，公司成为社会化媒体中最热门的话题之一。它的 YouTube 频道有 150 万访客，访客累计投出超过 50 万张票。它还找到了一种大规模迭代的方法，并在品牌建设的同时进行市场开发。

### 总结

- 在面向消费者的包装商品行业，成熟的分销系统就像锚固定住船一样，让企业很难进行创新，但 Frito-Lay 设法做到了。
- 借助社会化媒体的传播，加上优秀的店内陈列方式，该公司将它的 YouTube 频道变成了一个巨大的焦点小组，增强了公司与顾客的互动。

**数据分析启示**

让产品重生的另一种方式是首先使用颠覆性的技术来重新定义产品测试的方式。在这个案例中，无处不在的社会化媒体与企业和客户间的双向互动就是这样的技术。

# 与执行发起人一起工作

作为内部创业者，你和你的执行发起人需要十分清楚这些事情：你们要带来什么样的改变，如何衡量你们取得的进展，你们会获得什么样的资源，以及你们会遵守哪些规则。对于试图打破现状的人来说，这可能看起来过分"公司化"了，但是在一个大型组织中，现实情况就是这样。

如果你不喜欢这些事情，去成立自己的公司吧！如果想在体系内部工作，你追求的改变必须是组织能够接受的改变。这就是为什么有高层的支持如此重要：这一点是"流氓特工"和"情报特工"之间的差别。

现有业务彼此截然不同的主要原因是它们已然存在。创新者可以事先不请求批准，然后事后要求原谅，但是他所在公司的"免疫系统"未必会原谅他。公司最终都要进行自我调整来适应往复的创新循环，但是劝服它们这样做可能需要慢慢来：进行更小、更加克制的数据分析尝试。这就是戴维·博伊尔在 EMI Music 时使用的方法，当时他试图引入一种由数据驱动的文化。

**案例分析：EMI 拥抱数据来理解客户**

戴维·博伊尔是行业领先的唱片公司 EMI Music 的高级研究副总裁。他的工作是帮助 EMI 基于数据产生决策，让公司在行业变革的大风大浪里找到方向。

　　为了让公司的注意力从观点和传闻转移到数据和分析上，博伊尔需要首先确定要做哪些决策，然后设法找到适当的证据，摆在决策者面前。

　　"我们最终关心的决策是，'我们应该把某位艺人的音乐推广到哪些国家的哪种消费者？'以及'我们应该用什么样的市场营销方法触达那些消费者？'，多数这样的数据来自消费者研究。"

　　博伊尔并不缺少数据。EMI 拥有来自数字音乐服务的交易记录，以及艺人的网站和应用的使用日志，这些数据数以亿计。"但是就数据集中呈现的用户类型来说，每个数据源的范围太小，取样有严重偏差。"博伊尔解释说。于是 EMI 开发了自己的调查工具。"我们发现，问用户一些问题，再给他们播放音乐，可以很好地建立我们自己的数据集。"调查成果是超过 100 万的详细访谈和数亿的数据点。

　　"你很难说服人们采用大数据。就算是优质的数据，如果它没有实质性帮助，不管是因为它的形式无法帮助人们决策，还是因为它没有回答人们想知道的问题，你也很难说服人们采用它。"他说，"但是如果数据很好，而且真的能够帮助他们，没有人会拒绝它的魅力。"

　　许多内部创业者都谈到过当他们试图在公司内推行数据驱动的文化时遇到的分歧，但是博伊尔马上提醒说不要把它看成阻力。"我们很早就意识到这个重要的道理，把不同意见看成阻力对你没有帮助。我们意识到这些'阻力'其实是出于对与他们一同工作的艺人和音乐的关心，希望保护他们不受坏数据和劣质推荐的影响。当我们意识到这一点后，看待这些事的观点有很大的改变。"

　　"如果你真正相信数据和数据产生的推荐，那么你会关心为什么有人不理解这些数据，你就会帮助他们理解它。"他解释说，"当他们理解之后，他们会大开眼界，会变得比你更喜爱数据。"

尽管在 EMI 获得了成功，但博伊尔坦言大公司和创业公司真的很不一样。"在创业公司里，你可以按照自己的想法进行：你可以确定你考虑问题和行动的方式，可以从一开始就将数据融入决策中。相对于已有固定文化的大公司来说，这是一个巨大的优势。"但是创业公司也并不是尽善尽美，他说："创业公司有另一个问题：快速交付的巨大压力。实际上我发现，如果你不加注意的话，这个问题可能会妨碍你建立正确的文化。"

在 EMI，博伊尔使用案例研究方法争取支持并汇报工作进度。

"有很多人用我们的数据成功地帮助艺人讲述他们的故事。以我们为中心的宣传远远比不上他们更好、更有创意的口耳相传。"EMI 的新数据有助于将特定的艺人与他们所吸引人的人群相匹配，使音乐可以触达更容易接受它的受众群体。

博伊尔没有将研究结果束缚在复杂的计算中。"我们只是简单地说：'问成千上万的人他们怎么看待某个事物总比不问要好，对吧？'我们发现可以用低成本获得高质量的数据，于是我们就那么做了。第一批数据返回时，人们立刻喜欢上了它：数据对他们有帮助，他们就喜欢这一点。"

最初，新获得的研究数据被用来帮助 EMI 理解它的市场，以及包括艺人、音乐和数字服务在内的生态系统。但是随着公司对数据背景的了解，它可以重新审视过去收集的数十亿条交易记录。"如果我们在理解背景之前就开始研究数据，我们可能会将艺人引向错误的方向。"博伊尔说。

该项目现在的发展已经超出了初始研究团队的范围，成为 EMI 整体业务的一部分。最终，由于任何人都能使用数据，整个组织接受了这种文化的改变。但是最让博伊尔惊讶的是，尽管该组织可以运用它储备的数十亿条交易数据，但（相对较小的）消费者研究仍然很有价值。"好数据胜过大数据。"他总结说，"当恰当地收集数据后，它的价值总能给我带来惊喜。"

### 总结

- EMI 有大量的数据，但是不太知道如何利用这些数据。
- 公司没有立即着手挖掘已有的数据集，而是进行了调研，建成了一个更简单、更明确和更容易让高管放心使用的数据集。
- 一旦人们发现了小规模调研数据的价值，他们就更容易接受广义的数据驱动型文化。

### 数据分析启示

拥有大量的数据并不能说明你是数据驱动的。有时，从分析一个服务于特定目的的小数据集着手，可以让你得到充分的理由来说服组织把这些数据应用到其他业务。因为这样的问题有约束和限定，所以更容易获得高层的支持；相反，在组织过去积累的大量"数据废料"中，谁知道还隐藏着哪些争议问题呢？

## 内部创业者的精益数据分析阶段

如果你是从零开始的内部创业者，你会经历一系列阶段，这些阶段可以紧密地对应我们之前在其他创业模型中看到的阶段。但是你也需要考虑一些重要步骤，如图 30-2 所示。注意我们为内部创业者添加了一个"第零阶段"：获得高层支持。

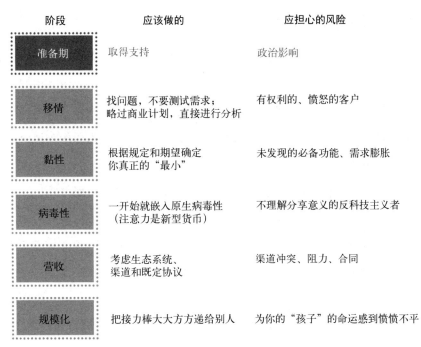

| 阶段 | 应该做的 | 应担心的风险 |
|---|---|---|
| 准备期 | 取得支持 | 政治影响 |
| 移情 | 找问题，不要测试需求；略过商业计划，直接进行分析 | 有权利的、愤怒的客户 |
| 黏性 | 根据规定和期望确定你真正的"最小" | 未发现的必备功能、需求膨胀 |
| 病毒性 | 一开始就嵌入原生病毒性（注意力是新型货币） | 不理解分享意义的反科技主义者 |
| 营收 | 考虑生态系统、渠道和既定协议 | 渠道冲突、阻力、合同 |
| 规模化 | 把接力棒大大方方递给别人 | 为你的"孩子"的命运感到愤愤不平 |

图 30-2  内部创业者需要多走一步：先取得高层支持

## 准备期：取得高层支持

在你开始进行客户开发之前，你要得到高层的支持。如果你的工作就是寻找创新的机会，可能高层的支持已经隐含在你的职责里。但是即使是这样，一旦你觉得找到了一个机会，你还是需要得到高层管理人员的明确批准。因为你会想知道你在波士顿矩阵的哪个位置，希望到达哪个位置；你需要知道你能获得什么资源，需要遵守什么规则。这就像婚前协议一样：你最好在婚前把它签了。

在这个阶段，你在定义你的分析策略，以及你需要比照的底线。这些指标可以是整个公司的目标（如利润），也可以是代表成功的某个增长速度。你也需要明确这一点：你会如何根据你学到的事实调节这些指标。

## 移情：去找问题，别测试需求

一旦你开始进行客户开发，要记住你在测试问题和解决方案，而不是现存的需求。如果你的创新真的是颠覆性的，客户不会告诉你他们想要什么，他们会告诉你为什么他们想要它。在 2008 年，Swiffer 的创造者杰佛兰考·泽凯解释了这一点："成功的商业创新不是给消费者他们现在需要的东西，而是给他们将来想要的东西。"

消费者不会告诉 Netflix 他们想要流媒体，但是他们的使用方式、计算机的普及、宽带的广泛部署以及用户浏览行为告诉该公司这个需求确实存在。

这是应该进行定性访谈的阶段。你应该与现有的用户和客户交谈。但是如果你准备扩张市场份额，那么你还要访谈竞争对手的客户，访谈分销商，访谈所有与购买产品相关的人。如果你希望改善增长率，就该去访谈相近行业的客户。当 Bombardier 从雪地摩托业务向水上摩托艇业务扩张时，它就采取了这种做法（尽管是开创性的，它在 20 世纪 60 年代初次进入该产业时遭遇了失败，当时该产业饱受机械问题的困扰）。

## 略过商业计划，直接进行分析

到了你应该比进行访谈更进一步的时候，你可能会想做一份商业计划。传统的产品经理进行盈亏分析来佐证他们提出的计划：他们做出一份令人信服的商业计划，只要有人相信它，他们就可以拿到启动资金。但是精益创业的思维方式不是这样：你推销的不是商业计划，而是商业模式，你不进行预测，而是进行分析，你要依靠分析来决定是放弃产品还是加倍投入。

这种事后分析相比事前预测反而能行得通，因为创新过程的许多成本可以推迟到以后的产品开发周期中。适时生产、按需印刷、不需先期投入的按量使用服务、计算机服务设计 / 制造以及劳务承包商都让你不需要一开始就投入太多（因此也不需要一开始就为商业计划争执了）。你不需要一大笔启动资金，而是可以提出一个不太大的预算，在产品中嵌入分析功能，用尽量少的钱尽快着手开发产品。当你获得了数据和客户反馈后（在今天的技术条件下成本几乎可以忽略），就可以使用实际的证据来支持你的商业计划。

## 黏性：想清楚"最小"对你来说是多小

如果你找到了一个值得解决的问题，也有了一个客户想要的解决方案，就该开发一个最小可行化产品了。但是你需要知道，对你来说，你能开发的"最小"是什么样的。作为大企业，你需要遵守关于数据共享、可靠性或兼容性的许多规则（小公司则不必，因为它们损失不了多少）。你也要意识到相对小企业你的不公平优势在哪里。

比如说，考虑一下市场上现有的许多订餐工具。这些移动应用可以让你在美食广场中下单、付款并在约定好的时间无须等待直接取餐。饭店喜欢这些应用，因为它们在午餐高峰期帮饭店节省了宝贵的时间；就餐者也喜欢用，因为它们便于使用，还能让他们从容地浏览菜单。这就像午餐界的 Uber。

现在，想一下如果麦当劳决定推出一款应用加入竞争会怎么样？它可能有经营权的约束，或者其机场的餐馆受到限制，或需要遵守州法律来披露卡路里含量。这些都可能需要放进最小可行化产品。

然而，可以抵销这些的是公司拥有的巨大的市场控制力。它可以给安装应用的人免费送三个汉堡进行推广。公司很快就能通过省下的收银时间赚回投入，更不要说它还能开辟新的市场渠道并通过数据分析洞察客户需求。

内部创业者需要把这些限制和优势都纳入在最小可行化产品内，这会远远超过独立的创业公司要做的工作。

更重要的是，当人们开始使用你的最小可行化产品时，你得小心处理测试过程。你可能会干扰销售流水线上现有的交易，还可能增加客户服务的工作量。如果有这种情况，你就需要先获得批准再推出产品，而且要取得所有利益相关者的支持。如果你准备推出一条全新的产品线，你甚至可能要掩饰这种企图，这样你就不会在成功之前蚕蚀已有市场。这样做当然也有缺点，你可能无法运用某些不公平优势，比如现有的客户基数。

## 天生要有病毒性

如果你打算在波士顿矩阵中占据更高的位置，你的产品就应该天生包含病毒式传播和口耳相传的元素。在人手一部移动设备的时代，每个产品都得有自己的交互策略。没有理由不去找一个促进病毒式传播的角度作为增长的力量倍增器。实际上，要想让"瘦狗"和"现金牛"产品变成"问号"和"明星"产品，秘诀之一就是添加病毒性。

## 在生态系统内取得营收

你在给产品定价和将收入再次投入产品营销时的自由度都会受到限制，因为随着你的增长，你终将要与所在公司的其他销售业务和平共处。微软在测试它的 SaaS 版 Office 套装时，测试可以在相对受控的环境下进行。但是一旦它准备将产品商业化，就不得不应付已有产品其豆相煎的困境以及来自依赖软件许可的收入渠道的反抗。

在定价时你可能需要考虑渠道、分销商以及其他限制你自由试验的因素，因为你带来的改变会给市场上的其他产品造成影响。当初如果 Blockbuster 进入了流媒体视频市场，它也得处理现有店面的劳动力和房地产问题。

## 扩张和移交

在内部创业者创新的最后阶段，新产品的可行性通过了验证。要么产品被公司内更主要的部门"窃取"，帮助它跨越鸿沟，扩大吸引力，要么创造产品的团队转型为更加传统、结构化的商业模式，在所在公司其他产品和部门中占据一席之地。

多数情况下，颠覆性创新组织的 DNA 难以适应"枯燥"的管理和增长，所以你还是将产品移交给公司内的其他人，自己寻找下一个创新突破口为好。这说明实际上你有两种客户：公司外面买你产品的人，以及公司里需要制造、销售和支持产品的人。

归根到底，内部创业者不仅要处理与目标市场的关系，也要处理与所在组织的关系。最初你可能表现出故意疏远的态度，但是随着颠覆性产品融入所在公司的产品线，你还是应该优雅地把它移交他人。

# 第 31 章  结语：超越创业

如果一切顺利，你的公司最终会变得不再是创业公司。你已经找到了产品／市场的契合点，你在扩张，即使增速没有大公司那么快。但是希望你还会运用分析，你的思考方式还是立足于学习和不断改进，并用数据支撑你的观点。

当你的创业公司是一个可持续、可复制、可以为创始人和投资者带来回报的生意时，它就已经成功了。在这时它可能会引入另外的投资，但是投资的目的已经与先前不同，不是为了识别和消除不确定性，而是为了执行一个已经得到验证的商业模式。

在本书开始时我们说："你无法衡量的东西，你也无法管理。"但是有一句相反的、更富哲理的论述需要我们加以考虑。这句话出自在 Nashua 公司工作的劳埃德·S.尼尔逊之口。"在管理中，一个人所需的最重要的数字是未知或不可知的。尽管如此，成功的管理行为都必须考虑它们。"这句话带有唐纳德·拉姆斯菲尔德的"我们不知道我们不知道"的意味，当你的公司不断成长且运营达到了相当稳定的程度后，管理的关键任务就是找出你还不知道什么。

尼尔逊的用意在于，我们做事之前通常不知道它们是否能行得通。这就叫作试验。但是对于任何规模的公司来说，只有当试验是连续学习过程的一部分时它才会成功。无论你的生意有多大规模、处于什么阶段，希望我们已经逐步让你意识到这一点。

# 如何在你的公司中注入数据文化

如果你是一位领导，比如创业公司的创始人，或者是大企业中职位以字母 C（chief 的首字母）开头的高级管理人员，只需通过提出好问题，你就可以将分析转化为竞争优势。之前在本书中我们说过，好的指标是驱动决策的指标。作为组织的领导，你在做出决策之前要查问源于数据的证据。

数据不仅会带来更好的决策，还能提高组织效率。如果每个人都愿意接受基于数据的工作方式，你就能建立起更自治的扁平化组织，因为你不再需要在组织中贯彻一个观点，只需让事实说话就行了。你可以授权员工做更多的决策，承担更多的责任，只要他们有适当的数据来支持他们的决策。创造一个责任制的文化，奖励那些愿意走上前来发表观点的人。

不管你是否处于领导者的位置，你都能够使组织更加以数据为中心。下面介绍该如何做到这一点。

## 从小事做起，从一件事做起，展示分析的价值

公司里总会有唱反调的人，他们相信本能和直觉，觉得"一直以来做生意的方式"已经足够好。说服他们的最好方式是找出公司正在面临的一个小而重要的问题（任何一个重要指标都可以，比如流失率、日活跃用户比率、网站转化率等），通过数据分析来改善它。

不要跟风去解决你的公司所面临的最严重的问题，太多人在那里磨刀霍霍了（更坏的一种可能是，那是政治斗争的泥潭，你可千万别走进去）。相反，要选择一个辅助性的问题，一个可以增加商业价值、能进行验证、同时又被忽视的问题。

不要在这种方法上走得太远，否则可能造成公司内山头林立，那不是好事。一旦你通过一件事验证了数据分析的效益，就把这个过程在所有的部门和产品领域普及。

## 确保每个人都清楚地理解目标

为了证明以分析为中心的公司的价值，你承担的每个项目都需要有清晰的目标。如果没有在头脑中形成一个目标（包括划出的底线），你就输定了。每个与项目有关的人都要与目标保持一致。

## 获得高层支持

除非你是公司的首席执行官，能够自上而下地推行这套方法，否则你就需要获得高层的支持。比如，如果你想提升网站访客注册免费试用软件的转化率，确保负责市场营销的人赞同你的做法。这个人的支持对于保持目标一致非常关键，同时也有利于文化在公司不同层级间传播。

## 简化事物以帮助理解

好的指标第一眼就能让人理解。不要用装满数字的高压水枪把人们冲垮。那样他们可能会觉得很受挫，也可能会因此思考错误的问题、注意错误的数字、不加理解地做出决策。指标可以非常有价值，但是用得不当也会让人误入歧途。

回想一下"第一关键指标"。请用这条原则帮助他们轻松进入分析数据和处理数据的世界。

## 确保信息透明

如果你要使用数据进行决策，将数据本身以及获取和处理数据的方法分享出来是非常必要的。公司需要决策框架，这样才能找出可重复的分析策略（并避免公司经常采取的"凭感觉试试看"的方法）。无论成功还是失败，信息透明对于打破数据垄断以及破除人们先入为主的观念都很重要。

## 不要抛弃你的直觉

我们曾经说过精益数据分析不是要你抛弃直觉，它是要你证明你的直觉是否正确。Accenture 的首席科学家基肖尔·斯瓦米纳坦说："科学是纯粹经验主义和不带偏见的，但是科学家不是。科学是客观和机械的，但是它同样重视那些有创造力、直观思考、能够转变观念的科学家。"

如果你在"本能和直觉就足够了"的观念和能够证明分析是有价值的小型的数据驱动型试验之间求得平衡，且不彻底抛弃直觉的好处，那么你就能把公司文化向好的方向推进。

在任何规模的组织中注入改变都需要时间。你不能期望一个公司一夜之间就改变做生意和做决策的方式。从小事做起，做一些容易实现、快速产生可衡量结果的试验。如果你能通过对公司 KPI 的改善（哪怕是一丁点儿的改善）来证实数据分析的价值，你就有理由提出以数据为中心的文化改变。使用像"第一关键指标"这样的概念，以及像"问题－解决方案画布"这样的工具，它们帮助你让每个人都能看懂并理解数据分析，让数据分析不再是数据科学家的自娱自乐。让人们关注底线，即所有人（包括高层）一致同意的可衡量目标，这样你就能向他们展示你的成果。

## 提出好的问题

过去从未有过像今天这样好的时代能让你了解市场。从客户第一次听说你到永远离开你，无论他们是在线还是离线，他们都用每次点击、发推、投票、喜欢、分享、签到和购买留下了一条洒满数字面包屑的轨迹。如果你知道如何收集这些面包屑，你就能前所未有地洞察他们的需求、怪癖和生活。

这种洞察力正在永远地改变着商业领袖的含义。曾经，领袖需要说服别人在缺乏信息的情况下行动。今天，我们可以获得太多的信息。我们不需要猜测，而是需要知道关注哪里。我们需要条理清晰的方法，让我们在每一步都能识别风险、量化风险、化解风险，最终通向增长。今天的领导者不知道全部的答案，但是他们知道该问什么样的问题。

**提出好的问题**，向前走。

# 附录 图灵社区专访
# 阿利斯泰尔·克罗尔

　　《精益数据分析》一书在国内出版后产生了较大影响，成了互联网时代每一位创业创新者应该阅读的书目之一。很庆幸，图灵社区能有机会与该书的作者之一阿利斯泰尔·克罗尔直接对话，开展了一次访谈。一眼看去，阿利斯泰尔绝对是那种久经战场的"老兵"。言语间，你会被他的睿智、经历所折服，为不时的玩笑和测试感到惊讶。

　　阿利斯泰尔·克罗尔，企业家、作家、演讲家，哈佛商学院的访问执行官。

　　从业以来，他花费了大量时间研究了各种规模的组织是如何使用数据做出优良决策、加速创业过程的。他职业生涯的大部分时间都是技术公司的产品经理，同时，他在美国、加拿大等地运营孵化器和加速器，热衷于组织会议与活动，包括 Enterprise Cloud Summit、the International Startup Festival、Strata、Pandemonio、Interop & Cloud Connect。他还是是大数据、云计算、人工智能等领域全球顶尖会议的联席主席。

　　1999 年，他创办了用户体验管理先锋公司 Coradiant，后被 BMC 收购。他还先后担任 Google、DHL、Recruit Holdings、华为、Capital One、Unisys、Naspers、Teradata 等公司的战略顾问。

阿利斯泰尔著有畅销书《精益数据分析》、*Complete Web Monitoring*、*Managing Bandwidth*。

纵横互联网行业多年的网易 CEO 丁磊曾力荐《精益数据分析》一书，号召全体员工学习这一实用的理论与方法，破除创业教条，把营销变成学习，把产品开发变成与客户的交流，以实现旗下各产品的良性稳健发展。

此次再版，编者将访谈实录收录进来，以飨读者。

**图灵社区：** 我知道您从事研究各种规模的组织如何利用数据做出优良决策的时间很长了。

**阿利斯泰尔：** 从雇员到成为企业家，再到推动企业催化器的顾问，我一直在做这方面的事情。因为从小被科学家带大，所以我总是会推崇科学的方法：做试验、收集数据，然后改变行为。我认为，只是到了最近几年，人们才开始用客观分析取代主观想法，因为有太多的数据不能再被忽略了。

**图灵社区：** 那么怎么保证数据的真实性呢？

**阿利斯泰尔：** 我在哈佛商学院开设了一门名为"大数据和批判性思维"的课程。学生很想了解数据的真实性。如果自己收集数据，很可能是正确的。在移动设备上装上测试仪器，就会知道有多少人在使用你的应用程序。但很多情况下，我们用来做出重大决策的数据是错误的。我常在课上用这样两个例子。

希腊进入欧盟后，曾为欧盟提供了大量的财务信息。有人用本福德定律分析这些数据，发现数据并非真实的。一开始没有人听他的，多年后才发现他是对的。

本福德定律非常简单，你可能都觉得它不是正确的。本福德定律认为自然产生的数据集里，以 1 为首位数字的数的出现概率高于以 2 为首位数字的数，以 2 为首位数字的数比以 3 为首位数字的数出现概率大……如果查看所有人的交易次数、动物的分布和规模，你会发现这些数据并不是随机的。你以为数量是一样的，但事实并不是这样的。所以，你可以用本福德定律检查数据，了解它们是自然数据集还是人为编造的。

我给你讲第二个例子。美国波士顿想要了解公路上减速带的位置，所以它设计了一款应用程序 street bump。你可以把 street bump 装在手机上，然后把手机放在你旁边的座位上。你开车去上班的时候，应用程序会记录下减速带的位置。就这样，波士顿得到了一幅关于减速带的地图，但这些数据有什么问题吗？

所有这些数据只不过告诉了我们富人住在什么地方，因为只有富人开车上下班，车上有空余的座位，这些人才愿意参与试验。即使你收集到的数据完全准确，也可能有抽样偏差。你真正应该做的是，批判性地思考数据在收集和处理的过程中有没有存在偏差。我认为，最后考虑的才是编造数据。

**图灵社区：** 人类绝不是理性的。即使不需要某件商品，人们也经常会在朋友和家人的推荐下购买。所以生活中，我们并不是依靠严格的分析过活，大多依赖过去的经验和智慧。在做出决定时，如何平衡数据分析和人为因素呢？

**阿利斯泰尔：** 你收集的数据应该会告诉你，人类是愚蠢的。数据会告诉我们决策是否合理。我并不认为你必须要去平衡数据和直觉。直觉应该关乎如何得到一个好的试验或想法。之后，你要用数据来测试它。我们没有理由去忽视客观的事实。问题是，基于这些事实我们应该做什么样的试验。如果你认为人类做出了糟糕的决定，给我看数据，给我展示开展营销活动的更好方式。

**图灵社区：**　为了找到正确的指标，如何剔除那些虚荣指标？

**阿利斯泰尔：**　事实上，你可以把虚荣指标变成真正的指标。如果你关心网站的访问数量（假设是一个虚荣指标），问问自己希望访客做什么。买东西！你能向我证明虚荣指标（访问量）和真正指标（转化率）之间的相关性吗？你想要的指标应该是可以驱动商业模式的指标。

我最喜欢的一个例子是关于尼日利亚的垃圾邮件发送者。许多人认为，如果这些垃圾邮件里不包含"尼日利亚"这个词，人们会更容易相信。"尼日利亚"这个词很容易告诉我们哪些邮件是欺诈性质的。

有一个微软公司的研究员去了非洲，他采访了许多垃圾信息的发布者。他发现垃圾邮件发送者坚持要把"尼日利亚"一词放进邮件的原因是，"尼日利亚"这个词可以帮助他们确定潜在的消费者。虽然他们发送了 1000 封邮件，只有两三个回应，但 70% 的回应者会打钱给他们。对于尼日利亚垃圾邮件发送者来说，虚荣指标是邮件点开率，而真正的指标是给尼日利亚寄钱的"白痴"。

实际上，尼日利亚的垃圾邮件发送者比我还要懂营销，因为他们知道要从关注邮件点开率这个虚荣指标转化到关注寄钱到尼日利亚的人这样的真正指标。如果你要统计真正指标，就应该能够说出它如何改变了你的商业模式。如果有人关注虚荣指标，他们就需要证明这些指标与业务指标之间的相关性。

**图灵社区：** 我们是不是可以用数学公式"商业模式＋发展阶段＝真正指标"来归纳精益数据分析理论？

**阿利斯泰尔：** 精益数据分析可以归纳为，如果你了解你的商业模式，知道目前企业所处的发展阶段，那么就可以找到对目前来讲最重要的衡量指标。

**图灵社区：** 仅仅这两个维度就足够了？

**阿利斯泰尔：** 我们认为只有这两个，但这可能是过于简单化了。创业公司需要一些简化，所以我们接受精简。重要的是，要问问自己如何根据指标来进行试验。

**图灵社区：** 除了书里面提到的 6 个商业模型，还有其他的商业模型吗？

**阿利斯泰尔：** O'Reilly 曾经要本杰明和我考虑是否接着写新版。我们感到很荣幸《精益数据分析》能够取得这样的成功，也有点儿小惊讶。本杰明和我可能写新版的原因之一是，确实出现了一些新的商业模式。实际上，我们有一章节的内容没有放进书里面。如果再加进一章内容的话，对于"精益"系列图书来说就太厚了。

众筹是其中一种模式，比如 Kickstarter 和 Indiegogo。你可以在这种平台上发布产品的想法，获取其他人的支持。慈善和捐赠也是一种不同的商业模式。另外，我们认为聊天室也是一种模式，你可以跟 AI 或者其他任何东西聊天。还有一种不同的模式是关于虚拟现实和增强现实的，但是我们对虚拟环境下电子商务的形式有着独特见解。

其他新兴的商业模式还有智能代理。智能代理可以通过移动设备向我推送一些建议。我希望它能告诉我想知道的有用信息，不通知我不想知道的事情，也不会错过警告性的信息。我们可以做相关的分析，让智能代理变得更加有效。

所以，我们认为有几个新兴的商业模式，像众筹、捐赠、虚拟现实和增强现实、智能代理等，都是值得一写的。

**图灵社区：** 做分析时，需要一些心理学背景知识吗？

**阿利斯泰尔：** 行为经济学是非常迷人的领域。丹尼尔·卡尼曼在《思考，快与慢》里谈到人类的两种思维模式。如果我问你，我有一个棒球和一柄棒球棒，一共 1 美元 10 美分，球棒比棒球多 1 美元，那么球棒多少钱？

你在思考。

但大多数人会立即认定球是 10 美分，球棒是 1 美元。这像是最简单的答案。但答案是，球棒花费了 1 美元零 5 美分，因为要想让球棒比球多花 1 美元，那么需要将 10 美分平分。在这种情况下，你可能想的更多一些，因为你没有感到压力，比如给不出正确答案你就会被"毙掉"。丹尼尔·卡尼曼在他的书中所说的两种思维方式分别是系统 1 和系统 2。系统 1 是基于勇气和压力，做出快速和冲动的决策。系统 2 则是非常理性的。两种不同的思维模式会改变你的试验和营销方式。

但这并不意味着你就不需要科学的数据分析了。

**图灵社区：** 作为企业的创新顾问，您认为投资人看中什么样的创新团队？

**阿利斯泰尔：** 首先，能够快速做出原型，快速启动试验。

其次，团队不仅关注产品本身，还关心市场营销策略。我经营

过大型的科技公司，认识很多工程师。如果我告诉你有人给我 1
亿美元来打造下一个微信或者腾讯，你认为我会成功吗？

不，因为没有人会在乎！成功的关键是获得让你成长的"关注
度"和不公平优势。在中国，微信通过红包互动活动，在一两
天内就新增了上亿名用户开通微信支付功能。这不是技术方案，
而是营销计划。

再次，具有颠覆性思维。这意味着团队不仅看重一般的方式，
也探寻其他的秘密方法，它们通常是一些省事儿的捷径。

如果回看历史，你会发现我们现在所知道的许多大公司都暗中
做过一些不光彩的事儿。Facebook 曾向用户发送消息，告诉用
户有人在网上提到了他们。这是 Facebook 获得用户关注的手段。
所以，我总是问别人："你能快速迭代和快速试验吗？""你能
同时关注产品和市场吗？""你有哪些不一般的技巧用于推出产
品？"如果他们没有一个很好的答案，我想他们很可能不会成
为成功的企业家。

# 致谢

本书的写作历时一年，但是倾注了我们数十年所学。数十名创始人、投资者和创新者在线上和线下与我们分享他们的故事，本书更确切地说是一个团队的共同成果。本书中闪光的部分归功于我们个人博客的读者，以及数以百计阅读我们的精益数据分析博客后，做出反馈的订阅者；对于书中的错漏，我们将承担所有的责任。

Mary Treseler 非常替读者着想，当我们的行文过于专业时，她提醒了我们。我们的家人付出了惊人的耐心，帮助我们进行了多轮的审阅和编辑。我们将关键章节的早期版本发送给了审稿人，他们核实了我们的假设，并检验了我们的计算，他们中的很多人提出了相当有价值的反馈，为本书的写作出力不小。Nudge Design 的 Sonia Gaballa 帮助我们设计了本书网站，真是太棒了。O'Reilly 的出版团队容忍了我们近乎无理的要求和一再的修改。而 Totango、Price Intelligently、Chartbeat、Startup Compass 的工作人员对匿名用户数据进行挖掘，在 SaaS、定价、用户参与和平均指标等方面给了我们重要启发。

最重要的是，我们想感谢那些向我们提出质疑，与我们分享经验，敞开胸怀告诉我们创业公司优劣之处的人。通常，他们需要努力获得批准才能公开谈论。有些人的故事未能列入本书，尽管他们已经尽了最大努力，因此只能将他们的故事暂时尘封。但是其中的任何一份反馈都为我们写成此书提供了帮助，并让我们更加深入地理解了数据分析与精益创业的联系。

# 参考文献

下面这些书在我们写作本书过程中起到了重要作用，从整体上使我们了解了关于初创企业的很多观念。

[1] *The Innovator's Solution*, Clayton M. Christensen and Michael E. Raynor

[2] *The Rules of Work*, Richard Templar

[3] *Next*, Michael Lewis

[4] *Start-up Nation*, Dan Senor and Saul Singer

[5] *Confronting Reality*, Larry Bossidy and Ram Charan

[6] *Business Model Generation*, Alexander Osterwalder and Yves Pigneur

[7] *Growing Pains*, Eric G. Flamholtz and Yvonne Randle

[8] *High-Tech Ventures*, C. Gordon Bell with John E. McNamara

[9] *Running Lean*, Ash Maurya

[10] *The Lean Startup*, Eric Ries

[11] *Four Steps to the Epiphany*, Steven Blank

[12] *Don't Just Roll the Dice*, Neil Davidson

[13] *11 Rules for Creating Value in the Social Era*, Nilofer Merchant

[14] *Measuring the Networked Nonprofit: Using Data to Change the World*, Beth Kanter and Katie Delahaye Paine

[15] *The Righteous Mind*, Jonathan Haidt

[16] *Made to Stick*, Dan and Chip Heath

# O'Reilly Media, Inc.介绍

O'Reilly以"分享创新知识、改变世界"为己任。40多年来我们一直向企业、个人提供成功所必需之技能及思想,激励他们创新并做得更好。

O'Reilly业务的核心是独特的专家及创新者网络,众多专家及创新者通过我们分享知识。我们的在线学习(Online Learning)平台提供独家的直播培训、互动学习、认证体验、图书、视频等,使客户更容易获取业务成功所需的专业知识。几十年来O'Reilly图书一直被视为学习开创未来之技术的权威资料。我们所做的一切是为了帮助各领域的专业人士学习最佳实践,发现并塑造科技行业未来的新趋势。

我们的客户渴望做出推动世界前进的创新之举,我们希望能助他们一臂之力。

## 业界评论

"O'Reilly Radar博客有口皆碑。"

——*Wired*

"O'Reilly凭借一系列非凡想法(真希望当初我也想到了)建立了数百万美元的业务。"

——*Business 2.0*

"O'Reilly Conference是聚集关键思想领袖的绝对典范。"

——*CRN*

"一本O'Reilly的书就代表一个有用、有前途、需要学习的主题。"

——*Irish Times*

"Tim是位特立独行的商人,他不光放眼于最长远、最广阔的领域,并且切实地按照Yogi Berra的建议去做了:'如果你在路上遇到岔路口,那就走小路。'回顾过去,Tim似乎每一次都选择了小路,而且有几次都是一闪即逝的机会,尽管大路也不错。"

——*Linux Journal*

# 版权声明